U0573208

权威·前沿·原创

皮书系列为
"十二五"国家重点图书出版规划项目

家庭蓝皮书
BLUE BOOK OF FAMILIES

中国"创建幸福家庭活动"评估报告（2015）

ANNUAL EVALUATION REPORT ON CHINA'S CREATING HAPPY FAMILIES ACTIVITY (2015)

国务院发展研究中心"创建幸福家庭活动评估"课题组／著

社会科学文献出版社
SOCIAL SCIENCES ACADEMIC PRESS（CHINA）

图书在版编目（CIP）数据

中国"创建幸福家庭活动"评估报告.2015/国务院发展研究中心"创建幸福家庭活动评估"课题组著.—北京：社会科学文献出版社，2015.12

（家庭蓝皮书）

ISBN 978 - 7 - 5097 - 8544 - 7

Ⅰ.①中…　Ⅱ.①国…　Ⅲ.①家庭问题 - 研究报告 - 中国 - 2015　Ⅳ.①D669.1

中国版本图书馆 CIP 数据核字（2015）第 295761 号

家庭蓝皮书

中国"创建幸福家庭活动"评估报告（2015）

著　　者／国务院发展研究中心"创建幸福家庭活动评估"课题组

出 版 人／谢寿光
项目统筹／宋月华　张倩郢
责任编辑／范明礼

出　　版／社会科学文献出版社·人文分社（010）59367215
　　　　　地址：北京市北三环中路甲 29 号院华龙大厦　邮编：100029
　　　　　网址：www.ssap.com.cn
发　　行／市场营销中心（010）59367081　59367090
　　　　　读者服务中心（010）59367028
印　　装／北京季蜂印刷有限公司

规　　格／开 本：787mm × 1092mm　1/16
　　　　　印 张：17.75　字 数：236 千字
版　　次／2015 年 12 月第 1 版　2015 年 12 月第 1 次印刷
书　　号／ISBN 978 - 7 - 5097 - 8544 - 7
定　　价／79.00 元

皮书序列号／B - 2015 - 481

创建幸福家庭活动第三方评估
课 题 组

课题组组长　苏　杨

课题组成员　朱　荟　刘　洁　陈　晨　汤　澄

指 导 专 家　翟振武　陆杰华　姚　瑛　杨晓东　李红联

摘　要

对于亿万普通民众而言，人生最满足的获得感都与家庭相关。2011 年由原国家人口计生委、中国计划生育协会和中国人口福利基金会共同启动的"创建幸福家庭活动"，正是基于这个认识。这个活动贯穿"十二五"，并将在"十三五"期间扩大规模。为了温故知新、继往开来，国务院发展研究中心承担了对这个活动进行第三方评估的工作，评估成果形成了第一本"家庭蓝皮书"（丛书名）的 2015 年成果《中国"创建幸福家庭活动"评估报告（2015）》（书名）。全书由两部分组成：政策报告是对整个活动的政策解读与对评估结果的对策解读，评估报告是直接对项目的过程和结果进行评估。

创建幸福家庭活动自实施以来，针对一些计划生育家庭存在的生活贫困、生殖健康、出生缺陷、养老发展等问题，突出"文明、健康、优生、致富、奉献"五大主题，开展了"宣传倡导、健康促进、致富发展"三大行动。目前活动范围已经从第一批 32 个试点城市扩大到全国。这本研究性的第三方评估报告旨在"圈点优秀、以点带面"，围绕以下问题对首批 32 个试点城市的工作进行总结与评价：创建幸福家庭活动在各试点城市的实际效果到底如何？使多少家庭受益？带动了多少社会资金投入？社会经济效益体现在哪些方面？活动影响的瓶颈是什么？基层在操作中遇到的主要困难是什么？还有哪些重要的计划生育相关家庭的发展需要没有被活动覆盖到？

结合这些具体问题，评估组设计了全面评估与部分评估两套系统，以求在统一的标准体系下将"创建幸福家庭活动"种类繁多且各具地方特色的项目进行三方面量化评估：①第一批 32 个试点城市

"活动"完成情况评估。这部分的评估主要考察项目设置与执行的情况，以试点城市上报相关材料和统计数据为基础，通过专家打分法从项目的设计和组织管理、资金管理、实施效果三个维度进行定量评估。②典型城市的"活动"社会经济效益评估。具体评估方法是：在对各试点地区工作开展情况进行分类比较的基础上，综合各地区的社会经济条件和试点工作开展情况，选择若干典型城市，定量分析相关投入情况（主要是资金投入）和试点工作成效（主要是社会经济效益），计算带动比。③"活动"典型案例城市的满意度评估。主要是通过对32个试点城市实施情况的面上评估，选择德阳和铜陵两个代表性较强的城市，采用现场调研获得相关信息进行满意度评估。

评估结果发现：①各地在完成"规定动作"方面普遍较好，"自选动作"创新尚显不足；②"活动"在试点城市的开展较为有效地带动了当地的经济发展，显著改善了计划生育家庭的民生；③典型城市的社会各界对"活动"总体满意。另外，评估结果也显示：由于"活动"的财政投入增速较经济产出增速低，多数地区充分发挥"活动"的效益所需的财政投入的缺口仍然很大。多数试点城市并没有专门针对计划生育特殊家庭等进行项目设计和成果考核，难以满足数量逐年增加的计划生育特殊家庭的养老、医疗和心理扶助等方面的需求。对"十三五"期间的"活动"改善建议是：①增加财政投入，优化资金使用结构，应多发挥中央项目资金的作用，加大种子性资金的投入；②针对其他普惠公共服务难以收到明显效果的特殊家庭进行专门的项目设置，在完善项目运行制度的基础上打造品牌。

2015年，国家卫生计生委启动了评选创建幸福家庭活动示范市工作。从示范市的十条评选标准与本次评估的指标联系的对比分析，可以看出两者之间有许多互补之处：示范市的评选以自查、申报、推荐与验收等为主要程序，属于评比性评估。评比性评估主要是在选定的城市范围内，就某几类可比的活动进行评比并将排序结果发布。本评估以第三方的研究性评估为主要方式，宗旨是服务于宏观决策，兼顾给试点城市出谋划策，总结"活动"得失，发现试点经验，谋划"活动"未来。

Abstract

Persisting sharing development and making all the people have a sense of gain in the co-contributing and sharing, which were presented in the fifth plenary session of the 18th CPC Central Committee. To the multitude of common people, the most satisfied sense of gain in life is nothing less than these contents: family harmonizing, relatives loving each other, descendents growing healthily and the old being well supported, and all of these hopes are just coincide with the view, "pay attention to the family construction, and concentrate the family, family education and family tradition", which stressed by Xi in 2015 Chinese New Year celebration party. In 2011, National Population and Family Planning Commission and China Family Planning Association jointly launched "the activity of creating happy families". The Development Research Center of State Council is responsible for practicing the third-party evaluation of the activity, which formed achievement of the first Blue Book of Families (the name of series) in 2015, Annual Evaluation Report on China's Creating Happy Families Activity (the name of book). The book is composed of two parts: Policy Evaluation, which interprets the policy of the hole subject and the measure of the evaluation result; Evaluation Report, which directly evaluates the process and result of the subject.

During China's 13th plan of five years, Chinese government implement the new deal " promoting the balanced development of population, adhere to the basic national policy of family planning, improving the population development strategy , and the full implementation of a couple may have two children's policy, actively carry out actions to deal with the aging of population". This has raised higher requirements to the public service about family, and also makes the construction of happy families to be a systematic project and a long-term task. Since the implementation of creating happy families activity, for the urban and rural families' major contradictions and problems, such as poverty, reproductive health, birth defects, pension development. Highlight " civilization, health, eugenics, getting rich, contribution" five major themes, and carry out " advocacy, health promotion, development of rich" three major action. Currently the activity has been developed from the tentative stage of the first 32 pilot cities stages to a comprehensive long-term stage. The third-party evaluation research report is in order to " mark the outstanding points, from the point to area, comment our national issues", carries on the summary and evaluation of the pilot cities, the typical refinement and integration experience, point out the difficulties, and give hope to the whole country. So how is the actual effect about creating happy families activity in the pilot cities? How many families have been benefited? How much social capital investment has been driven by? What areas did social economic benefits embodied in? What is the bottleneck of the activity? What are the major difficulties encountered in the operation of the basic level? What are the other important family development needs related to family planning not covered?

Combined with these specific problems, the research group designed a comprehensive evaluation and partly evaluation of the two systems. In the standard of system, a wide variety of projects and having their own local characteristics of the projects which will be initiated by the "creating happy family activity" are going to be evaluated quantitatively. ①The first batch of 32 pilot cities "activities" have accomplished the evaluation. This part of the evaluation of the project settings and implementation of pilot cities reported to the relevant material and statistical data, through expert scoring method to evaluate quantitatively from three dimensions which include the project design, organization management, fund management and the implementation of the effect. ②The evaluation of the social economic effect

in typical cities "activities". On the basis of the comparative work carried out in the pilot areas, compositing social economic conditions of different regions and the situation of pilot work carried out, selecting a number of typical cities and quantitative analysis of the relevant investment (mainly financial investment) and pilot work (mainly social and economic benefits) and the calculation of the driving ratio are the specific evaluation methods. ③ The evaluation of the satisfaction of the typical case of "activities" mainly evaluates the implementation of the 32 pilot cities and chooses two representative cities, Deyang and Tongling, using on-site survey to obtain the relevant information for satisfaction evaluation.

The evaluation for three aspects of the design showed: ① everyone completes "set" generally good but "routines" innovation is still insufficient; ② "activities" in the pilot cities to carry out is more effectively in driving the development of the local economy and significantly improve the people's livelihood to a certain extent; ③ typical city from all walks of life to "activities" is generally satisfactory. Overall conclusion is: the original intention of creating a happy family activity coincide with the livelihood of the country, and the development of Chinese family consistents with common demands. The other hand, the results also showed: as the "activities" financial investment growth is lower than the growth in economic output, most of which give full play to the effect of "activities" but the gap of required financial input is still very big. Most cities do not have specific family planning special projects such as design and outcomes evaluation, it is difficult to meet the yearly increase in the number of family planning a special family pension, medical and psychological assistance and other needs. We propose to: ① increase financial investment, optimize the structure of the use of funds, make project funding play a central role in the future, increase investment in seed capital; ②let other inclusive public services to be effective for special family special program settings, perfect project operating system based on the brand.

To 2015 October coincided with the National Health and Family

Planning Commission of the People's Republic of China voted to create happy families activity model cities, from the comparative analysis between ten selection criteria and the evaluation indicators, we can see that between the two closely related, there are many similarities. The main program about the selection of model city consists of self-examination, declaration, recommendation, acceptance. etc, which belongs to the appraisal evaluation. The appraisal evaluation is mainly in the area of selected cities, a few comparable activity carries on the comparison and ranking results released. The third-party research evaluation is the main way of the evaluation, the purpose is to serve on the macroscopic decision-making, taking into account to the pilot city ideas, in the absence of performance pressure, to sum up the gain and loss of the activities, find the pilot experience, and plan activities in the future. Our results are not only for the first phase of creating happy families activity in the side of the model, but also for the next phase of the development of the new direction.

目 录

ＢⅡ　评估报告

皮书数据库阅读 **使用指南**

CONTENTS

B II Evaluation Report

前　言

一　家庭发展、创建幸福家庭活动和家庭蓝皮书

家庭是社会的细胞，在中国却在很长时间里不是形成共识的发展单元。在"以经济建设为中心"和"构建和谐社会"的发展目标和理念提出了多年、中国的家庭结构及相关问题发生了显著变化后，"十二五"期间，家庭才真正作为一个目标单元进入国家发展规划①。但这个目标单元如何确定发展目标、设计发展政策、完善配套机制？这既需要以问题为导向，也需要明晰上位政策思路。

1. 新的发展问题需要新的发展理念

首先必须看到近些年来家庭结构、家庭需求和家庭困难的巨大变化。第六次人口普查的结果已经告诉我们，中国家庭的规模小型化、结构多样化、居住离散化趋势明显，致使原来家庭具有的一些功能被弱化，快速老龄化给家庭养老带来压力②，进而产生诸多公共服务需

---

① 巧合的是，已有二十多年历史的国际家庭日，也直到2014年才将年度主题设为"家庭事关发展目标的实现"。这种家庭发展目标滞后于家庭问题的情况，似乎也是国际惯例。20世纪80年代以来，全世界家庭数量激增，已达10.3亿个；家庭规模日趋缩小；离婚率普遍上升，人口老化问题日益严重，欧洲60岁以上老人数量已占总人口数量的1/5；人们的家庭观念也在发生变化。这些家庭问题给社会带来巨大冲击，日益为国际社会所关注。但许多发达国家从政策层面对家庭问题的专门关照也迟至21世纪才全面展开。

② 2015年国际家庭日，中国人口福利基金会的活动主题是"人口老龄化背景下的幸福家庭建设"。人口老龄化既是中国的人口发展特征，也是家庭相关公共服务需求的特征，改善相关服务才可能全面建设幸福家庭。这是因为：从比例上来说，2014年我国60岁以上老年人约占15%；从数量上来说，这一群体的绝对值量已经超过2亿；从特征上来说，老年人口子女越来越少，无子女老年人数量庞大，空巢老年人口现象日益普遍；在高龄化趋势下，老年人口健康水平堪忧，失能老年人口大幅增长。可以说，这种"跑步前进"的中国人口老龄化进程深刻影响着每一个家庭的发展能力与幸福生活。

求，也带来了不少家庭发展问题。特别是占全国家庭总数 70% 左右的计划生育家庭，还有许多与计划生育间接相关的问题：计划生育手术并发症以及独生子女伤残死亡等问题都给家庭带来了巨大的痛苦；许多计划生育家庭在致富发展、养老保障方面存在许多困难，成为需要帮扶的弱势群体；全国出生缺陷发生率高达 4% ~ 6%，每年 80 万~120 万出生缺陷人口给家庭造成了沉重的精神和经济负担。与这些问题相关的工作，还可能因为国家的计划生育政策的调整完善而有更迫切、更广泛的需求①。面对这些家庭发展问题，政府、社会和家庭本身，都需要新思路和新措施，才可能使家庭成为政策承接平台，才可能使家庭发展单元的发展目标得以实现。

2. 新的发展理念催生新政策和新机制

从发展理念和上位政策而言，家庭发展进入了"新常态"：执政者已充分意识到，家庭发展已经直接事关宏观发展目标和微观发展质量，家庭幸福才是经济社会发展的终极目标，所有经济增长、社会福利，都只是手段，最终只有体现到家庭幸福上，才是终极目的。2011年发布的《国民经济和社会发展"十二五"规划纲要》《国家人口发展"十二五"规划》等上位文件与近期的中央领导讲话②都将"提高家庭发展能力"作为新时期人口工作的一项重要任务进行了战略部署。

---

① 例如，十八届五中全会公报指出，"促进人口均衡发展，坚持计划生育的基本国策，完善人口发展战略，全面实施一对夫妇可生育两个孩子政策，积极开展应对人口老龄化行动"。十三五时期，"一对夫妇可生育两个孩子政策"的实施将对生殖健康、妇幼保健、托幼等公共服务水平的提高提出新的要求，也使得创建幸福家庭活动的工作对象和内容发生变化，同时与"一对夫妇可生育两个孩子政策"相关的配套政策也需要调整，比如利益导向的对象、方向及措施等，这些都为创建幸福家庭活动带来了更多的工作，也使得创建幸福家庭工作在新的形势下更加复杂，活动内容也需要更加丰富。

② 在 2015 年春节团拜会上，习近平总书记讲话强调："家庭是社会的基本细胞，是人生的第一所学校。不论时代发生多大变化，不论生活格局发生多大变化，我们都要重视家庭建设，注重家庭、注重家教、注重家风，发扬光大中华民族传统家庭美德，促进家庭和睦，促进亲人相亲相爱，促进下一代健康成长，促进老年人老有所养，使千千万万个家庭成为国家发展、民族进步、社会和谐的重要基点。"

在十二届全国人大一次会议上将中国梦与幸福结合起来："中华民族伟大复兴的中国梦就是要实现国家富强、民族振兴和人民幸福。"而同期的大部制改革，还在新组建的国家卫生和计划生育委员会专门设立了计划生育家庭发展司，以研究提出促进计划生育家庭发展的政策建议、建立和完善计划生育利益导向机制及特殊困难家庭扶助制度、拟订计划生育奖励扶助政策、承担出生人口性别比综合治理和应对人口老龄化等工作为主要职责。这是从管理机制层面，将涉及家庭生命全周期的基本公共服务体系建设融入家庭发展能力的顶层制度设计之中。

3. 老队伍能承担新工作

如何才能使家庭发展相关政策落到实处呢？"横向到边、纵向到底"的计划生育基层工作队伍①是现成的力量。家庭幸福是人口发展、社会和谐的重要基础，新形势下的计生工作，必然要调整完善政策，提高人口素质，促进家庭发展，努力实现人口长期均衡发展。几十万已经初步具有一专多能的基层计生队伍，可以转变思路，以"提高家庭发展能力"为重点，把工作重点转换到关注计生家庭、服务生命全过程中去，从优生优育、子女成才、抵御风险、生育健康、家庭致富等方面，拓展自身职能。这些工作的基础，主要是人口和家庭信息获得、经济社会发展项目组织和社会资源整合三方面，而没有哪一支有这三方面工作基础的队伍在基层数以十万计。至少对计划生育特殊家庭而言，其公共服务问题由计生队伍解决更有利也更有力。换言之，只要转换思路并熟悉新工作，这支老队伍能承担新工作，且这些新工作也有利于优化老工作。

上述三个方面可以用一句话总结：家庭幸福是总体目标，民生担子也可计生挑。显然，依托基层计生队伍，以家庭为平台补齐相关公共服务短板、进行关注计划生育家庭的实践已是当务之急，而以家庭

---

① 这支队伍的主体是各级计划生育行政、事业、协会及农村计生专干队伍，其中乡镇街道及以上层级的约有 50 万人，在本书中一般简称计生队伍。

为主题进行的相关研究就是为这种实践提供的智力支持，有利于使这样的实践事半功倍。近些年，这方面与家庭相关的研究已有很多，其中不乏专业程度较高的定量研究。近些年，中国人口福利基金会组织完成的《人民幸福"中国梦"——中国家庭幸福发展指数研究》和《家庭幸福指数国际对标研究》两个项目报告①就是对中国家庭发展面上情况的定量研究。这些研究，能反映中国家庭发展的现状、趋势及在家庭相关公共服务中存在的差距。随着中国经济发展和社会转型，中国人口结构、人口形势和人口问题也发生了深刻的变化。2011年由原国家人口计生委、中国计划生育协会和中国人口福利基金会共同启动的"创建幸福家庭活动"应运而生。这个活动开展四年来，取得了显著的效果，有必要科学客观全面地评价这个活动。因此，国务院发展研究中心承担了对这个活动进行第三方评估的工作，评估成果②形成了第一本"家庭蓝皮书"（丛书名）的2015年成果《中国"创建幸福家庭活动"评估报告（2015）》（书名）。评估成果由两部分组成：评估报告是直接对项目进行评估的过程和结果，政策报告是对整个活动的政策解读和对评估结果的政策解读。

2015年是"十二五"规划的结束年和"十三五"规划制定年，评估课题组在2015年的最后一个月发布这个研究成果，意在温故知新、继往开来，既客观评价这个活动的既有成果，也理性探析未来这个活动如何优化、如何与"全面小康"在内容和力度上合拍、如何在未来更好地把"人口福利"带到更多的"幸福家庭"中。

---

① 2013年5月15日，中国人口福利基金会、中国人民大学社会与人口学院、清华大学公共健康研究中心在北京开展了"国际家庭日中国行动"，发布了这两个研究成果。

② 中国人口福利基金会于2014年设立了多个研究项目，以全面研究和评价"创建幸福家庭活动"。中央财经大学政府管理学院完成的"创建幸福家庭活动公益项目可持续发展研究"，采用与本书不同的技术路线对这个项目进行了分析，本书的一些地方引用了这一研究成果，以使本书的评估更全面、更客观。

二　"创建幸福家庭活动"的创建和发展

1. 应对史无前例的家庭变迁——创建幸福家庭活动新形势

家庭发展和家庭政策越来越成为国际社会普遍关注的问题。中国既是世界第一人口大国，也是世界第一家庭大国。中国政府认真履行《千年宣言》承诺，是最早实现千年发展目标中"贫困人口比例减半"的国家，并使4亿中国家庭的发展能力得到增强，13亿中国人的生活水平显著提高。我国始终高度重视家庭发展工作，为此进行了一系列探索和实践，如深化医改、调整完善生育政策等。从全国范围内来说，中国建立了世界最大规模的社会保障体系，医疗保障体系覆盖95%以上人口，新农合医疗惠及8亿农民。中国居民人均预期寿命达到75岁，孕产妇死亡率下降到23.2/10万，婴儿死亡率下降到9.5‰，总体健康指标位于发展中国家前列。70%的家庭都实行了计划生育，2014年在全国普遍实施了"单独二胎"政策，2015年实施全面二孩政策，减缓人口老龄化。同时，为帮助贫困家庭脱贫减贫，将每年的10月17日定为"扶贫日"，对"零就业"家庭推行就业支持政策，动员全社会向贫困宣战。

虽然中国的家庭已有很大发展，但是按联合国标准还有2亿多人生活在贫困线以下，许多家庭面临生计困难，流动家庭和留守家庭还难以均等享受基本公共服务。家庭发展正面临着重大挑战：人口老龄化给医疗、医保和护理带来巨大压力；环境恶化日益威胁着人的健康，遏制艾滋病等传染病蔓延、降低非意愿妊娠和不安全人工流产等任务仍然艰巨。此外，中国家庭结构正经历着深刻变化：传统的"四世同堂"的大家庭已经难得一见，老人独居家庭、隔代家庭、单亲家庭、丁克家庭越来越多，特别是家庭的城乡分布格局逆转，城镇家庭已经多于农村家庭。相对于促进家庭健康发展，中国全面实现千年发展目标来说任重道远。

家庭作为一个经济、生育、文化和血亲单元，相应具有生产、繁衍、

传承和凝聚的功能。当家庭所承载的这些传统意义上的生育、养育、教育及赡养等基本功能受到明显冲击时，家庭抵御社会风险和温暖人们内心的能力就会大大降低，从而影响社会和谐与稳定。一些计划生育家庭在遭遇生活贫困、生殖健康、出生缺陷和养老服务等方面的矛盾和问题之时举步维艰。中华民族是一个生生不息的民族，中国是一个正在走向繁荣昌盛的国家，一方面宏观上需要坚持国家利益至上，大力弘扬"爱国主义"；另一方面微观上需要坚持家庭责任担当，大力建设"幸福家庭"。把爱国与爱家共融共生，把兴国和兴家共举，方能实现国泰民安。

应对"家庭变迁"，启动"创建幸福家庭活动"，这是大势所趋、民心所向。在中华文明中始终强调齐家、修身、治国、平天下。家庭的兴旺与国家的兴衰紧密相连。显然，每一个家庭幸福安康是民族和国家强根固本与生生不息的血脉，创建幸福家庭活动也就可被称为中华民族的造血工程。

2. 治国理政大兴家风——创建幸福家庭活动的新认识

家庭是最基本的生产单位、生活单位、生育单位和消费单位，是现代公共服务和社会政策得以落实的重要依托。提高家庭发展能力，建立与健全家庭发展政策，成为世界上多个国家积极应对家庭变化对经济社会影响的重要举措和行动。目前，世界上已有 11 个国家成立了家庭部，以加强政策协调和相关项目的实施。2005 年，经济合作与发展组织（OECD）成员国家针对家庭的公共支出占 GDP 的比重平均达到 2.3%，法国、英国、德国等超过 3%，这些投入主要用于保护家庭成员权利、弥补老年与婴幼儿的照料成本、消除弱势家庭贫困、推进家庭之间两性平等等方面。目前，已有多个国家建立了较为完善的支持家庭发展的工作机制和政策体系。

创建幸福家庭活动的启动，正逢人口计生系统贯彻落实中央政治局第 28 次集体学习重要精神的热潮，顺应了人民群众过上美好生活的新期待，恰逢其时，大有可为。而家和万事兴，这说明家庭发展不仅需要物质文明，也需要精神文明。2013 年 12 月 11 日中共中央办公厅发布的《关于培育和践行社会主义核心价值观的意见》指出：国家层面的价值目标是富强、民主、文明、和谐；社会层面的价值取向是自由、平等、公正、法治；公民个人层面的价值准则是爱国、敬业、诚信、友善。创建幸福家庭以优生、致富、文明、健康、奉献这五个主题的家庭层面价值观来概括，在国家、社会、公民这三个层次之间补齐了家庭这一极为重要的层面。创建幸福家庭活动体现了"齐家"这个中华民族的传统价值观，也丰富完善了社会主义核心价值观。

创建幸福家庭活动"重视家庭建设，注重家庭、注重家教、注重家风"，关系国家长治久安，关系人民安居乐业。家庭是社会构成最基本的细胞，当家庭与社会建立起良性的互动关系时，才有希望实现全面协调可持续的发展。家庭和谐是社会和谐的第一步。因此，在推进家庭建设中，不仅需要每个家庭成员的共同努力，也需要创建幸福家庭活动的全面培育，大力弘扬尊老爱幼、勤俭致富、邻里和睦、夫妻恩爱等家庭道德规范，引导家庭成员培育相互宽容、友爱、诚信的家庭文明新风尚，着力构建各方齐抓共管、群众广泛参与的家庭建设工作生动局面。

家庭文明是中华文明的重要内容，我国素有重视家庭的优良文化传统。党中央一贯重视家庭工作，做好家庭服务是新时期的重任，更是亿万群众的殷殷期盼，更是服务型政府所必须肩负的重要职责。在社会转型时期，群众在家庭建设与家庭服务等方面有新需求，在儿童抚养与教育、老人照料与赡养、家庭和婚姻关系的调适等方面也有需要帮助和解决的问题。创建幸福家庭活动需进一步认识做好家庭工作的重要性，立足卫计职能，突出幸福特色，深化家庭服务内容，真正让中国家庭幸福美满。

3. "三家四年一百四十城"——创建幸福家庭活动的发展

正是基于新形势和新认识，2011 年 5 月，原国家人口和计划生

育委员会①、中国计划生育协会②、中国人口福利基金会③在吉林省长春市召开全国创建幸福家庭活动试点工作会议，标志着由三家联合开展的创建幸福家庭活动正式拉开帷幕。三家单位共同发布了《关于开展创建幸福家庭活动试点工作的指导意见》，明确提出了创建幸福家庭活动的方向目标、任务措施和原则要求，以确保试点工作有序推进和快速发展。

创建幸福家庭活动于 2010 年 9 月立意④，具体的发展历程大致呈

① 原人口计生部门立足网络优势，整合社会资源，在服务家庭方面进行了有益探索，积累了许多宝贵经验。诸如：深入开展人口和计划生育综合改革，不断加强利益导向政策体系建设，着力解决计划生育家庭在养老、医疗、教育、就业、就学等方面的实际困难和问题；注重载体创新，涌现出一批促进家庭发展的成功范例和品牌工程，如吉林省的"创建幸福家庭活动"、黑龙江省的"惠家工程"、陕西省的"母亲健康工程"、青海省的"康福家"行动，以及大连市的"健家计划"、宁波市的"家庭婚育保健"、广州市的"羊城幸福家庭促进计划"等，有力地促进了人口计生网络的能力提升和职能拓展，为进一步做好人口与家庭工作奠定了良好的基础。

② 长期以来，全国各级计划生育协会坚持"党政所急、群众所需、协会所能"的定位，充分发挥组织健全、会员众多的优势，扎实开展"生育关怀行动"，通过扶贫帮困、紧急救助、亲情牵手、志愿者服务等方法，协助政府为实行计划生育的家庭排忧解难，截至 2010 年底，累计筹资约 22 亿元，受益群众达 1000 万人。

③ 中国人口福利基金会 1987 年 6 月成立至今，始终秉持"增进人口福利与家庭幸福，促进社会和谐与生态文明"这一办会宗旨，围绕国家人口和计划生育中心工作，针对社会上的弱势群体，动员海内外各种资源募集善款，与政府、企事业单位、社会组织以及国际组织深度合作，策划实施了一系列具有重大社会影响的公益项目。其中，"幸福工程——救助贫困母亲行动"开展 20 年来，660 个项目点已覆盖全国 29 个省（区、市）和新疆生产建设兵团，全国各级组委会累计投入资金 12 亿元，救助贫困母亲 25 万人，惠及家庭人口 125 万人。生殖健康援助、关爱女性健康等项目累计投入资金 2150 万元，受益育龄群众 80 万人。组织开展的独生子女家庭调研，为国家出台"农村部分计划生育家庭奖励扶助制度""计划生育家庭特别扶助制度"提供了重要依据。

④ 2010 年 9 月，时任第十届全国政协副主席、中国人口福利基金会会长王忠禹到吉林省长春市，对"幸福工程——救助贫困母亲行动"项目及长春市"提高家庭发展能力"活动进行调研。在调研中，他注意到这些活动的对象都是计划生育家庭，活动均围绕群众最关心、最需解决的生殖健康、优生优育、致富发展等主题开展，归根到底是为了群众更健康、生活更幸福。于是在总结长春经验的基础上，他提出了围绕"文明、健康、优生、致富、奉献"五个方面开展"创建幸福家庭活动"的倡议。中国人口福利基金会就此撰写了可行性报告，得到了原国家人口计生委、中国计协、国家发改委等部门和有关专家的肯定，这一行动进而演变成全国性活动。

现以下几个步骤。

一是试点先行。2011 年 5 月 4 日，原国家人口计生委、中国计生协、中国人口福利基金会联合下发了《关于开展创建幸福家庭活动试点工作的指导意见》，确定了创建活动"文明、健康、优生、致富、奉献"5 个方面 10 个字的主题。主题把促进家庭幸福发展与全面做好人口工作紧密结合起来，把物质文明建设与精神文明建设紧密结合起来，同时要求围绕主题，集中政府部门、群众团体和社会组织的优势和力量，开展"宣传倡导、健康促进、致富发展"三大活动，以有效解决城乡家庭特别是计划生育家庭存在的突出矛盾和问题。同时在全国 31 个省（区、市）和新疆生产建设兵团各确定一个工作基础好、带动力强的城市（总计 32 个）作为首批试点。5 月 7 日，在吉林长春召开了全国创建幸福家庭活动试点工作会议，自此创建活动正式启动。2013 年国家卫生计生委组建后，在认真总结第一批试点工作基础上，审时度势，8 月又下发了《关于深入开展创建幸福家庭活动的通知》，全国新增 12 个试点省份和 108 个试点城市，提升了国家级试点层次，试点市数量达到 140 个。

二是分片推进。长春会启动之后，为进一步提高认识，推动和指导试点工作，紧接着在宁夏银川、重庆渝北、福建漳州分三个片区召开了试点工作座谈会，在国家行政学院举办了试点市创建活动专题研究班，在全国范围内开展了"创建幸福家庭与全面做好人口工作"主题征文，为创建活动提供了智力支持和理论指导，形成了良好的社会舆论氛围。

三是项目运作。根据当时情况，李斌同志决定实行三个单位配合的领导体制，就是在原国家人口计生委的统一领导下，统筹整合系统内的群团、社团组织资源，多方努力、齐抓共建，切实为城乡家庭特别是计划生育家庭做实事、办好事、解难事。实践中，全国

各级计生协会主动参与，采取多种方式融入，成为创建活动的生力军。人口福利基金会突出慈善组织特色开发公益项目，2012 年 7 月在人民大会堂举行创建幸福家庭活动捐赠仪式，随后在甘肃、安徽、陕西、广东、广西等地开展了生殖健康援助行动"蓝氧"项目。两年来共接受爱心企业——珠海新依科医疗科技有限公司捐赠的医用综合蓝氧治疗仪 2600 台，投放到全国 2596 个项目点的计划生育服务机构，培训计生技术人员 2986 人，使 16 万个家庭约 50 万群众直接受益。

四是典型引路。创建幸福家庭活动试点单位有工作基础好、改革力度大、创新劲头足的共同特点。李斌、王培安、杨玉学、赵炳礼等领导都曾一起到试点单位做过专题调研，给予基层极大的鼓励和鞭策。2012 年 9 月，原国家人口计生委在浙江宁波召开了全国创建幸福家庭活动经验交流会，总结阶段工作，宣传推介典型，取得整体推进的良好效果。

五是全面开花。2014 年 5 月在全国范围内全面开展创建幸福家庭活动。国家卫生计生委对创建活动的全面铺开做了较为详细的部署，确保活动取得实效。在 2014 年全国创建幸福家庭活动工作会议召开的当日，香港经纬集团有限公司向创建幸福家庭活动捐赠人民币800 万元，用于"生殖健康援助项目"；北京医院、中日友好医院、阜外医院和华西医院等单位发起建立的"中国人口福利基金会健康暖心扶贫基金"也同时启动，主要用于卫生计生领域的扶贫工作，也是对创建幸福家庭活动的有力支持。

总体来说，创建幸福家庭活动自 2011 年 5 月正式开展以来，正好进行了 4 年。这个活动针对城乡家庭存在的生活贫困、生殖健康、出生缺陷、养老发展等主要矛盾和问题，突出"文明、健康、优生、致富、奉献"主题，全国第一批 32 个试点城市重点开展"宣传倡导、健康促进、致富发展"三大行动，以提高试点地区家庭的生活、生育、生命质量为目标。2013 年，这个活动又新增 108 个试点城市和 12 个试点省份。创建幸福家庭活动试点先行，打造全面做好新时期人口工作、着力完成"建立健全家庭发展政策、促进家庭和谐幸福"等主要任务的有效载体，也对加强社会管理、创新人口工作体制机制和手段方法具有十分重要的意义。

从这几年的发展看，这个活动可谓生逢其时、得道多助：在活动开展中，相关政策也在助力。国家卫生计生委等 5 部门 2013 年印发的《关于进一步做好计划生育特殊困难家庭扶助工作的通知》，国家卫生计生委办公厅和中国计生协 2014 年印发的《关于开展计划生育特殊困难家庭社会关怀的通知》等，都使得这项活动日益与卫生计生系统的日常工作结合起来，社会各界对计划生育特殊家庭的关注和支持也在增多，许多试点城市的活动得到了各方面直接的物质支持。2014 年 5 月，创建活动在全国铺开。

4. "遍地开花、花样翻新、新裁示范"——创建幸福家庭活动五周年

到"十二五"末期，创建幸福家庭活动已开展了 5 年。这 5 年来，创建幸福家庭活动突出"文明、健康、优生、致富、奉献"主题，围绕"促进家庭文明，守护家庭健康，帮扶家庭致富，引领家庭奉献"等主要任务，通过形式多样的宣传倡导、公共服务和资源整合、项目依托和目标管理，为推动落实计划生育基本国策，建立完善家庭发展政策体系，提高家庭发展能力，促进社会和谐稳定，发挥了重要的作用。

榜样的力量是无穷的，在开展创建幸福家庭活动的这 5 年里，全国有些城市确已能发挥示范带头和辐射带动作用。为此，国家卫生计生委在全国评选了首批创建幸福家庭活动示范市（以下简称"示范市"），并以示范市的引导、示范，鼓励基层探索创新，推动

创建幸福家庭活动持续健康发展，也为此制定了评选标准。这一评选标准①，结合实际，突出重点。其中有以下几条标准较有代表意义：一是在党政高度重视上，将创建幸福家庭活动作为改善民生的重要内容纳入本地经济社会发展规划，纳入本地目标管理责任制考核。二是在卫计优质服务上，建立覆盖城乡居民的免费孕前优生健康检查制度，年度目标人群覆盖率达到80%以上；将流动人口纳入基本预防保健和医疗卫生的服务范围；开展全科医生（乡村医生）与城乡居民家庭或个人签约服务；流动人口计划生育基本项目免费服务率达到年度目标要求。三是计生帮扶救助上，

---

① 一、党政重视，部门协同：（一）将创建幸福家庭活动作为改善民生的重要内容纳入本地经济社会发展规划，纳入本地目标管理责任制考核，领导到位、责任到位、投入到位和工作到位。（二）建立党委政府统筹领导、卫生计生部门牵头组织、相关部门配合联动、社会团体与城乡群众广泛参与的工作机制。制定促进成员健康、增进福利保障、减少家庭贫困、促进性别平等、支持妇女儿童发展的家庭发展政策并得到有效落实。

二、宣传倡导，健康促进：（三）以社会主义核心价值观为引领，弘扬家庭传统美德，营造有利于家庭幸福、社会和谐的良好氛围。以"文明、健康、优生、致富、奉献"为主题的社会宣传活动形式新颖、效果显著，有较丰硕的家庭发展文化成果。（四）广泛传播科学的健康知识、应急救助知识和家庭文明理念，帮助群众树立健康文明意识和自救互救意识，培养形成健康文明的生活习惯。

三、优质服务，守护健康：（五）家庭健康服务体系比较健全，立足家庭提供计划生育、优生优育、生殖健康、不孕不育诊治、青少年健康发展、老年健康、助老养老等系列公共服务。（六）建立覆盖城乡居民的免费孕前优生健康检查制度，年度目标人群覆盖率达到80%以上。按要求落实国家基本公共卫生服务项目、国家基本药物制度、"两癌"筛查和生殖道感染普查普治等基本预防保健和医疗卫生服务，将流动人口纳入服务范围。开展全科医生（乡村医生）与城乡居民家庭或个人签约服务。流动人口计划生育基本项目免费服务率达到年度目标要求。（七）人口与计划生育信息化体系完善，本地区全员人口数据库的人口覆盖率达到95%以上，数据库主要数据项的准确率达到90%以上，依托信息网络开展家庭服务。出生人口性别比保持正常或达到年度目标要求。

四、帮扶救助，解决难题：（八）计划生育利益导向政策体系完善，群众应享受的各项计划生育奖励优惠政策、资金兑现率达到100%。出台实施扶助关怀计划生育特殊家庭的具体政策措施，计划生育特殊家庭得到有效帮扶。（九）将计划生育家庭优先纳入社会养老服务体系。针对计划生育特殊家庭、失能老人家庭、残疾人家庭、流动人口家庭和留守老人家庭制定相应的帮扶政策，为其提供相应的照护服务。

五、群众参与，评价良好：（十）创建活动在社区和家庭的知晓度、参与度和认可度较高，得到党政部门的肯定支持和舆论媒体的正面宣传较多。

利益导向政策体系完善；将计划生育家庭优先纳入社会养老服务体系；针对计划生育特殊家庭、失能老人家庭、残疾人家庭、流动人口家庭和留守老人家庭制定相应的帮扶政策，为其提供相应的照护服务。

根据自查申报、初审推荐、评估验收、公示命名这几个步骤选拔出示范市。这些示范市善于创新、成效显著、示范性强。在开展创建幸福家庭活动的过程中，以服务家庭、创造幸福为宗旨，设计项目，堪称"别出心裁、花样翻新"。比如创建幸福家庭活动的起步城市——长春市"一二三四"大步走，迈向幸福大道。一是一个"依托"：以全员人口信息化建设为依托，搭建创建活动的平台；二是两个"模式"：以城乡有别的主题运作模式，促进创建活动的开展；三是三个"切入"：以免费孕前优生健康检查、深入村组和社区、扎实宣传倡导为切入，推进创建活动的深入；四是四个"提高"：以提高党政统筹、财政保障、服务水平和创新能力为手段，确保创建活动的品质。可以说，长春在创建幸福家庭活动中既能善始，又能在"活动"的前两个阶段有一个阶段性的善终，我们希望各地的幸福家庭活动都能善始善终。

在全国范围内选出示范市并不是目的，通过学习示范市提高活动开展水平才是本意。按照"政策试点"一般性的政策过程，创建幸福家庭活动已经从"先试先行"的探索阶段逐渐发展为"从点到面"的推广阶段。示范市的遴选完成标志着第一阶段的选点、组织、设计、督导、宣传和评估这几个环节顺利完成，"十三五"期间即将开展部署、交流、总结等第二阶段的工作。政策试点的发展过程是动态与开放的，在创建幸福家庭活动迈入新时期之际，面对全国范围内更为复杂的推进形式，尤其需要处理好顶层规划与基层创造、先试先行与制度统一之间的微妙关系。结合公立医院综合

试点改革①等较为成熟的试点工作经验，针对各个环节中可能出现的问题与难点②，在习近平总书记 2015 年春节团拜会上关于"重视家庭建设，注重家庭、注重家教、注重家风"的战略目标指引下，以示范市为导向，汇集和提炼"示范经验"，做到突出重点、分类施策、务实操作，创建幸福家庭活动再上台阶指"年"可待。

三　第三方评估——对创建幸福家庭活动实效的客观评价

"创建幸福家庭活动"由国家卫生计生委、中国计生协会和中国人口福利基金会三家共办，有中央财政专项资金和各级财政资金支持，这一背景使得活动的核心使命在于改善家庭福利、解决家庭发展难题。幸福家庭活动依据服务对象和发展需求的不同可以分成很多种类型，但是任何一个类型的幸福家庭活动项目的核心宗旨都在于改善家庭福利和提升家庭发展能力。

这种情况，使得这种活动必须从公众受益的角度评估活动绩效，以确保公共部门和公共财政在其中尽职和有效。公益活动的运作绩效，概括地说就是政府、协会和基金会对创建幸福家庭活动的投入资金的使用效能以及活动组织自身的运行效率。一方面，运作

---

① 公立医院的综合改革自从 2010 年国家启动试点工作以来，党的十八大，十八届二中、三中、四中全会等多次重要会议明确提出了公立医院改革的指导精神，国务院多次下发具体的改革意见与规划，如《中共中央国务院关于深化医药卫生体制改革的意见》、《国务院关于印发"十二五"期间深化医药卫生体制改革规划暨实施方案的通知》（国发〔2012〕11 号）、《国务院办公厅关于城市公立医院综合改革试点的指导意见》（国发〔2015〕38 号）。各试点城市积累了宝贵经验，改革取得了明显进展。

② 比如群众对第一批试点城市与其他城市、示范市与非示范市之间的"福利时差"的理解与接受，再如全国范围内开展对计划生育特殊家庭的扶助活动可能出现的一些实际操作困难。

绩效体现了组织配置资源的效率，即充分利用每一位纳税人和捐款者的经济投入来实现对全国性的家庭服务需求的满足；另一方面，创建幸福家庭活动自身还带有卫生计生系统的工作性质，体现在组织机制、领导机制、政策机制、协调机制等每一个环节的工作效能上。

不少地方在这个项目开展过程中，自行进行了多个层面、多种方式的评估。这些评估重在就当期情况一事一议地评估项目完成情况。从全国来看，如果有更客观、更全面的评估，不仅评出项目的设计水平①和执行情况，也对项目全面的效益有定量考量，则对"十三五"期间创建幸福家庭活动更好的发展具有四方面重要意义：①可以评判项目设计水平的高低，并从项目设计上就可看出对特殊家庭需求的针对性。②可以激励活动部门的自我监管，充分利用各种途径保障活动运作的公益性并不断提升运作绩效。③针对活动绩效和运作绩效建立一套相对完善的监督体系，而且这种体系理应是内外互相协调的机制。相对于内部自我管理与完善，充分利用组织外部的监督机制更为有效。④可以找出发展瓶颈和执行短板，未来更有针对性地改善活动，扩大活动的影响范围、增大活动的效益并提高活动的持续性。

从第三方评估的目的来看，可分为研究性评估、检查性评估和

---

① 项目的设计水平是创建幸福家庭活动的初始环节，也是体现这个活动在家庭发展中是否有针对性和不可替代性的首要环节。例如，如果针对计划生育特殊家庭设计了专门的项目（如尚没有作为试点城市的内蒙古海拉尔区，成立了"计划生育家庭关怀关爱服务中心"，运用"一对一帮扶"制度，积极协调并帮助解决计划生育特殊家庭在生产和生活中的困难，使该市的计划生育特殊家庭迄今未出现一户上访现象），则不仅能够使这部分家庭的特殊困难能得到针对性解决，在其他公共服务项目没有对这部分家庭特殊关照的情况下体现了政府的特惠，也对社会稳定发挥了重要作用，从而使这样的项目具备了不可替代性。

评比性评估①。这次对"活动"的评估以研究性评估为主，主要服务于宏观决策，兼顾给试点城市出谋划策，以在没有政绩压力的情况下总结"活动"得失，发现试点经验，谋划"活动"未来。具体而言，对"活动"的合理性和有效性进行评估，关键在于选择适当的综合评价方法和构建科学合理的评价指标体系。由于试点地区数量较多，在"活动"中启动的项目种类繁多且各具地方特色，要在统一的标准体系下开展量化评估并非易事。为使评估结果最大限度地体现"活动"试点工作的成效，针对上述三方面评价内容，本课题组设计了全面评估和部分评估两套体系。在全面评估中，①对"活动"试点的社会经济效益评估，重点是关注"活动"试点工作的客观效果，主要是在试点工作开展情况评估的基础上，选择数据条件较好、项目成效显著的典型地区，依据经济学、社会学理论定量评估试点工作开展以来取得的社会经济效益，测算带动比；②对"活动"典型案例的分析评估，重点是关注与"活动"主题密切相关且较具代表性、创新性的项目，运用对比分析法对其社会经济影响进行评价，其结果可为"活动"的全面开展和相关领域的社会管理政策制定提供有参考价值的建议。以此方式具体来回答：第一批试点城市的活动自启动以来已有四年，绝大多数试点城市的活动已经开展起来并能看出成效，那么创建幸福家庭活动在各试点城市的实际效果到底如何，使多少家庭受益？带动了多少社会资金投入？还有哪些重要的计划生育相关家庭的发展需要没有被活动覆盖到？

为满足评估工作的需要，评价指标的选取需紧密结合"活动"

---

① 研究性评估主要是从学术研究的角度对活动开展情况进行评估，其成果供领导把握面上情况；检查性评估是针对目标对试点城市的工作完成情况进行评估，并一对一提供给试点城市；评比性评估主要是在选定的城市范围内，就某几类可比的活动进行评比并将排序结果发布。

的总体目标和主要内容，相关资料通过现有统计资料和补充调查获得。评估的具体思路如图 1 所示：

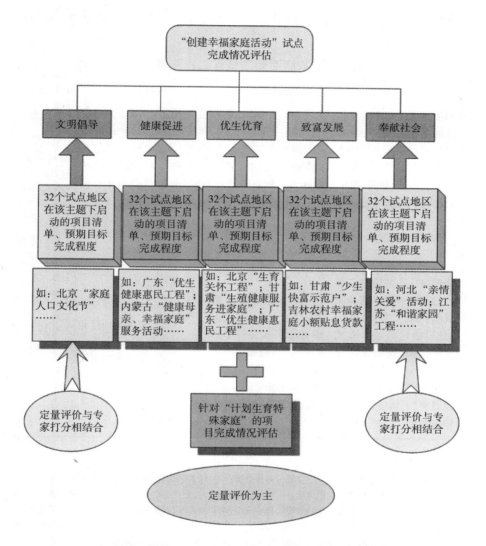

图 1　"创建幸福家庭活动"试点工作开展情况评估基本思路

根据图 1 的思路，在掌握各试点地区的基本情况之后，对 32 个试点城市进行分类；然后分类梳理各城市在试点工作中启动项目的情

况，按照"文明倡导、健康促进、优生优育、致富发展、奉献社会"五个方面的主要内容进行多重分类对比分析，对照各地区启动项目的预期目标评估其工作的开展情况。具体的评价指标如表1所示①。

表1　"创建幸福家庭活动"试点工作开展情况评价指标

评价内容	评价指标	选择依据	评价方法
文明倡导——文明是幸福家庭的道德追求。引导家庭成员树立社会主义核心价值观，提高思想道德和科学文化素质，热爱祖国，关心社会，珍惜家庭，推动家庭成员之间、家庭与社会、家庭与自然的友爱、和谐	①"创建幸福家庭活动"社区覆盖率；②组织宣传教育活动场次；③离婚率；④九年义务教育巩固率	①反映了"活动"的覆盖面；②反映了家庭的稳定程度；③是实现"提高思想道德和科学文化素质"的基础指标；④反映了文明家庭建设的情况。（①和②主要对活动过程进行评价，③和④主要是对活动成效进行评价）	定量＋定性评价，定性评价为主
健康促进——健康是幸福家庭的基础条件。培养家庭成员科学文明、低碳环保、健康绿色的工作方式与生活习惯，提高生活保健和生殖健康的意识、能力和水平，促进家庭成员身体健康、心情愉悦，不断增强幸福感	①生殖健康筛查覆盖率；②育龄妇女生殖保健服务覆盖率；③"两癌"筛查覆盖率；④生殖系统疾病治愈率；⑤宫颈癌发病率；⑥乳腺癌发病率	①～③体现了生活保健和生殖健康服务水平；④～⑥是反映居民生殖健康水平的特征指标	定量评价

① 对创建幸福家庭活动的评估主要分两种类型：A. 对32个试点城市"活动"开展的情况进行评价，这种评价着重对创建活动的过程进行评价。过程评估将参考评价指标，更多地关注创建工作本身，对创建工作的组织管理、资金拨付与使用以及围绕五个主题开展的工作进行评价。B. 对"活动"的社会经济效益进行客观评价，这种评价着重对创建活动的结果进行评价。创建工作的成效主要体现在民生的改善和经济社会的发展，因此需要使用一些人口指标和经济社会发展的一般性指标进行评价。选用人口指标和经济社会发展的一般性指标有三个原因：一是数据容易获得，便于进行定量评价；二是虽然创建工作是一项专项工作，但不代表创建工作是一项孤立的工作，幸福家庭的创建和民生及国民经济和社会的发展是紧密联系的，幸福家庭的创建应能够有效促进民生改善和经济社会的发展；三是各地的创建活动丰富多样，很难仅从创建工作本身来设置能够进行评估的统一性指标。

续表

评价内容	评价指标	选择依据	评价方法
优生优育——优生是幸福家庭的希望所在。加强人力资源开发,着力提高人口素质,开展免费孕前优生健康检查,降低出生缺陷发生风险。普及科学育儿知识,注重婴幼儿早期发展,加强青少年健康人格教育,促进人的全面发展	①出生人口性别比;②免费计划生育基本技术服务覆盖率;③免费孕前优生健康检查项目目标人群覆盖率;④孕前以及孕产期检查率;⑤出生缺陷发生率;⑥孕产妇死亡率;⑦婴儿死亡率	①~②反映了计划生育工作的基本情况;③~⑦反映了优生健康检查的工作情况及其成效,主要是对活动成效进行评价	定量评价
致富发展——致富是幸福家庭的重要保障。进一步完善各项惠民利民的经济社会政策,通过多种帮扶救助方式,支持城乡家庭特别是计划生育特殊家庭发展生产、勤劳致富,实现收入增加、生活宽裕、富足祥和、安居乐业	①计划生育特殊家庭受助率;②受助家庭人均年增加收入;③带动脱贫人数;④创业就业培训人次;⑤带动就业人数	①反映了活动对计划生育特殊家庭的扶助情况,主要是对活动的过程评价;②~⑤体现了通过帮扶救助促进就业的工作成效,主要是对活动成效进行评价	定量评价
奉献社会——奉献是幸福家庭的价值体现。强化家庭成员的公民意识和感恩情怀,增强家庭责任感和社会凝聚力,形成人人乐于扶危济困、见义勇为、养老助残、邻里互助、回报社会的良好道德风尚	①见义勇为人数;②社会爱心捐助(折合)金额;③计划生育特殊家庭受助数量(受助主要是指受到的除经济帮扶外的生活与养老帮扶)	①体现了舍己为人的良好社会风尚;②反映了扶危济困、乐于助人的社会风貌;③反映了针对计划生育特殊家庭的除经济帮扶外的生活与养老帮扶情况	定量+定性评价,定性评价为主

　　由国务院发展研究中心牵头组成的第三方评估课题组经过对全国32个第一批创建幸福家庭活动试点城市的问卷调查,一方面总结出

用这种方式开展这种活动的必要性和若干主要成效；另一方面，也发现了一些瓶颈和短板。

成效方面：①强包容大品牌。创建幸福家庭活动与之前的许多计生领域内的"婚育新风进万家""关爱女孩""幸福工程""生育关怀"等单项活动有联系也有区别。这些单项活动只是单一主体下单一部门的单一项目，而创建幸福家庭活动在统筹解决人口与家庭和谐发展难题的前提下，在试点启动的多个城市中已经形成整体推进的态势和格局。创建幸福家庭活动在长春、漳州等试点城市已经成为一个品牌活动，在这个品牌下围绕人际均衡和家庭发展带动了一系列的单项工作，包括宣传教育、优生筛查、扶贫致富等多个方面。创新幸福家庭活动具有很强的包容性，使有关家庭项目重新整合，形成合力，在诸多试点城市得到了重视，也列入了近三年内的政府工作计划，围绕创建主题设立了不同的平台，开展了多种形式、灵活多样的活动，体现了"主题的一致性和形式的多样性"。创建幸福家庭活动已经成为全国范围内提升家庭发展能力的一个重要载体、一个有力抓手、一个过硬品牌。②大人群得实惠。在"党委政府统筹、卫生计生牵头、相关部门配合、社会资源融入、百万家庭参与"的运作机制和工作格局下，创建幸福家庭活动最大的成效之一在于千千万万普普通通的家庭得到了真正的实惠，有力提升了家庭的发展能力。仅以2013年为例，全国新增幸福工程项目点29个，救助贫困母亲12270名，中国人口福利基金会本级投入资金1035万元，各省（区、市）投入资金1797万元，地方项目点配套资金3488万元，吸纳社会参与资金5222万元。以江苏省为例，将免费孕前优生健康检查纳入"十项重点百项考核"，推进免费婚检和婚姻登记一站式服务，设立了17家产前诊断机构和14家新生儿疾病筛查中心，试点工作开展两年来共为54.8万对计划怀孕夫妇提供了免费孕前优生健康检查。以长春市为例，市政府每年投入350万元，免费为全市已婚待孕夫妇（含流动人口）提供孕前优生健康检查，免费开展高标准的乙肝病毒母婴传播阻断项目。试点城市开展三年来共检查22.4万人，有922名新生儿接受乙肝病毒阻断治疗，阻断成功率达到98%以上。③找特困补短板。创建活动的主要服务对象是计划生育相关家庭，以解决计划生育相关家庭发展中的问题和困难为工作重点。《2014年中国家庭发展报告》显示，全国家庭户数约为4.3亿，计划生育家庭2.9亿左右，占了近70%。因此，计生家庭的困难解决了，全国大部分家庭的问题也就大体上解决了。一孩为主的计划生育政策实施30多年来，计划生育家庭做出了巨大贡献，如今却面临着许多现实的问题，比如第一批计划生育家庭特别是计划生育手术并发症家庭的贫困问题、独生子女伤残死亡家庭老无所依的问题开始凸显。2013年12月，中共中央、国务院下发的《关于调整完善生育政策的意见》提出"建立和完善计划生育家庭老年人扶助制度。妥善解决计划生育特殊家庭在生活照料、养老保障、大病治疗、精神慰藉等方面的问题"。在创建幸福家庭活动开展的五年里，优先考虑和重点帮扶计划生育特殊家庭，提高这些家庭发展能力，着力解决他们在医疗、就业、养老、教育等方面的实际难题。这一活动在实际工作中真正实现了"三个统一"：把国家的长远利益与群众的现实利益统一起来，把人口计划与家庭计划统一起来，把落实生育政策与增进群众福祉、促进家庭发展统一起来。比如，北京市对计划生育特殊家庭累计投入7366万元，为独生子女死亡家庭老人办理"暖心计划"综合保险2.6万人次，建成75所心灵家园基地，开展形式多样活动，为计生特殊家庭送去温暖。

除了这样的评估，单从计生部门工作的角度来评估，可以认为这个活动是"计生民心工程"。我国现存的对计生家庭的优惠补贴政策，尤其是对计划生育特殊家庭的补贴，实际上都是从控制人口生育角度出发的一种利益导向机制。虽然目前有针对农村部分计生家庭的

奖励扶助政策，但是这些基本上都是从保障计划生育工作顺利开展考虑的，而且各个地方具体执行的情况也有很大差异；同时，补偿水平也较低，难以保障"家庭幸福"的需要，属于典型的"补缺"型，难以惠及所有家庭。目前"一老一小"的养老保障和儿童保障也都很薄弱。当前中国的人口政策正在向提高人口素质和促进家庭发展的"促进型"政策方向转变。在此过程中全国各地广泛开展的创建幸福家庭活动，给予计生家庭的实物和现金补贴、家庭服务，以及公共设施的供给，具有切实的必要性。换句话说，创建幸福家庭活动在现阶段填补特惠政策对计生困难家庭扶助的空白处将发挥出不可替代的重要作用。这些围绕家庭发展和幸福的公益性活动都会促进当下的计生工作的转型，有助于增强全社会的幸福感。

再换个角度换个方式，从家庭受益者的角度感性评价的话，这个活动堪称"家庭希望工程"：创建幸福家庭活动在过去的几年内有效地帮助了千万家庭追求幸福，在即将到来的"十三五"中，有更多的家庭希望成为这个活动的受益者。但是由于受到起步时间较短、资金投入不够、地区和城乡之间的差异等诸多因素的影响，创建幸福家庭活动还有待进一步完善，以提高其保障家庭发展的效力。其中最为重要的制约因素在于财政经费投入不足。可以说，创建活动开展四年多以来，项目设计合理、基层实施到位、带动资金不少，但因为总量不够，使得项目覆盖面不尽如人意。课题组建议，未来应多发挥中央项目资金的作用，加大种子性资金的投入，同时针对其他普惠公共服务难以收到明显效果的计划生育特殊家庭进行专门的项目设置。

从这个活动可能的受益范围而言，目前仍存在以下四方面美中不足。

①财政经费支持不足。创建活动得到了不同层级的财政支持，有些项目也实现了政府购买服务，让群众真正得到了实惠，但评估表明，财政经费支持的力度无论与活动的社会经济效益还是与计划生育家庭的现实需求相比还是杯水车薪，财政经费支持不足已经成为这个

活动发展的首要瓶颈。

②活动整合相关项目和社会力量不足。以家庭幸福为发展方向，活动可以与许多工作形成互动（如与人口信息平台建设形成互动），也有赖许多项目支持（如生殖健康服务纳入基本公共服务、生殖道感染治疗纳入基本公共医疗目录等），还需要整合社会力量。尤其要注重发挥社会组织作用，动员社会资源参与到创建活动中去。像基层卫生计生技术服务机构、人口家庭公共服务站所，都可以依托社会力量和企业资源，加强设备投入和人员培训，以解决投入不足的问题。

③活动内容的实化和标准化不足。评估调研过程中，很多基层工作者提出，"幸福家庭都一样，不幸家庭各不同"，幸福只是一种感受，每个人的体会不同，确立和设计出好项目很难。从大局观上说，幸福家庭有一些基本元素是相同的且相通的，诸如文明（是幸福家庭的道德追求）、健康（是幸福家庭的基础条件）、优生（是幸福家庭的希望所在）、致富（是幸福家庭的重要保障）、奉献（是幸福家庭的价值所在）。创建幸福家庭提出的"文明倡导、健康促进、优生优育、致富发展、奉献社会"五个主题，有虚有实，三实两虚，虚中有实。在具体项目中，虚如何转化为实、实如何落实？尽管各地在"十二五"期间有诸多创新，但在项目对当地主要家庭发展问题的针对性以及项目的标准化、延续性方面都还有许多不完善的地方。总之，创建幸福家庭活动从本质上讲，是一项意义重大的系统工程，现有的项目定位和管理方式，尚未准确地体现出这种战略性和综合性。项目在实施过程中，不可避免地出现定位不准、重复立项、资源缺乏整合的问题。

④监督和绩效评估不足。组织开展创建幸福家庭活动已成为国家卫生计生委及相关机构在家庭发展方面的重要活动之一。但创建幸福家庭活动并没有普遍纳入各地的计划生育目标管理责任制之中，缺乏有效的第三方监管以促进经费透明使用、工作有效落实。这种局面，与考核成效在基层特别突出的计划生育工作形成了明显的反差。有许

多地方出于职业责任感进行了自查自评，中国人口福利基金会也邀请国务院发展研究中心进行了一定范围的第三方评估，但从这个活动已有的规模、可能的影响而言，相关监督、绩效评估还没有跟上活动发展。应鼓励地方研究制定符合当地实际和活动特点的创建标准、评估内容和考核方法，引导并规范本地创建工作。

2015 年的政府工作报告中，出现不少如"关键少数""获得感""有权不可任性"之类的新词语，不仅让人眼前一亮，同时引发了人们的深省与反思。确实，中国社会变革如此急剧，新现象层出不穷，新问题不断出现，只有一些新的词语才能准确地分析改革与发展中的新气象。类似地，在 2015 年这个承上启下的时间节点，可以借用一些新词语，对创建幸福家庭活动未来发展的工作重点进行一番切实的反思。

①面对快速老龄化带来的养老压力，流动家庭、留守家庭等多种新类型的家庭问题，以及一些计划生育困难家庭的突出难题，创建幸福家庭活动在"十三五"期间应当实行定向调控，创新宏观战略的思路和方式，激活力、补短板，深刻改变政府主导的单一模式，继续唱响中国家庭幸福的最强音。

②目前，中国家庭发展的另一现实问题在于家庭发展支持政策并不十分完善与完备，并未建立以家庭为基本单位的长期政策和对策安排机制。因此在创建幸福家庭活动中必须完善政策体系和增强制度保障双引擎①，以解决当前相关政策的宏观性和原则性缺位问题，有必要在幸福家庭领域建立政策具体化与灵活化的制度，及时将国家相关宏观政策操作转化为因地制宜的具体建议，避免出现创建幸福家庭活

---

① 2015 年 1 月 23 日，李克强总理在世界经济论坛 2015 年年会上发表的特别致辞提出，中国经济要行稳致远，必须全面深化改革。用好政府和市场这"两只手"，形成"双引擎"。"双引擎"一方面是增加公共产品和服务供给，另一方面是推动大众创业、万众创新。未来的创建幸福家庭活动，也应该进一步强化双引擎驱动。

动全面推进中行政上的失据与摩擦。

③创建幸福家庭活动虽然不是单纯的慈善事业，但是活动本身以扶助计划生育家庭为主要导向，带有很强的公益和帮扶的性质。中国家庭结构的变迁，使计划生育家庭逐渐成为中国家庭主体。根据《中国家庭发展报告2014》的测算数据，目前中国计划生育家庭为3亿户左右，即全国70%的家庭户是计划生育家庭户。因此，"十三五"期间，全国逐步全面实施临时救助制度①，让遇到急难与特困的群众受助及时、求助有门。创建幸福家庭活动即可视作为计划生育家庭户制定的卓有特点的家庭临时救助活动。

④针对创建幸福家庭活动中出现的政策零散的现实难题，在短期内尚且难以改变"较多集中在人口计生领域，政策体系不完善，政出多门"的情况，在"十三五"期间创建幸福家庭活动在全国普遍铺开推广的情况下，需要在大方向上制定全国范围内可操作实施的《幸福家庭建设纲要》，对于影响幸福家庭建设主要因素，从宏观政策的高度上予以规范。在具体的执行方面，全面推行宽松的项目核准权力机制，放开管理制度。

⑤当前创建幸福家庭活动主要以政府主导为主，活动独立性较差，基本上依附于政府，忽视了各类社会组织和社会力量在"幸福家庭"建设过程中所发挥的促进甚至建构作用。针对于此，在"十三五"期间，创建幸福家庭活动需要积极推广政策和社会资本合作模式（PPP），大幅鼓励政府购买服务，以及鼓励社会组织、社会团体参与创建幸福家庭活动，同时，也应积极鼓励家庭自治，通过政

---

① 李克强总理2014年9月17日主持召开国务院常务会议，决定全面建立临时救助制度、为困难群众兜底线救急难。10月，国务院印发《关于全面建立临时救助制度的通知》，明确要求地方各级人民政府要将建立完善临时救助制度列入重要议事日程，抓紧完善配套政策措施，确保2014年底前全面实施临时救助制度。作为一项以解决城乡群众突发性、紧迫性、临时性基本生活困难问题为目标的制度，临时救助制度填补了我国社会救助体系的空白。专家认为，这不仅是我国社会救助制度的逐步完善，更体现了社会救助理念的与时俱进。

府、社会与家庭三方主体的共同努力来推动"幸福家庭"建设。

⑥针对幸福家庭活动覆盖面较窄，城乡之间、地区之间在资金投入和活动开展存在较大差异的问题，学习城市群的规划理念，尝试实行基本活动项目、基本公共服务的同城化方略。在设计幸福家庭活动时，树立城乡一盘棋的思想，加大对郊区和农村的家庭民生建设的重视，例如，在北京等大城市的市中心区开展较好的"健康宝贝计划"等举措，可尝试扩展到郊区和农村地区。

四 展望"十三五"

面对逐渐调整完善的计划生育政策，站在 2015 年末这个时间节点上，上承"十二五"之收官，下启"十三五"之开篇，全面小康已指"年"可待。在国家的新常态发展中如何构建"创建幸福家庭活动"的新常态，怎么将家庭建设强健起来，怎么与时俱进营造新的家教、家风，这是创建幸福家庭活动亟待处理的大难题。既然这个活动设置合理（与上位政策也衔接得好）、执行有力（第三方评估说明社会、经济效益彰显），但首要的障碍在于受益人群小、项目力度不够，那"十三五"期间首先就是要增加投入，其次才是优化资金使用结构，落实责任主体等。这些不足，应该在"十三五"期间得到完善。

"十三五"注定成为中国发展中的里程碑：全面小康应该在"十三五"末期实现。"小康不小康，关键看老乡"，创建幸福家庭活动应当以让广大群众拥有获得感①作为出发点，也是落脚点。在当下的中国，"获得感"强调一种实实在在的"得到"，更加贴近民生、体

① 2015 年 2 月 27 日，习近平总书记在中央全面深化改革领导小组第十次会议上的重要讲话，提出"把改革方案的含金量充分展示出来，让人民群众有更多获得感"。"获得感"是新时期一个理解改革、展望未来的关键词。

贴民意、务实民心，这样一种"获得感"，往往能够有效地转化为幸福感。幸福家庭活动让普通群众拥有更多的获得感。对幸福家庭的渴望是千家万户最本源的希望与追求，大兴家政是一种新形势下以人为本的执政理念，创建幸福家庭活动承载着沉甸甸的民意。虽然幸福家庭活动在各地开展形式多样，但都是来自对解决家庭问题、提升家庭发展能力这一现实的热力。具体而言，我们提出"十三五"期间创建幸福家庭活动，提高百姓获得感的三个维度。

①以优生优育和健康促进作为第一层面。孩子是家庭的希望，健康是幸福的基础。这两个主题是看得见摸得着的，也是最为基础的家庭幸福之所在。在各地首先全面开展这两个方面的家庭幸福活动，让孩子都能健康生长，并且接受优质教育；每一个家庭成员，尤其是老年人养老有保障，都能看得起病，看得好病。

②以物质层面的致富发展作为第二层面。实施幸福家庭活动帮助中国千千万万普通家庭感受到改革带来的物质生活水平的提高，收入增加，有房居住，通过家家有保障的物质收益在医疗、教育、社会服务等方面的满足来切实提高获得感和幸福感。

③以文明倡导和奉献社会作为第三层面。幸福家庭活动除了为群众提供更好更全更有人性化的家庭发展服务之外，还应当帮助老百姓在精神层次上有梦想有追求。幸福感还包括让每一个家庭成员活得更有尊严、更体面，享受公平公正的公民权利，从而赢得扎实的获得感。以人的现代化帮助实现家庭功能的转型，将单一的经济功能为主转向情感、消费、照料、安全和娱乐等多重功能。只有每一个家庭成员都真正实现自我追求才能确立民主、平等、有爱的新型家庭关系，家庭生活的主体意义也才能从传宗接代的工具理性真正转变为家庭幸福的价值理性，从而最终将家庭成员的关心友爱的亲情发展为作为社会成员的公民意识和感恩情怀，将家庭的责任感演化为社会凝聚力，形成人人乐于扶危济困、见义勇为、养老助残、邻里互助、回报社会的良好道德风尚。

这个过程是一个和谐社会形成的重要动力。

另外，三家单位共同发起这个活动，但其角色在中央和地方层面是不一样的。中央层面上，三家易于形成合力，需要加强的是卫生计生委争取更多的财力支持、其他两家争取更多的社会支持；地方层面上，主要是各地家庭发展处领导，计生协组织开展具体工作。但基层的行政部门还没有将这个活动作为计划生育重要工作来考核，而计生协也很难高效协调各种社会力量。未来需要调动更多力量扩大这个活动的受益人群和对特定人群（如计划生育特殊家庭）的定向扶持和救助能力，如考虑在地方层面上的各方将创建幸福家庭活动纳入日常考核工作中，这样这个活动才可能更有影响、更有价值。但目前形成的现有领导体制，虽然为创建幸福家庭活动试点工作提供了有力保障（国家卫生人口计生委负责牵头督导，在规划制定、政策协调、任务分解、争取投入以及监督落实等方面发挥重要作用。各级计生协会依托组织健全、扎根基层、会员众多的优势，在创建活动中发挥骨干和主力作用。中国人口福利基金会拥有资源多、机制活的优势，在组织联络、调研培训、会议筹备、项目支持、资金募集、宣传推广等方面开展具体工作），但由于创建活动是一项宏大的系统工程，除了计生部门之外，还有可能涉及妇联、教育、财政等政府职能部门。这种家庭服务与管理碎片化、零散化的职能现状，很大程度上加大了政府行政成本，同时也降低了公共服务的效率。

国际形势和国内经验要求在我国建立以家庭服务和管理为核心职能的政府部门，家庭发展相关职责和职能加载于卫生计划生育系统，以计生协会作为人口与家庭发展的主体力量，在制度、机制、建制、队伍以及体制等多层面做出系列配套设计，实现家庭领域公共政策的管理和服务的根本转变。[①] 结合《中央关于加强和改进群团工作的意

① 张爱琴：《人口计生工作创建幸福家庭的基本思路》，《人口与发展》2012 年第 1 期。

见》的上位精神，在"十三五"创建活动中，可进一步强化计生协会的群团力量，充分发挥群团组织在组织网络健全、联系面广、会员众多、最贴近群众生活以及擅长做群众工作等方面的优势，促进基层计生协会在活动组织、项目操作实施等方面更具体地发挥主体及核心作用。

　　而考虑到这个活动的首要发展瓶颈——财政资金投入不足，未来以140个城市是否充分开展活动、重点人群（计划生育特殊家庭）是否全部受益、基层工作人员是否全部得到培训三方面为标准衡量[①]，为保障各项活动的顺利开展，要提高"活动"投入占国内生产总值的比重，保证各城市的"活动"投入至少占到国内生产总值的0.02%～0.03%。各地区还可根据各自具体情况追加投入。根据我国2011～2014年的国内生产总值，"十三五"时期需要的总投入至少应为437亿～657亿元。为使重点人群（计划生育特殊家庭）全部受益，应由国家实施统一的计划生育家庭特别扶助金标准，各省、自治区、直辖市可以在国家标准的基础上，提高本省（自治区、直辖市）的补助水平，如增加一次性补助金和提高每月补助额，这部分由当地财政支付。根据有关测算，全国"计划生育特殊家庭"有100万个，每年新增7.6万个。"十三五"时期应设立专项资金，每年应投入48亿～60亿元给100万计划生育特殊家庭，"十三五"时期应该投入240亿～300亿元。对于每年新增的计划生育特殊家庭应投入3.65亿～4.56亿元，"十三五"时期应投入18.25亿～22.8亿元。为使基层工作人员全部得到培训，应保证每年每人培训费用500～600元，那么每年各城市基层人员培训费需要60万～72万元，"十三五"期间共需财政投入300万～360万元。考虑到140个试点城市的工作人

---

　　① 由于34个城市的调研数据不全，而且存在一定误差，所以本预算只是对基本项目的一个概算。我们主要根据24个城市相关数据的平均数来考察"十二五"期间的投入，并以此来推算"十三五"期间的大致预算的区间范围，重点是想说明需要在哪些方面加大投入。

员均接受同等程度的培训，培训经费需要 4 亿～5 亿元。在这个投入的基础上，三家发起单位共同努力、各司其职，优化资金使用结构，这个活动就有望在全面小康社会建成之时全面覆盖计划生育特殊家庭，使他们也实现全面小康，全家幸福。

国务院发展研究中心

"创建幸福家庭活动评估"课题组

2015 年 12 月

政策报告

Policy Report

政策报告要点

①随着经济发展和社会转型，中国的家庭和家庭相关公共服务需求正经历着"复合型、压缩型"的快速结构变化。这些发生在家庭规模、家庭类型、家庭构成、成员关系以及城乡分布等具体面上的特征变迁，使中国解决家庭发展问题必须多种手段相结合。中央高度重视家庭发展工作，推出了多种与家庭相关的新规与福利政策。政府对家庭问题的关注正在从宏观规划转向微观落实，在指导思路上更加强调务实与服务，具体体现在机构、政策、产业和专项活动四方面，尤其是通过各种专项活动率先使家庭相关福利政策落地。各地以创建幸福家庭活动为载体，针对计划生育女孩家庭、计划生育困难家庭及婴幼儿、青少年、老年人等重点人群，广泛开展关怀服务活动，促进了家庭发展能力的提升，这种方式是目前行之有效的家庭问题解决手段。

②创建幸福家庭活动围绕"文明、健康、优生、致富、奉献"五个主题词，实施"宣传倡导、健康促进、致富发展"三大行动，

进行了一系列富有成效的探索和实践。创建幸福家庭活动设计的初衷与国家的民生大计相吻合，也符合中国家庭的发展情况和共性需求。

③对创建幸福家庭活动的实施成效引入第三方的评估机制，具体方法可以归纳为"一统二类六评"：一个地区的相关宏观统计数据为背景资料；定量和定性两大类方法（专家打分和案例分析）；评在量化指标上，实行"评城市、评项目、评工作、评投入、评带动、评满意"六大方面若干条目的聚类评估。此外，强调与卫生计生系统"十二五"规划完成情况进行对比分析。

④创建活动开展四年多以来，设计项目合理，基层实施到位，带动资金不少，效益多重且填补了对计划生育困难家庭"特惠"的空白，但因为总量不够，使得项目覆盖面不尽如人意。当前，活动迫切需要扩大中央财政资金支持规模、优化资金使用结构，并专门加大对特定人群（如计划生育特殊家庭）的定向扶持和救助能力。

⑤在普惠制的基本公共服务均等化的大背景下，原先的特惠家庭，特别是计划生育困难家庭（更特殊的是计划生育特殊家庭），难以获得特殊且富有特点的关照和帮扶。通过创建幸福家庭活动针对这些重点人群，开展水涨船高的专项援助活动，实现普惠加特惠，这是创建幸福家庭活动的独到之处。

⑥这项活动在"十三五"期间的项目设计，应以公众的幸福感优先序为参考，以计划生育特殊家庭的"特殊困难"为工作重点；在管理中，应将活动的主要内容纳入计生目标管理责任制，向全国创建幸福家庭活动示范市标准看齐，争创幸福家庭活动示范市标准，并在活动开展时与"新家庭计划"协同，整合相关项目，形成发展合力。

第一章
从民生角度看社会结构变化后的家庭问题

本章要点

1. 随着经济发展和社会转型，中国的家庭和家庭相关公共服务需求正经历着"复合型、压缩型"的快速结构变化。这些发生在家庭规模、家庭类型、家庭构成、成员关系以及城乡分布等具体面上的特征变迁，使中国解决家庭发展问题必须多种手段相结合。

2. 各地以创建幸福家庭活动为载体，针对计划生育女孩家庭、计划生育特殊家庭及婴幼儿、青少年、老年人等重点人群，广泛开展关怀服务活动，促进了家庭发展能力的提升，这种方式是目前行之有效的家庭问题解决手段。

一 社会结构变化后的家庭结构特征

家庭作为社会的细胞，是人类生存、发展及延续的基本单位，家庭结构的现状及发展变化对于国家和民族的发展决策有着基础性意义。可以用一句话概括中国的家庭发展情况：问题是共性的，解决问题的手段必须是个性的。这是指家庭结构和家庭相关公共服务需求变化是"二战后"多数国家的共性发展特征，但中国20世纪70年代后的快速发展尤其近20年的快速城镇化，加之力度空前的计划生育政策，使中国的家庭相关问题在短时间内集中呈现，且这些问题涉及

社会管理和公共服务的多个方面，中国政府解决这些问题，就必须在手段及手段的力度上有所创新。

改革开放以来，在市场经济体制变革及快速城镇化等力量的共同作用下，我国社会结构正在发生深刻的变化，不仅表现在人口结构与家庭结构上，城乡、就业、社会阶层等多个方面也有集中体现。其中，家庭结构是社会结构中一个至关重要但又常常被忽视的方面。当前中国社会正处于前所未有的转型期，家庭结构与社会结构的其他方面一样，遭受剧烈冲击，处于迅速变化的时期，体现出若干新的特点与趋势①。

第一，家庭规模正在快速地缩小②，向小型化与微型化发展。根据学者的测算，2000年第五次人口普查数据显示全国家庭规模平均为3.44人，2010年第六次人口普查下降为3.09人，这种家庭规模已经达到微型化的程度。

第二，在三种主要家庭结构中，中国当前核心家庭的比例在下降，主干家庭和联合家庭比例较为稳定③。第六次人口普查数据显示，2010年核心家庭的比例为60.89%，比2000年下降7.29%；主干家庭的比例为22.99%，比2000年增长了1.27%；联合家庭的比例为0.58%，与2000年比大致相当。其中，核心家庭比例的迅速下降是一个值得关注的问题，可能意味着中国家庭稳定性的下降，深层次上说可能是社会转型对中国传统家庭价值有冲击。

第三，特殊家庭结构的比例有所上升。第六次人口普查数据显

---

① 数据转引自王跃生《中国城乡家庭结构变动分析》，《中国社会科学》2013年第6期。

② 《中国家庭发展报告（2015）》最新研究数据表明，中国家庭规模小型化，家庭类型多样化。现在二人家庭、三人家庭是主体，由两代人组成的核心家庭占六成以上。同时，单人家庭、空巢家庭、丁克家庭也在不断涌现。

③ 核心家庭是指由已婚夫妇和未婚子女或收养子女两代组成的家庭。主干家庭又称直系家庭，是指由两代或两代以上夫妻组成，每代最多不超过一对夫妻，且中间无断代的家庭。联合家庭指包括父母、已婚子女、未婚子女、孙子女、曾孙子女等几代居住在一起的家庭。

示，残缺家庭的比例为0.93%，2000年这一比例则为0.71%，上升31%。单人户数量和比例大幅上升，单人户作为一种特殊的家庭形式，是家庭畸形化的结果，其数量大增事实上是社会家庭逐步解体的表现。残缺家庭数量的增多也同样是家庭解体的后果。这两类特殊家庭结构所占比例的显著上升，对中国社会稳定有着极其不利的影响。

第四，家庭结构呈现代际扁平化发展的趋势。家庭平均代际数量在迅速减少，由2000年的家庭平均1.98代下降到2010年的1.85代。数据显示，不仅三代以上家庭比例普遍下降，就连二代家庭比例也在下降，而且降幅最大，由2000年占家庭总数的近60%，下降到2010年的47.83%，减少了11.49%。也就是说，作为中国传统家庭观念中非常重要的多代同堂，已经越来越不被人们所接受。

第五，城乡家庭结构依然存在着显著差异。2010年普查数据显示，核心家庭在城市、城镇及县中均为最主要家庭类型。其中，市核心家庭比例最高，镇其次，县最小，市核心家庭比例高于县14.52%。

二 家庭结构特征变化的原因分析

家庭结构变化特征如此明显，其原因主要有以下几点。

第一，计划生育政策的贯彻和执行。我国是一个人口大国，第六次全国人口普查数据显示我国人口为13.33亿人，面对巨大的人口数量，我国实行计划生育政策。计划生育30多年以来，我国的政治经济环境都发生了巨大的变化，人口的形势也发生了巨大转变，生育率由计划生育之初的平均每家6个孩子降到目前平均不到1.5个孩子，低生育率的持续使家庭规模也随之缩小，甚至出现家庭规模"微型化"现象。

第二，婚姻观及生育观的转变。在现代化的浪潮中，人们的思想观念在不断地发生变化，婚姻观及生育观的变化也尤为明显。在婚姻家庭方面，我国现已出现了一系列与传统婚姻家庭不同的模式，如"丁克"家庭模式、单身家庭模式、空巢家庭模式、流动家庭模式等。这些新的婚姻家庭模式对传统的婚姻观念提出了挑战，并逐渐流行于现代人的生活之中。在生育观方面，近年来人们的生育目的、生育意愿和对子女的质量的期望值也在发生着转变，如人们的生育目的从"养儿防老"向满足个人情感需要、增加家庭幸福转变，生育意愿也从多生、"重男轻女"向少生优生晚生及淡化性别观念的方向转变，越来越多的人更加重视孩子的教育及培养。因此，家庭在婚姻观及生育观的影响下发生着变化，如特殊家庭结构比例上升，三代家庭结构比例下降等。

第三，经济因素①对家庭结构的影响增强。经济因素对家庭结构的影响分为宏观层面和微观层面两个方面。从宏观层面来说，国家经济的发展提高了人们的生活水平，改善了人们的生活方式，人们的生活内容丰富多彩，很多人有了享受生活的需求，而对生育、养育更多的孩子的需求越来越淡化；经济发展还提升了人们的收入水平，家庭收入的多少不再仅由家庭人口的多少来决定，而更多的是依靠家庭人口的个人素质和能力来决定。从微观层面来说，家庭的微观经济收入状况影响了人们的生育观，人们通过理性地分析未来家庭收入状况以及生育后可能产生的经济影响来决定生育行为，使生育行为影响家庭结构。同时，经济发展水平低的地区对传统的惯习保留力更强，其多

---

① 当前中国家庭的收入差距较大。0.4 是基尼系数的国际警戒线。西南财经大学发布的《中国家庭金融调查报告（2012）》显示，2010 年中国家庭收入的基尼系数为 0.61，城镇家庭内部的基尼系数为 0.56，农村家庭内部的基尼系数为 0.60。2013 年 1 月国家统计局给出的官方数据显示，2003～2014 年，这十余年间中国居民收入基尼系数都在 0.47 左右。《中国家庭发展报告（2015）》的调查结果发现，当前中国家庭收入差距明显，收入最多的20% 的家庭的收入是收入最少的 20% 的家庭收入的 19 倍左右。

代家庭维系的能力也较强。

第四，社会保障制度、社会福利制度和养老制度完善。据《中国家庭发展报告（2015）》的研究数据发现，中国家庭在家庭养老、医养结合这两个方面的需求比较强烈；老年人自身最为重视的是健康医疗方面的需求。随着社会保障制度和社会福利制度的日益完善，人们依靠社会福利社会保障制度及养老制度可以生活得更好，从而促使一部分人选择一人家庭或者二人家庭生活模式，如已婚子女选择与父母分居生活。

第五，单人家庭数量上升的原因很多，主要有人口迁移、独立自主的生活方式、生存压力的增大及老龄人口增多等几种。首先，工作、求学、结婚等导致的人口迁移，使个人不得不离开家迁移到其他地区，提高了单人家庭或小家庭的数量。其次，对独立自主的生活方式的追求促使人们选择单人的家庭模式，以实现其提高生活品质的追求。第三，当前社会各方面的竞争压力都在不断加大，人们的生存压力也越来越大，面对城乡二元分割的户籍制度以及规避国家经济的一些调控政策，社会中出现了"假离婚"和"立空户头"或"虚拟户头"的现象。最后，我国目前已步入老龄化社会，老年人口较多。根据2000年人口普查数据，老年人，特别是70岁以上者在各年龄组单人户中占比最高；2010年进一步提升，农村增幅最明显，75岁以上组超过40%。这与目前70岁以上老人多有两个以上儿子，与其中一个已婚者组成直系家庭的可能性较低有关。子代全家出外增多，生活尚能自理的老年人留在村庄单独生活，也是重要原因。另外2010年70岁以上单人户女性人数明显高于男性。老年女性的预期寿命较长，丧偶率高，独居者也相对较多。这些也是小家庭数量增长的重要推动力。

第六，残缺家庭比例上升的原因首先是随着家庭的生育职能的弱化、生产职能和赡养职能的社会化以及社会人口流动性的扩大和社会

交往的拓宽，人们对家庭的依赖感逐渐变弱，使家庭原有的地位和作用发生动摇。在婚姻和恋爱的观念方面，社会的性观念更为开放和一部分人对家庭责任的逃避，使以婚姻为纽带的家庭局面正在被打破。因此，现在人们对婚姻态度的严肃和对婚姻要求的提高，一方面是追求以爱情为基础的高质量的婚姻；另一方面人们对爱情的坚贞度在下降，爱情的更新频率加快，离婚率上升，这就使单亲家庭和再婚家庭的比例增多。其次，因家庭不和造成的分居、出走以及各种原因产生的死亡也是导致残缺家庭比例上升的重要原因。

第七，核心家庭分为夫妻核心家庭、标准核心家庭、缺损核心家庭和扩大核心家庭几种，不同类型的核心家庭所占比例会有所不同，但从总的趋势来讲核心家庭的比例有所下降，这与目前人们的生育观念、计划生育政策和经济状况都有不可分割的关系。

第八，城乡家庭结构存在差异的原因是我国目前城镇化进程加快，城镇之中的新婚夫妇因物质生活水平的提升大多选择单独生活，致使城镇中核心家庭比例高于农村，而农村更多地受传统观念及经济条件的影响，人们更多地选择和家人住在一起，形成直系家庭。

三　家庭结构变迁的影响分析

家庭结构特征的变化对家庭的各种功能产生了影响，并对社会治理的能力、和谐社会的构建以及家庭的发展提出了一系列新的挑战。积极方面的影响包括以下几方面。

第一，有利于家庭成员的身心健康发展。家庭中人口总数与代际数越大，家庭中人际关系的复杂程度越高，家庭成员间的相处就会越困难，人们之间的摩擦冲突也会增多，这不利于家庭关系的稳定发展和个人的身心健康成长。因此，小型家庭会更有利于家庭内部的和谐与个人的健康发展。

第二，有利于增进夫妻间的感情。在大家庭中生活，在一定程度上会影响夫妻之间的感情，年轻夫妻生活在大家庭中不敢过于亲密，限制了夫妻间的情感交流和沟通，而小家庭生活则提高了家庭生活的私密性，夫妻间情感交流和调适的空间和时间会更加充分，对家庭的和谐会起到积极的作用。

第三，打破传统的家庭模式，促进家庭精神文明的建设和发展。家庭规模的缩小，也逐渐淡化了亲属之间的联系，削弱了人们对传统大家庭的依赖，在这种情况下人们将人际关系的重心由家庭转向了社会，从而打破了传统的家庭模式。

但家庭结构的变迁也不可避免地会带来若干消极的影响，主要体现在以下几个方面。

第一，计划生育家庭的风险加大。在我国实行计划生育以来，计划生育家庭数量逐渐增长，目前计划生育的家庭主要包括独生子女家庭和双女家庭。计划生育家庭所面临的风险有独生子女家庭的子女成长风险和养老风险。在经济和科技飞速发展的今天，独生子女的成长风险较小，但对发生风险的家庭却有着深远的影响。在养老方面，独生子女与多子女的家庭相比，其负担较重。具体表现为父母在需要子女进行照料时，因为独生子女工作或者离家较远而不能得到及时的照顾，而计划生育特殊家庭的养老更是亟须解决的问题。

第二，家庭的养老职能弱化。在我国的家庭结构的变迁过程中，出现了大量的"空巢"家庭、老年单人家庭和老年隔代家庭。在2000年的第五次人口普查中，我国的老年单人家庭所占比例为8.5%，在2010年的第六次人口普查时，其比例已上升为20.95%，这意味着我国有五分之一的老年人处于独居状态。老年单人家庭比重的上升说明这些家庭的养老功能在弱化，有大量的老年人缺乏子女照顾的同时还要留守在农村替子女抚育孩子。据调查，我国2000年空巢家庭中的城市老年人的比例为29%，高于农村的23.4%，与农村

独居老人相比，城镇中有更多的老年人生活在空巢家庭之中并缺乏子女的照顾。

第三，婚姻家庭的稳定性正在逐渐下降。很多流动家庭和留守家庭中，夫妻两人事实上长期分离，不仅造成感情淡化，甚至出现夫妻间的相互猜疑与不信任，在此基础上发生了婚姻解体、家庭分裂，导致婚姻家庭的稳定性下降。在人口流动的大环境之下，跨地区婚姻成为正常现象，在这类婚姻中，有一部分夫妻双方缺乏对彼此生活的充分了解而草率结婚，双方一旦出现情感危机而不能很好地解决矛盾，便会选择离婚。婚姻家庭在家庭结构的变化中稳定性下降。

第四，家庭结构特征的小型化促使家庭对社会服务的需求增强。当前，我国家庭结构特征小型化这一趋势还在发展，小家庭在生活中面对子女的抚育和老人的照顾方面所承担的压力增大，在家庭内部不能立即解决这一问题时，便会对社会服务和家政服务的需求增加，这就要求政府部门和相关组织机构加强对社会服务的建设。

第五，家庭结构的核心化使老年人在家庭中的地位与权威淡化。在传统的家庭生活中，老年人通常在家庭中占主导地位，日常的家庭生活安排都要以老人为中心，听从老人的意愿，凡事以"孝"为先，但随着社会的变迁，家庭结构的变化，老人的权威与地位渐渐地在家庭生活中被削弱，传统的家庭伦理等级秩序也在瓦解。年青一代逐渐掌握了当代的新知识和新技术，老人所掌握的知识落后于时代，老人不再是权威和知识的象征。因为非农产业的兴起和发展，老年人也难以适应新的生产技术和生产方式，成了落后的一代。同时，改革开放以来年轻人的自主性增强，在经济上也有着较强的独立性，他们不愿再将自己的劳动收入所得交由父母保管和支配，父母掌管家庭经济的权力随之变弱，父母的经济收入又较低，养老只能依赖子女，子女虽在用心照顾自己的家庭，但对老人的心理慰藉和生活方面的照顾有所欠缺，致使老年人在家庭生活中的地位与权威淡化。

第七，老人和子女的情感联系弱化。在传统的社会中，直系家庭和复合家庭在家庭形态中占据主导地位，老年人在家庭生活中起着无可替代的作用，在现时代非农产业迅速发展，进城务工的人数增多，人口的流动性加大，导致子女和父母的生活空间分离。"空巢"家庭的出现，长时间的分离会使子女和父母之间的情感沟通交流变少，使老人感到孤寂，从而弱化了老人和子女的情感联系。

四　影响中国家庭幸福的因素分析

幸福是每个家庭的美好愿景，也是各国政府施政的主要目标。中国人口福利基金会与中国人民大学自2012年起共同开展的"中国家庭幸福发展指数研究"课题分两期对影响家庭幸福的因素进行了全面调查与研究。

该研究于2012年进行了第一期研究。调查研究结果显示，大多数的中国家庭还处于不断追求改善物质条件、提高生活质量的发展阶段，收入与幸福感还存在着密切的关系。无论从客观的收入水平来看，还是从主观对收入的评价来看，都体现出相同的规律，即收入水平越高，幸福感越高；对收入满意度、公平度和难易度的主观评价越高，幸福感往往也就越高。研究成果显示，个人身体健康状况、家人是否患有重大疾病及遗传病、孩子是否有出生缺陷等基本因素对个人幸福感有显著正相关。这说明身体健康是家庭成员非常关心的问题，也是影响个人幸福感和家庭幸福感的重要因素。生殖健康检查、意识和知识对家庭幸福感的影响不尽相同。生殖健康检查和幸福感有相关性，但生殖检查本身促进了幸福感，而且很有可能是通过公共物品和服务提供的数量与质量这个中介变量才促进产生幸福感的，也就是说幸福感很高的家庭很可能是那些接受公共服务较多而且质量很好的家

庭。从生殖健康检查对访者的重要性来看，处在幸福感光谱两端的家庭，可能都有同样强烈的对生殖健康服务的需求，这就对生殖健康和计划生育公共服务的均等化和普及推广提出了更高的要求。从受访者对生殖健康知识的应答情况来看，各地受访者对生殖健康知识的掌握程度普遍较差，在生殖健康和优生优育的宣传教育方面需要加强工作。对早教方面的调查显示，早教需求是普遍存在的，幸福感不管是高还是低的家庭都有相当的早教需求，而且这一需求的满足程度也和幸福感正向相关，幸福感越高的家庭早教需求得到满足越多。超过两成的幸福感低的受访者表示早教需求不能得到满足，这也是幸福感下降的一个原因。对家庭文明与主观幸福感之间关系的调查显示，第一，文明和谐的婚姻状况能有效提高幸福感。各方面的测度指标都与家庭的幸福程度有着密切的关系。婚姻作为家庭的基础，其各方面的状况对整个家庭的幸福程度也有着较大的影响。第二，与子女关系好、对子女教育放心的人幸福感更高。第三，更高的家庭文化水平和较好的成员关系能提高幸福感。第四，对教育的满意度与家庭关系会影响子女的主观幸福感。

二期调查研究于2013年进行。数据结果表明，越来越多的因素会影响中国家庭幸福。当今的中国社会，影响家庭幸福提升的因素包括收入水平、住房条件、身体状况等个人因素，还包括社会交往、社会公平、社会信任和社会保障等社会因素。其中，该课题对"什么是影响家庭幸福最主要的因素"和"城镇与农村的家庭在幸福感上有何差异"的研究发现非常值得关注。

第一，影响家庭幸福的最主要的因素是什么？从受访者主要回答的选项来看，集中在夫妻和睦、身体健康、儿女成才、生活有保障等方面。身体是幸福的本钱，家人身体健康同样非常重要。家人团聚对幸福家庭的影响程度超过了"孩子有出息"和"人脉广泛"等因素，在影响家庭幸福前五种因素中排第二位。

第二，在中国二元城乡结构中，城镇与农村的家庭在幸福感上有何差异？城镇家庭与农村家庭在幸福感知上确实有差异。城镇家庭幸福感水平整体高于农村家庭。约六成的城镇家庭幸福感得分达到自家的期望水平，而有不到一半的农村家庭达到了自家期望的幸福水平。城镇家庭内部关系略好于农村家庭。影响农村家庭幸福感的因素还包括收入公平性、住房条件和养老问题等。

首都经济贸易大学人口经济研究所负责的"家庭幸福及其实现路径研究——不同类型家庭的比较视角"项目[①]对不同的家庭类型的家庭幸福情况进行了比较研究，以了解我国不同类型家庭的家庭成员对家庭幸福的认知，分析了当前家庭幸福提升面临的主要问题和人们对家庭幸福的需求，为提升家庭幸福提供了工作方案和理论依据，并为提升我国家庭幸福程度提供了准确的理论支撑和有效的政策指导。研究结果显示，计划生育家庭的家庭幸福的比例高于非计划生育家庭；城镇家庭的家庭幸福比例高于农村家庭。从家庭的整个生命周期历程上来看，家庭对幸福的感受程度具有明显差异，呈现先增长后下降的倒 U 型曲线形式，这是由家庭在不同生命周期阶段的主要家庭功能所引起的。另外，家庭成员融洽程度不同的家庭，家庭成员健康状况不同的家庭以及家庭经济、住房状况不同的家庭，其家庭幸福程度也存在一定差异。相对而言，客观条件较好的家庭，家庭幸福的比例更高。从家庭的相对收入来看，中等收入人群的幸福感最高，其次是相对高收入人群，相对低收入者幸福感最低。

该研究还对不同类型家庭对家庭幸福的认知和理解进行了分析，得出如下结论。

首先，中国人具有朴素的家庭幸福观，家庭普遍认为影响家庭幸

---

① 这两项研究成果均引自中国人口福利基金会编《创建幸福家庭活动研究课题成果汇编》，中国人口出版社，2015。

福最重要的三个方面分别为家人健康、家庭收入与老有所养。但是，不同类型家庭对幸福的理解具有差异。与非计划生育家庭相比，计划生育家庭更关注"家庭成员关系融洽"和"就业"。对家庭幸福的理解具有城乡差异，其中农村家庭更加重视"家庭收入"和"老有所养"，城镇家庭更加关注"家庭成员关系融洽"和"社会治安"。从家庭的整个生命周期历程来看，家人健康和经济收入是影响家庭幸福，贯穿家庭生命全过程的重要方面，但是，对于第三位因素的选择存在差异，这与家庭在所处生命周期阶段的家庭主要功能有密切关系。

其次，对家人关系、家庭的经济状况、家人健康、安全与保障状况的主观满意度情况的分析发现，家庭成员对各个方面的主观满意度与对家庭幸福的感受密切相关。对家庭各个方面越满意，家庭幸福的比例就越高。从分项来看，具有良好家人关系的家庭幸福比例更高，但是邻里关系与家庭幸福的关系不显。被访者对家人健康满意的比例比较高，且与家庭幸福密切相关。从家庭的相对收入来看，中等收入人群的幸福感最高，相对高收入人群其次，相对低收入者幸福感最低。在安全感受方面，半数以上的家庭没有安全感，对家庭的人身财产安全感到担忧。

该研究还根据对家庭幸福的界定和测量框架，选取了家庭经济条件、安全保障状况、家庭成员关系与家庭成员健康四个方面的客观条件，并选取了若干测量指标，分析客观指标对家庭幸福程度的影响作用。研究结果显示，首先，夫妻关系、经济收入、居住情况、家人健康和社会保障状况是影响家庭幸福的重要因素。不同收入家庭的家庭幸福的影响因素具有差异性。其次，不同收入家庭的家庭幸福的影响因素具有差异性。除了社会保障因素对不同收入家庭的家庭幸福的影响作用差别不大之外，家庭其他方面对不同收入家庭的家庭幸福的影响作用均比较显著。其中，夫妻关系对低收入家庭的家庭幸福的影响较大，而居住面积对中等收入家庭的影响更显著，家人健康对于收入最高和最低家庭的影响更显著。第三，城乡家庭幸福的影响因素也具有差异性。其中，夫妻关系对城市家庭的家庭幸福的影响更大。家庭经济收入和居住情况显著影响着农村家庭的家庭幸福，但是对城镇家庭的影响不显著。但是，家人健康对城市家庭更为重要，对家庭幸福的影响作用大于农村家庭。对于城乡分类的家庭而言，社会保障对家庭幸福的影响没有明显差异。第四，对家庭幸福的影响作用由高至低分别为"婚姻和谐""家人健康""经济收入""住房就业""社会保障"与"人身安全"。对家庭幸福产生实际影响的因素与家庭的迫切需求呈现不对等的特征。家人关系对家庭幸福的影响最为重要，但是被访者更加注重家庭的经济保障水平和社会安全问题。

　　根据这些调查研究结果，该研究认为，总的来看，我国家庭目前面临的普遍问题是收入低、养老和就业困难。其中66.57%家庭存在收入低的困难，29.80%的家庭养老没保障，还有23.54%的家庭为家人没有工作而担忧。此外，不同类型的家庭面临的问题有相似之处，但在某些方面也有所不同。（1）计划生育与非计划生育家庭相比，除了均面临收入低、养老没保障等问题外，计划生育特殊家庭问题突出。（2）不同收入水平的家庭面临的困难差异加大，其中低收入家庭更多的是面临经济与养老保障困难，而高收入家庭面临更多的是工作压力、孩子上学、社会治安和养老照料问题。（3）对于城乡家庭来说，收入低和养老没保障是普遍问题，另外，城镇家庭的困难集中在工作压力、社会治安方面，农村家庭集中在没有工作的问题。

　　面对以上问题，家庭对于政府的需求也主要集中在提高收入、增加就业、提高保障水平等方面，但是不同类型的家庭存在一定的差异。

　　第一，对于计生家庭来说，在经济方面希望政府能够提供更多的

就业信息和为困难家庭提供经济补助，在家庭和谐方面尤其希望政府加强传统美德的宣传倡导，在养老保障方面认为政府应该增加基础养老金，在家庭健康方面希望政府提供免费体检、改善就医条件，在生养子女方面更加注重子女的教育问题。

第二，从不同收入水平家庭对政府的需求进行分析来看，在经济方面，低收入家庭重政府补助、轻技术及经济政策性帮扶，两高收入家庭侧重国家经济政策的支持；在家庭和谐方面，不同收入水平家庭均希望政府加强传统美德的宣传倡导，高收入家庭对政府有更多的需求；在安全保障方面，不同收入水平家庭均迫切需要政府在养老保障方面提供支持和帮助，低收入家庭侧重政府养老支持，高收入家庭侧重独生子女、社会安全保障；在家庭健康方面，低收入家庭更希望政府提供伤残治疗协助和免费体检，高收入家庭侧重改善就医条件；在生育子女方面，高收入家庭更加注重子女的教育问题。

第三，城乡家庭在家庭和谐方面对政府的需求较为相似，均强调政府要加强对传统美德的倡导和法律知识的普及；而在家庭致富方面，农村家庭的需求主要集中在劳动技能的培训和就业信息的提供，而城镇家庭更希望减免税收；在安全保障方面，城乡家庭除了均关注养老保障以外，城镇家庭更关注社会治安问题；在家庭健康方面，城乡家庭对免费体检、增加医疗卫生点和医护人员以及提高医护人员道德水平具有较高需求；在生育子女方面，城乡家庭需求最高的是提高对子女教育方面的需求支持。

五 从百度指数变化看公众对家庭问题的重视

当前中国家庭正在经历前所未有的变迁与发展，虽然公众未必理解什么是"家庭结构"，未必洞悉"家庭结构变迁"的原因与影响因素，但是每个人都生活在家庭之中，他们对家庭有着天然的感情，追求家庭幸福是一种最朴实的追求。"十二五"期间，公众是否重视家庭，是否关心家庭幸福，我们可以使用百度指数①这个简单易行的评判指标进行初步查看和分析。百度指数以人们在百度上的搜索数量为数据基础，以关键词为统计对象。哪些词语能够成为搜索的关键词？主要分为三类：一是日常生活中使用较多的词语；二是明确文件出处的词语；三是媒体出现频率较高的词语。通过科学计算这些关键词在百度网页上的搜索频次，可体现出公众关注的、接收的常用信息，依据这些关键词在特定时间内搜索指数②环比上升或下降，反映出公众重视的变化情况。

具体在家庭领域内，"家庭""幸福家庭"毫无疑问是最为重要的关键词。但这两个关键词在"十二五"期间公众关注程度呈现出不同的变化规律。"家庭"在整个"十二五"期间几乎没有关注度上的明显提升（参见图政1-1）。相比之下，"幸福家庭"的关注度从2011年1月至2015年4月一直处于较大幅度的增长趋势（参见图政1-2）。出现这种现象，一方面是因为家庭是社会发展和个人生存的基本单位，承担着生育、消费、教育和赡养等多种基本功能，公众对"家庭"这个关键词本身已经非常熟悉。另一方面，在人口老龄化和家庭规模小型化的大背景下，幸福家庭日渐成为公众关注的焦点。这与《国家人口发展"十二五"规划》将"提高家庭发展能力，促进

① 百度指数是以百度搜索海量网民行为为基础的数据分享平台。这是当前中国互联网乃至整个数据时代最重要的统计分析平台之一，自发布之日便成为众多企业营销决策的重要依据。百度指数能够呈现给用户：某个关键词在百度搜索的规模有多大；一段时间内的涨跌变化态势以及相关的新闻舆论信息；关注这些词的网民人群具有怎样的属性，分布在哪里，同时还搜索了哪些相关的词语。通过这样的"舆情大数据"，百度指数可以一站式呈现出任意关键词最热门的相关新闻、微博、问题和帖子，并识别出人群属性。

② 根据搜索来源的不同，搜索指数分为电脑端和移动端两种。当前移动网络迅速发展，截至2014年12月，全国手机网民规模已经达到5.57亿，因此我们选取移动端作为代表展现公众对家庭的关注程度。

家庭和谐幸福"作为人口工作的重要组成部分密切相关。此外，"十二五"期间以湖南台《爸爸去哪儿》为代表的明星亲子家庭活动的栏目，赢得了广大民众的热切关注。可见，大众传媒对公众关注具有明显的引导作用①。

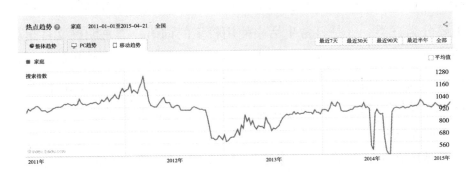

图政 1 - 1　关键词"家庭"在"十二五"期间的频度变化情况

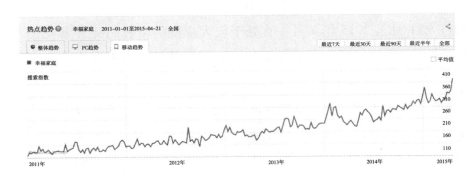

图政 1 - 2　关键词"幸福家庭"在"十二五"期间的频度变化情况

---

① 这种媒体对公众的引导效应在其他领域也有范例。如"十二五"期间"文物鉴定"比"文物保护"和"文物利用"都有更高的关注度。这个词的关注度在 2012 年达到一个高峰以后，就下降到一个平台上保持稳定，这与当年各卫星电视频道与《鉴宝》相关的节目数量的变化呈现出明显的相关性。

在政府主导提升家庭能力方面，不可忽视的是与"计划生育特殊家庭"相关的这一重要社会问题。大众传媒对"计划生育特殊家庭"的辛酸与痛苦给予了大量的关注，多家主流网络门户常常推出专题内容讨论与"计划生育特殊家庭"相关的故事。但百度指数告诉我们，公众对"计划生育特殊家庭"的关注度在"十二五"期间并没有显著的上升，只是在2013年底出现了一个明显的高峰（参见图政1-3）。这个时间点上的关注度变化原因在于：2013年11月中央决定在全国范围内实施启动"单独两孩"生育政策，2013年12月国家卫生计生委和民政部等五部委联合出台《关于进一步做好计划生育特殊困难家庭扶助工作的通知》①。这个通知的出台是影响计划生育特殊家庭迅速进入公众关注视野的重要原因。另外，图示中大数据的分析结果说明，较为小众的计划生育特殊家庭问题主要是由于一些新闻事件的宣传导向而形成较大的波峰，影响公众的认知与关注。进一步通过近三年的需求图示分析（参见图政1-4）可知，公众对"计划生育特殊家庭"的政策和现状是最为关心的内容。相反，具体数量和慰问形式等内容环比呈现出关注度下降的趋势。同时对上访的相关内容并没有很强的需求度。由此说明，未来可借力新闻媒体对各地开展的计划生育特殊家庭的具体政策、生活现状和一些扶助活动进行全面且积极的传播，可有效扭转公众对计划生育问题的偏颇看法。

对于家庭领域而言，全国范围内最有影响、覆盖面最广的政府扶助活动莫过于"创建幸福家庭活动"。而这个词语在"十二五"期间未被列为高频搜索词。可见公众对此项活动的了解并不是那么深入和透彻。但与此同时，"十二五"期间"家庭服务"这个关键

---

① 据此规定，自2014年起，女方年满49周岁的独生子女伤残、死亡家庭夫妻的特别扶助金标准分别提高到城镇每人每月270元、340元，农村每人每月150元、170元，与之前人均135元的失独老人（不分城乡）国家补助标准相比，大幅提高。

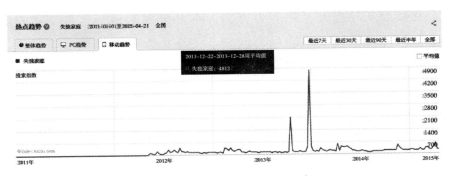

图政 1-3　关键词"失独家庭"在"十二五"期间的频度变化情况

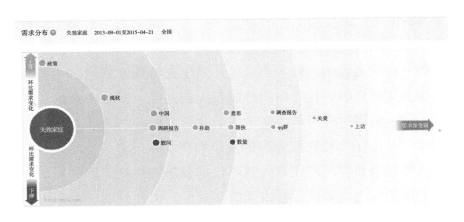

图政 1-4　关键词"计划生育特殊家庭"在近三年以来的需求分析

词虽然搜索力度不大，但是呈现出持续增长的态势。通过"舆情管家"进一步新闻监测，我们可以发现当大众媒体中出现如"家庭服务中心"① 等新闻时会激起公众对此领域的关注度。初步可见虽然公众对"幸福家庭"和"家庭服务"都有着越来越强烈的需求和关注，但本书将要评估的"创建幸福家庭活动"在受益人群上较

---

① 如 2015 年 3 月光明网（http：//edu. gmw. cn/newspaper/2015-03/10/content_ 105015727. htm）和凤凰网（http：//news. ifeng. com/a/20150322/43391078_ 0. shtml）刊出关于家庭服务的新闻引起了一定的关注变化。

小，未形成全国普惠性的力度，导致人们对活动的普适度和认知度不够。

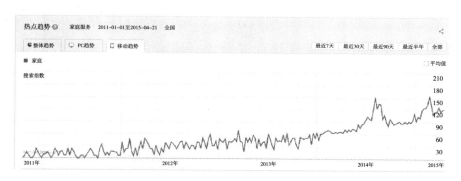

图政1-5　关键词"创建幸福家庭活动"在"十二五"
期间未被列为高频搜索词

图政1-6　关键词"家庭服务"在"十二五"期间的频度变化情况

B.2

第二章

相关上位政策解决家庭问题的思路和手段

本章要点

1. 家庭事关个人、社会和国家的发展目标实现。在错综复杂的家庭问题凸显和家庭福利政策缺位的双重困境下，中央高度重视家庭发展工作，推出了多种与家庭相关的新规与福利政策。

2. 政府对家庭问题的关注正在从宏观规划转向微观落实，在指导思路上更加强调务实与服务。具体落在机构、政策、产业和专项活动四方面，尤其是通过各种专项活动率先使家庭相关福利政策落地。

一 相关上位政策解决家庭问题的思路

社会主义初级阶段的主要矛盾是"人民日益增长的物质文化需要同落后的社会生产之间的矛盾"。建设小康社会的目的，就是保障和改善民生，提高国民幸福指数，这是我国经济社会发展政策的出发点和落脚点。人民幸福的载体是家庭幸福。党和国家领导人高度重视人口和家庭问题，多次做出重要指示，国务院在《国家"十二五"规划纲要》和《国家人口发展"十二五"规划》中完善了顶层设计，提出了明确的工作思路。相关上位政策解决家庭问题的思路可归纳为"坚持以人为本，完善制度政策，多方协同合作，促进协调发展"。

（一）坚持以人为本，使解决家庭问题成为发展目标

《国家人口发展"十二五"规划》明确指出"坚持以人为本"。把促进人的全面发展作为处理好人口与发展关系的出发点和落脚点。在解决人口问题的过程中，注重保障和改善民生，提高家庭发展能力。家庭是人口问题中的重点，而家庭问题涉及的领域往往广泛而复杂。坚持以人为本，挖掘家庭潜在能力，促进家庭自我发展，是解决家庭问题的有效途径。

《国家"十二五"规划纲要》（第三十六章"全面做好人口工作"）要求，着力提高家庭服务能力，逐步建立比较健全的惠及城乡居民的家庭服务体系。探索建立以家庭为中心的人口计生公共服务体系，开展婚育指导、家庭初级保健、儿童早期发展、家庭教育指导，以及对计划生育家庭、空巢家庭、流动家庭、留守家庭的关怀服务等。此种来自外界的支持和服务，与家庭内部的发展和调整相呼应，有利于最大限度地发挥家庭的能动性，大大提高家庭的抗冲击能力。同时，将人口问题的主体细化为一个个家庭，一定程度上缓解了政府和社会组织的压力。

纲要还指出，要大力推进新型家庭人口文化建设。以婚育新风进万家活动、关爱女孩行动、新农村新家庭计划、幸福工程为载体，广泛宣传人口计生政策，开展创建幸福家庭活动。以幸福工程和幸福家庭为载体，举办系列活动，营造积极和谐的家庭人口文化环境，对于个人、家庭、社区、社会均具有重要意义。通过倡导婚姻自由平等、生殖健康、优生优育、社会性别平等的观念，大力弘扬尊老爱幼、邻里互助的社会风尚，进而形成一套完整的社会支持网络，给家庭问题的解决提供充分的空间和多样的选择道路。

家庭无大事，但家庭问题绝非小事。就在 2014 年 5 月，联合国将当年国际家庭日的主题定为"家庭事关发展目标的实现"，中国的

主题是"人人健康，家家幸福"。正所谓"一家仁，一国兴仁；一家德，一国兴德"。确实如此，从宏大叙事的背景来看，解决家庭问题，促进家庭幸福，不仅关乎个人的生存发展目标的实现，更是关系到整个国家的良性发展与社会进步。改革开放三十多年里，中国顺利完成了人口再生产的转变，不仅推动了中国经济和社会的发展，而且深刻改变了中国家庭的发展轨迹，为中国家庭发展和家庭幸福带来了新机遇。中国家庭的生活水平稳步提升：家庭收入不断增加，家庭成员的健康、教育和自我实现得到了有效的保障。中国家庭得到蓬勃发展，成为推动和实现千年发展目标的重要力量。

作为世界上人口总数和家庭数量最多的发展中国家，我国政府坚持人口与发展综合决策，高度重视家庭发展问题，围绕促进家庭发展和解决家庭问题进行了大量的探索和实践。在尊重家庭多样性和特殊性的前提下，积极改善家庭及其成员的福祉，帮助每一个家庭实现其发展的理想，并且着重致力于增强家庭功能，完善家庭发展政策，以从根本上提升家庭发展能力。特别是在 2013 年国家卫生计生委组建以来，特别重视家庭的基础性地位与发展的需求，积极围绕家庭开展各项工作，如完善生育政策、落实基本公共卫生服务、扶助计划生育特殊家庭、开展"关爱女孩"行动和创建幸福家庭活动等。通过国家上位在方方面面的努力，让每一个中国人的中国梦都降落在家庭中，让每一个家庭都有机会最大程度上放飞自己的梦想，去实现自我，参与国家建设的目标。

（二）完善制度政策，让解决家庭问题有理可循

在制度和政策层面，坚持和完善计划生育政策被放在首位，多次出现在主要领导人讲话和政府文件中。2011 年 4 月 26 日下午，中共中央政治局就世界人口发展和全面做好新形势下我国人口工作进行了第二十八次集体学习。在人口工作方面要求落实六大重点工作，其中

第一点便是坚持和完善现行生育政策，切实稳定低生育水平，创新人口和计划生育工作体制机制和手段方法，全面加强基层基础工作，完善人口和计划生育利益导向政策体系。

《国家人口发展"十二五"规划》提出从五个方面解决人口问题，第一方面即加强计划生育服务。其中明确指出，要坚持计划生育基本国策，逐步完善政策。完善计划生育家庭优先优惠政策体系，提高家庭发展能力。

2010年1月19日，李克强同志在原国家人口计生委及所属研究机构考察时做出指示：人口计生工作维护的是广大人民群众根本利益，要继续做好对城乡居民特别是对农民和流动人口的服务工作，保障居民生殖健康和儿童健康。同时，健全经济政策体系和利益导向机制，帮助农村计划生育家庭解决实际问题，增强他们的发展能力，使他们经济上得实惠、生活上有保障、社会上有地位。

由此可见，上位政策在解决人口问题时，始终将计划生育作为工作重点。计划生育政策的最终效果以每个家庭的执行情况为基础。保持生育政策的连续性、稳定性，在注重以人为本的前提下，仍需不断发展和完善计划生育政策，以适应社会环境的变化。《国家人口发展"十二五"规划》指出，做好人口计生工作，"必须更加注重利益引导，更加注重服务关怀"。

十八届三中全会《中共中央关于全面深化改革若干重大问题的决定》对此亦做出了规划：坚持计划生育的基本国策，启动实施一方是独生子女的夫妇可生育两个孩子的政策，逐步调整完善生育政策，促进人口长期均衡发展。

十八届五中全会决定："坚持共享发展，必须坚持发展为了人民、发展依靠人民、发展成果由人民共享，作出更有效的制度安排，使全体人民在共建共享发展中有更多获得感，增强发展动力，增进人民团结，朝着共同富裕方向稳步前进。按照人人参与、人人尽力、人

人享有的要求，坚守底线、突出重点、完善制度、引导预期，注重机会公平，保障基本民生，实现全体人民共同迈入全面小康社会。增加公共服务供给，从解决人民最关心最直接最现实的利益问题入手，提高公共服务共建能力和共享水平，加大对革命老区、民族地区、边疆地区、贫困地区的转移支付。实施脱贫攻坚工程，实施精准扶贫、精准脱贫，分类扶持贫困家庭，探索对贫困人口实行资产收益扶持制度，建立健全农村留守儿童和妇女、老人关爱服务体系。提高教育质量，推动义务教育均衡发展，普及高中阶段教育，逐步分类推进中等职业教育免除学杂费，率先从建档立卡的家庭经济困难学生实施普通高中免除学杂费，实现家庭经济困难学生资助全覆盖。促进就业创业，坚持就业优先战略，实施更加积极的就业政策，完善创业扶持政策，加强对灵活就业、新就业形态的支持，提高技术工人待遇。缩小收入差距，坚持居民收入增长和经济增长同步、劳动报酬提高和劳动生产率提高同步，健全科学的工资水平决定机制、正常增长机制、支付保障机制，完善最低工资增长机制，完善市场评价要素贡献并按贡献分配的机制。建立更加公平更可持续的社会保障制度，实施全民参保计划，实现职工基础养老金全国统筹，划转部分国有资本充实社保基金，全面实施城乡居民大病保险制度。推进健康中国建设，深化医药卫生体制改革，理顺药品价格，实行医疗、医保、医药联动，建立覆盖城乡的基本医疗卫生制度和现代医院管理制度，实施食品安全战略。促进人口均衡发展，坚持计划生育的基本国策，完善人口发展战略，全面实施一对夫妇可生育两个孩子政策，积极开展应对人口老龄化行动。"

从上述重要文件可知，我国在坚持计划生育基本国策的同时对其做出动态调整，最终将达到促进人口与经济社会协调发展，提高家庭发展能力，解决家庭问题的目的。新时期人口工作六项重点任务中，第六项工作提出要"建立健全家庭发展政策，切实促进家庭和谐幸福，加大对孤儿监护人家庭、老年人家庭、残疾人家庭、留守人口家庭、流动人口家庭、受灾家庭以及其他特殊困难家庭的扶助力度"。涵盖老、幼、病、残以及特殊家庭等家庭发展政策的建立健全，是新时期对家庭问题的新认识与新办法，在以人为本的指导思想的引领下，家庭发展政策必将对家庭和人口问题的解决起到不可替代的作用。

由于家庭问题涉及的领域较为广泛，因此仅通过坚持和完善计划生育政策不足以应对此问题。妇女儿童权益的维护亦是家庭问题中的一项重点工作。2015 年 5 月 15 日是第 21 个国际家庭日①，联合国为每年的"国际家庭日"设定不同的主题，今年的主题是"当代家庭中的性别平等和儿童权利"。全国妇联 5 月 14 日在北京举行全国"最美家庭"揭晓仪式。全国妇联主席沈跃跃为 100 户全国"最美家庭"②揭榜并讲话。她表示，以修身、齐家、治国、平天下为特征的中华民族家教家风伦理和实践，积淀形成了为人重在诚信相待、为官

① 1989 年 12 月 8 日，第 44 届联合国大会宣布 1994 年为国际家庭年，并确定家庭在世界变化中的作用和责任，以后联合国有关机构就确定"国际家庭年"的标志，鼓励人们去建立温馨的家庭。"国际家庭年"的宗旨是促进各国政府机构制定、执行家庭政策，1993 年联合国特别会议又把从 1994 年起每年 5 月 15 日定为国际家庭日，以此来提高国际政府和公众对家庭问题的认识，促进家庭的和谐、幸福、进步。
② 全国"最美家庭"向全国广大家庭发出倡议：
——重家庭，扬美德。发扬夫妻和睦、尊老爱幼、科学教子、勤俭持家、邻里互助的家庭文明新风，从身边事做起，从每一个家庭做起，以实际行动发扬光大中华民族家庭美德，夯实社会和谐的家庭基础细胞，在关爱家人中融洽亲情，在乐助他人中传递友善，在奉献社会中收获快乐，以家庭和睦促进社会稳定，携手共筑家庭幸福梦、建功伟大中国梦。
——重家教，做表率。崇尚为国教子、以德育人、率先垂范的家庭教育理念，承担好"人生的第一所学校"的神圣责任，修身正己、言传身教，引导子女明事理、分是非、辨善恶，教化子女勤学笃行、乐观向上、见贤思齐，帮助子女从小树立正确的世界观、人生观、价值观，在科学家教的熏陶中使下一代茁壮成长，成就美好人生，福及祖国未来。
——重家风，弘大义。倡扬明礼知耻、崇德向善、勤廉笃实的良好家风，培育家国并举、意境高远、催人奋进的传世家训，把追求真善美作为家庭的行为准则，尊法守规慎独，诚实待人律己，脚踏实地做事，清廉持家立业，积"善"渐生大德，对"恶"防微杜渐，用正确的家庭价值取向滋润后代心灵，促进社会良序，以好的家风支撑起好的社会风气。

重在清廉为民、子女教育重在德行培养等丰富的家风家教原则，为中华民族世世代代弘扬良好家风提供了丰厚滋养。家庭建设是国家建设、社会建设的基础工程。我国 4 亿多家庭"家和"的力量，将汇聚起协调推进"四个全面"战略布局的强大正能量。新时期创新推进家庭文明建设工作，要坚持以社会主义核心价值观为主要内容，以促进家庭和睦、促进亲人相亲相爱、促进下一代健康成长、促进老年人老有所养为目标，以充分发挥妇女在弘扬中华民族家庭美德和树立良好家风中的独特作用为着力点[①]。

随着计划生育政策的逐步落实，少子化和人口老龄化问题日益突出，家庭规模迅速减小，出现了一大批微型和超微型家庭，这也导致了养老问题的加剧。孝道深入中国人的内心深处，因此养老问题的不断加剧客观上对家庭问题的复杂化起到了推波助澜的作用。要想解决好此问题，必须探索具有中国特色的应对人口老龄化的新路子。针对养老问题，相关上位政策一致强调要完善养老保险制度，如我国现阶段正在推行的新型农村社会养老保险制度和城镇居民社会养老保险、城镇职工基本养老保险制度。《国家人口发展"十二五"规划》提出应鼓励有条件的地区在养老保险基础上，进一步加强养老保障工作，积极探索为独生子女父母、无子女和失能老人提供必要的养老服务补贴和老年护理补贴。此外，在改善养老保险和基本福利制度的同时，亦需提高老年人口的素质和技能，充分开发老年人力资源，鼓励老年人参与经济社会活动，焕发老年人的活力，形成积极主动的良性互动模式。

（三）多方协同合作，使解决家庭问题形成合力

人口问题具有长期性、复杂性等特点。我国作为世界上人口最多的国家，人口问题更是异常突出。中央多次强调，我国人口问题的长

---

① 沈跃跃：《贯彻落实"三个注重"，扎实推进家庭文明建设》，《求是》2015 年第 13 期。

期性、复杂性、艰巨性，不断增强做好人口工作的自觉性和主动性，加强战略研究，加强政策统筹，加强工作协调，加强任务落实，不断开创人口工作新局面。家庭问题作为人口问题的重要分支，亦具有覆盖领域广泛、涉及群体众多、对群众生活影响巨大的特点。就业、养老、医疗、卫生均与家庭息息相关；儿童问题、妇女权益、残疾人权益等话题亦无法避开家庭不谈。因此仅仅依靠个别部门、个别组织，无法从根本上解决家庭问题，必须依靠多部门协同合作，形成社会合力加以应对。

《国家人口发展"十二五"规划》提供了一些思路：在加强计划生育服务的同时，促进妇女、儿童、老年人、残疾人服务体系的全面完善。具体来讲便是促进妇女全面发展，落实男女平等基本国策；保障儿童优先发展，严厉打击针对儿童的违法犯罪活动；积极应对人口老龄化，扩展养老服务领域；加快残疾人事业发展，为残疾人生活和发展提供稳定的制度性保障。为落实这些工作，必须坚持党的领导、人们当家作主和依法治国的有机统一，加强民政部、计生委、妇联、残联以及相关部门和组织的沟通，促成多方协同合作。

国家由一个个家庭组成，家庭由一个个人组成。在国家和家庭之间，还存在着一个层级——社区。家庭作为社区的基本单元，其功能与状态影响着社区的功能与状态，同时也时刻受到社区的影响，因此家庭问题的解决可以放到社区中进行。通过完善社区服务，间接为家庭提供所需要的社会帮助以及资源网络，为解决家庭问题开辟新的道路。关于社区治理和服务，《国家"十二五"规划纲要》提供了以下思路：第一，完善社区治理结构；第二，构建社区管理和服务平台；第三，鼓励发展家庭业务。健全社区党组织领导的基层群众自治制度，调动社区居民参与民主管理和参加社区公共事务的积极性，积极培育社区服务性、公益性、互助性社会组织，引导各类社会组织、志愿者参与社区管理和服务，以丰富社区

治理结构。推动管理中心下移，加快社区信息化建设，以促进社区管理和服务平台的构建。注重家政服务、养老服务、病患陪护等服务，形成良好的家庭服务市场和经营机构，规范家庭服务市场秩序，以发展家庭业务。

人口、家庭和经济社会协调发展的另一关键在于注重人才培养，促进人的全面发展。《国家人口发展"十二五"规划》（以下简称《规划》）第三条明确指出：着力提高人口素质，加快人口大国向人力资源强国转变。这就要求提高出生人口素质，提高人口健康素质，提升国民教育水平。《规划》要求组织实施计划生育生殖健康促进工程，做好优生服务工作。扩大国家优生健康检查项目试点范围，推进新生儿疾病筛查、诊断和治疗工作，进一步降低孕产妇和婴儿死亡率。这些工作的服务对象直指儿童。儿童在家庭中拥有极其特殊的地位，尤其是在当今家庭日趋微型化的现实下，儿童的幸福与否直接关乎家庭的幸福感。因此提高出生人口素质能有效减少潜在的家庭问题。

同样是关于儿童的另一个重要领域——教育，如今也受到了越来越多的关注。《规划》指出，要贯彻落实《国家中长期教育改革和发展规划纲要（2010~2020年）》，深化教育体制改革，全面实施素质教育，大力促进教育公平，加快构建覆盖城乡的基本公共教育服务体系。加强婴幼儿早期教育，积极发展学前教育，大力发展职业教育，全面提高高等教育质量，加快发展多样化的继续教育，重视和支持特殊教育，继续发展老年教育，推动民族教育加快发展。健全国家资助政策体系，扶助家庭经济困难学生完成学业。加强青少年健康人格教育、独生子女社会行为教育。加强道德素质和诚信教育，提高国民素养。十年树木，百年树人。大力发展教育工作，健全完善教育体系，提高国民素质，对于人口与经济社会协调发展的作用显而易见。随着儿童受教育水平的提高，家庭问题的解决也将更加顺畅。

二 相关上位政策解决家庭问题的手段

(一)机构牵头:机构设置改革

政府的机构设置改革就是符合社会发展客观规律与时代变迁的伟大变革,是有效落实新时期健全家庭发展政策的重要举措。国家卫生计生委设立了"计划生育家庭发展司",充分体现了对家庭发展的重视。家庭是社会的细胞,家庭幸福则是社会和谐的基础,创建幸福家庭是巩固和谐社会的重要举措。2011年上位政策强调要加强任务落实不断开创人口工作新局面,为经济社会发展创造更加有利的人口环境,明确要求以落实和建立健全家庭发展政策,来切实促进家庭和谐幸福。2013年大部制改革,计划生育家庭发展司的设立标志着"促进家庭发展"这项工作成为新时期人口工作的一个重要突破口。提升家庭能力的发展不但有效地践行了大人口观的管理体制,更是为拓展人口工作的服务领域开创了新思路。

第一,以创建幸福家庭活动为主线,在机构设置改革过程中优化职能和资源配置。全国范围内来看,创建幸福家庭活动,甚至可以说与家庭相关领域都存在着机构设置、职能配置和人员编制、投入预算以及与之配套的管理体制等方面的问题。计划生育家庭发展司的成立,将极大地促进政府向与家庭相关的部门的投入与编制方面予以倾斜;组织拟订与家庭管理服务有关的人才发展规划,着力促进人才队伍建设,加强急需紧缺专业人才培养,建立完善人才规范化培训制度并指导实施。组织建立幸福家庭科学发展规划,实施相关政策研究项目。

但是在基层工作中,仍然存在着涉及家庭管理和服务的职能在多个机构中存在交叉重叠或者配置不合理的问题,加大在家庭相关方面

公共服务和社会管理的执行成本，也会降低政府和一些社会组织开展幸福家庭活动的效能。针对发展家庭领域的管理体制不科学的问题，仅仅依靠中央层面设立计划生育家庭发展司是远远不够的。针对基层处理家庭公共服务领域的执行经验，从实际工作的需要出发，参考国外经验，重点研究完善家庭发展专门领域的管理体制和机构设置，针对家庭问题建立决策、执行与监督相互协调又适度分离的行政运行机制，同时规范和发展与家庭相关的行业协会等社会组织，为政府职能转变和机构改革提供良好的社会环境。创建幸福家庭活动，需要职能健全、服务到位、管理科学、体制合理的相关机构的支持。以开展幸福家庭活动为抓手，促进政府机构改革、职能转变。建设以家庭服务和管理为核心职能的相关部门体现了高层上位政策的安排与设计，促进家庭发展切实减少了部门职责交叉事项，促进了机构之间的协调合作。

第二，以解决家庭发展中重点难点问题为目标，在机构设置改革过程中统筹协调。家庭发展能力中的重点难点问题，也就是创建幸福家庭道路上努力的方向，即优生优育、家庭教育、家庭致富和风险抵御、养老保障以及孤寡残障留守受灾等特殊困难家庭的扶助。因此在机构设置改革过程中可有针对性地强化可以切实有效提高家庭发展能力的就业、教育、社会保障、医疗、扶贫等相关领域的职能。家庭发展工作要按照国家发展的总体规划部署，以广大家庭的现实需求为出发点，发挥部门优势，履行职能，努力改善广大家庭民生。其中最为重要的一部分内容是通过机构设置和职能改革解决计划生育家庭面临的问题和困难。目前，一些计划生育家庭在生活保障、养老照料、大病医疗等方面遇到一些特殊困难。开展创建幸福家庭活动要以计划生育利益导向机制为依托，加大对计划生育特殊家庭的扶助力度，创立一些重点项目，为特殊困难家庭提供优质的公共产品和公共服务。

2014 年 12 月，国家卫生计生委与世界家庭组织联合举办了第十一届世界家庭峰会。峰会中提出了五点倡议：一是将家庭发展纳入新的国际发展议程；二是帮助贫困家庭提高发展能力；三是促进城镇化进程中的家庭发展；四是有效保障儿童、老人和妇女的权益，普及科学养育、健康教育、养老照护等服务，创设健康老龄化的社会条件；五是强化国际务实合作，加强国际社会的沟通与交流，增进理解共识，分享成功经验。这五点倡议是创建幸福家庭过程中的内容和目标。相应地，在机构设置改革中，政府要全面加大对家庭发展能力的支持力度，推进基本公共服务均等化，维护每一个家庭应有的权益，为实现家庭幸福提供制度保障。

（二）政策支持：建立健全家庭发展政策体系

加快建立和完善提高家庭发展能力的政策体系，主要是从稳定家庭功能入手，在优生优育、家庭教育、子女成才、抵御风险、生殖健康、家庭致富以及养老保障等方面，具体包括加大对孤儿监护人家庭、老年人家庭、残疾人家庭、留守家庭、流动家庭、受灾家庭和其他特殊困难家庭的扶持力度。

第一，家庭内部的发展政策体系应主要从家庭保健活动、科学育儿活动、养老照护活动和家庭文化活动这四个方面组织设计政策，并以配套活动开展深入。2014 年 5 月 8 日，为深入贯彻落实党的十八大和十八届三中全会精神，提高家庭发展能力，增进人民群众福祉，国家卫生计生委决定在全国启动实施"新家庭计划——家庭发展能力建设"项目试点工作。《国家卫生计生委办公厅关于开展"新家庭计划——家庭发展能力建设"项目试点工作的通知》（国卫办家庭函〔2014〕388 号）明确了项目的目标：家庭成员保健意识明显增强，自我保健能力明显改善，健康素养明显提升；有婴幼儿家庭的科学育儿知识普及率明显提高；有老年人的家庭在老年健康管理、健康促进和日常保健、照护等方面的能力明显提高；尊老爱幼、男女平等等家

庭美德得到弘扬，家庭关系更加和谐，社区环境得到优化。

第二，家庭外部的发展政策体系应以继续贯彻落实计划生育政策，发展女性就业支持政策，以及提高家庭收入政策为主要方向。当前中国家庭中女性就业十分普遍，女性的收入在家庭收入中占较大比例，女性就业支持也是家庭发展政策体系的一个重要组成部分。在政策设计与完善过程中，需要重视女性在寻找工作期间，孕期及哺乳期的相关权益，建立健全相关政策，此外应加强相关托育政策，为家庭发展进一步提供支持。家庭收入是家庭发展的一个重要制约因素，家庭收入政策是家庭发展政策体系不可忽视的内容之一。对低收入家庭，要完善相应社会福利与社会救助政策，发展相关的家庭税收优惠体系、家庭致富政策，发展家庭小型致富项目，在家庭创业中给予税收优惠和政策支持。

当前我国家庭政策主要关注传统弱势群体，主要针对受灾家庭、残疾人家庭、老年人家庭和独生子女家庭等特定群体，尚未形成面对全社会普通家庭的，以促进家庭发展能力为目标的家庭发展政策体系。在建立健全家庭发展政策体系上应注重以下几个方面的主要原则。第一，加强顶层设计，统筹规划。家庭是社会的细胞，其发展涉及社会生活的各个方面。深化政府各个部门的合作，为家庭发展提供外部支持。此外还要关注政策关联与整合。家庭发展政策不仅与人口政策有关，还与民生政策与医疗政策等息息相关，不仅是保护家庭，更是要培养家庭自身发展能力，使其成为社会发展的有机成分之一。第二，政府可以更多地利用大学和科研院所的智库来提供家庭发展方略。比如在计划生育家庭发展司的指导下以家庭为单位制定政策，开展"中国计划生育家庭发展追踪调查"工作，调查家庭发展现状，构建国家级家庭信息数据库，为将来的家庭发展政策提供基础。第三，在制定家庭发展政策体系中注重家庭发展的支持网络建设。家庭的发展不仅要依靠家庭自身机体的发展，还要与外部政策相结合以获得必要的支持，发展社会救助与社会福利、医疗与社会保障，使家庭能得到社会与政府的支持。家庭发展的政策系统离不开家庭在内部和外部的支持网络，其共同促进家庭自身持续发展的能力。

（三）计生协会：以群团组织的力量推进服务管理改革

2015 年 7 月，新华社授权发布《中共中央关于加强和改进党的群团工作的意见》（以下简称《意见》）[①]。该《意见》明确指出：群团事业是党的事业的重要组成部分，党的群团工作是党治国理政的一项经常性、基础性工作，是党组织动员广大人民群众为完成党的中心任务而奋斗的重要法宝。《意见》第六点"支持群团组织加强服务群众和维护群众合法权益工作"：群团组织服务群众要盯牢群众所急、党政所需、群团所能的领域，重点帮助群众解决日常工作生活中最关心、最直接、最现实的利益问题和最困难、最操心、最忧虑的实际问题。有针对性地开展创业就业、心理疏导、大病救助、法律援助、婚恋交友、居家养老等服务，特别是要做好对困难职工、留守老人妇女儿童、归难侨、残疾人等群体的帮扶。这一《意见》不仅深刻阐述了新形势下加强和改进党的群团工作的重要性及紧迫性，而且进一步明确了群团工作在党的事业及国家发展中的地位与作用，为当前和今后群团工作的开展及创新指明了方向，也为群团组织在国家的社会转型发展中发挥更重要的作用奠定了思想基础。

此外，2013 年 6 月国务院印发《国家卫生和计划生育委员会主

---

① 2014 年 12 月 29 日，中央政治局会议审议通过《关于加强和改进党的群团工作的意见》。2015 年 2 月 3 日新华网报道，中共中央印发《关于加强和改进党群团工作的意见》。2015 年 7 月 7 日，中共中央召开党的群团工作会议。这是中共在成立 94 年的历史上第一次召开此类会议，中央政治局 7 位常委均出席会议。2015 年 7 月 9 日，新华社授权发布《中共中央关于加强和改进党的群团工作的意见》。

要职责内设机构和人员编制规定的通知》。该通知提出：在"加强的职责"中，强调要坚持计划生育基本国策，加强对基层计划生育工作的指导，同时专门指出要鼓励社会力量提供计划生育服务，加大政府购买服务的力度；而在主要职责中，除了表明要完善基层运行新机制外，特别明确了要"负责协调推进有关部门、群众团体履行计划生育工作相关职责"。这一"三定方案"不仅突出了政府在宏观管理、依法行政和综合监管等方面的职责，而且体现了整合融合、优化精简及职能转变的思路。随后，国家卫生计生委在2014年先后颁发了《关于加强计划生育基层基础工作的指导意见》（国卫指导发〔2014〕37号）和《关于在机构改革中加强计生协工作的通知》（国卫指导发〔2014〕38号），对新时期、新形势下计生协会的地位与作用给予了进一步的明确和增强。

中国计划生育协会是为适应我国人口计生工作及国际交往合作需要而建立的群团组织，也是国际计划生育联合会的正式成员。自1980年5月经国务院批准成立以来，经过30多年的迅速发展、壮大，中国计生协已经成为拥有近百万个基层组织、9400万名协会会员、全国最大的群众团体之一，是目前我国组织网络最健全、基层影响力最广泛、与群众切身利益和日常生活最贴近的群团组织。在《中央关于加强和改进群团工作的意见》精神的指导下，中国计生协充分认识中央部署加强和改进群团工作的战略意义，切实增强做好计生协工作的责任感和使命感。在各级党委政府的领导和卫生计生行政部门的指导下，中国计生协要自觉围绕中心，主动融入大局，积极参与社会治理，维护社会和谐稳定，深化计生基层群众自治，推进计生服务管理改革，做好青春健康教育、计生特殊家庭帮扶等一系列生育关怀品牌项目，真心服务计生家庭和群众民生发展，进一步发挥好作为计生领域最大群团组织的桥梁纽带作用。

随着2013年新的社会政策出台，现存的计划生育与家庭服务的模式受到严峻挑战，传统的服务与管理格局将有可能发生改变。计生协会作为人口与计划生育领域内最重要的群团组织，在新形势下将肩负更多重任。当前，生育政策正值调整和完善时期，生育相关的服务领域将开启一个崭新的发展时期。长期以来，中国官方和民间社会都十分重视计划生育工作，但是由于其政府职能的局限性，已经越来越难以满足计划生育家庭的社会公共服务方面需求，群团组织计划生育协会将在计划生育家庭的社会保障和公共服务中承担重要的角色。这支一专多能的基层计生队伍，大可转变思路，以"提高家庭发展能力"为重点，把工作重点转换到关注计生家庭、服务生命全过程上去，从优生优育、子女成才、抵御风险、生育健康、家庭致富等方面，拓展自身职能。这些工作的基础，主要是人口和家庭信息获得、经济社会发展项目组织和社会资源整合三方面。没有哪一支有这三方面工作基础的队伍在基层数以十万计。至少对计划生育特殊家庭而言，其公共服务由计生队伍承担会更有利也更有力，即计划生育特殊家庭的民生改善任务，更适合由计生队伍来完成。只要转换思路并熟悉新工作，这支老队伍能承担新工作，且这些新工作也有利于优化老工作。

（四）产业促进：大力发展家庭服务业，着力提高家庭服务能力

近年来，我国家庭服务业发展较快，目前大致有 20 多个门类，200 多种服务项目，涉及家务劳动、家庭护理、维修服务、物业管理等人们日常生活的各个方面。作为传统产业和现代产业相融合的朝阳产业，家庭服务业的发展不仅在增加就业、服务民生、调整产业结构、构建和谐社会方面发挥重要作用，在城乡居民幸福生活的建设中也是不可替代的。为了进一步落实《国家人口发展"十二五"规划》中提出的大力发展家庭服务业，着力提升家庭服务能力的要求，国家

有关部门相继出台了一系列政策措施来保证这一目标的实现，主要包括以下几方面。

第一，大力发展家庭服务业，逐步建立比较健全的惠及城乡居民的家庭服务体系。

①推进家庭服务业市场化、产业化、社会化。2012年12月国务院办公厅发布《关于发展家庭服务业的指导意见》，提出积极实施扶持家庭服务业发展的产业政策，倡导诚信经营，加强市场监管，规范经营行为和用工行为。这为规范家庭服务业市场提供了进一步的政策指引。另外提出坚持满足生活需求与促进经济结构调整相结合，通过发展家庭服务业，为家庭提供多样化、高质量服务，带动相关服务行业发展，扩大服务消费。此举有效促进了家庭服务市场的培育以及家务劳动社会化。

②促进家庭服务行业的就业发展。2012年12月国务院办公厅发布《关于发展家庭服务业的指导意见》，坚持促进就业与维护权益相结合，努力吸纳更多劳动者尤其是农村富余劳动力，维护好从业人员的合法权益。这不但有利于家庭服务业的发展，更带动了农村地区劳动力就业。同时还指出，要统筹规划家庭服务业发展，加快扶持政策的制定与完善，鼓励各类人员到家庭服务领域就业、创业；加强就业服务，积极发展中小型家庭服务企业，充分发挥中小型家庭服务企业在行业发展中的骨干作用；加大对家庭服务业的财税扶持力度，充分利用服务业发展专项资金和引导资金，将家庭服务业作为促进服务业发展的支持重点。2014年人力资源和社会保障部、国家发展改革委等八单位共同发布关于开展家庭服务业规范化职业化建设的通知，提出到2020年努力实现家庭服务行业规范化、家庭服务从业人员职业化的目标。并且以诚信建设为重点，推进家庭服务业规范化建设，以培训工作为重点，加强家庭服务业职业化建设。

③建设与完善体系。2012年人力资源和社会保障部提出要加强

中心城市家庭服务体系建设，指出"十二五"期间，各地中心城市要大力加强家庭服务体系建设。通过家庭服务企业（单位）在社区设立的养老、家政服务站点，购买一定数量的公益性就业岗位，提供免费或优惠的家庭服务。积极满足居家养老需要，向城乡居民免费发放"一键通"等居家养老呼叫设备。整合包括公共就业服务平台、家政服务网络中心、家庭服务电话呼叫中心等现有信息服务资源，充分发挥各自的优势和互补作用，加强家庭服务业公益性信息服务平台建设，健全供需对接、信息咨询、服务监督等功能，为广大家庭提供便捷、规范的服务，切实有效促进家庭服务体系的建设与完善。

第二，在全员人口信息系统中，加强家庭信息采集和管理，为家庭发展政策的制定和实施提供依据。《国家人口发展"十二五"规划》明确提出要健全人口监测体系，建设国家人口基础信息库，实施"全员人口统筹管理信息系统"工程，建立人口信息动态采集和更新机制，这对我国人口发展状况的科学检测和评估至关重要。随着我国经济社会的发展，人口需要更加合理和健康增长。2012年12月国务院办公厅发布的《关于发展家庭服务业的指导意见》，要求推进公益性信息服务平台建设。2014年5月国家卫生计生委对《中国家庭发展报告（2014）》做出的解读中也指出，需不断完善促进家庭发展的政策体系、服务体系和评估体系，启动实施"中国家庭发展追踪调查"，构建全国家庭信息动态监测网络。以上诸多举措为家庭信息的采集管理与更新、家庭发展政策的科学合理制定和实施提供了必要依据。

在家庭信息的采集和管理中，计划生育家庭的信息采集更为突出和重要，"幸福家庭"工程中一系列的公共家庭服务都与计划生育家庭息息相关。为此，2014年8月，国家卫生计生委在全国组织开展"中国计划生育家庭发展追踪调查"工作。此次调查科学严谨，采用连续追踪调查的方式，调查周期为两年，逢偶数年进行现场调查，奇

数年进行调查结果分析研究工作。调查内容涉及面广，调查人群构成合理。并且所有调查产出将于 2015 年公开出版，为社会各界开展家庭发展相关研究提供参考。

除此之外，2014 年我国加快推进全民健康保障信息化工程和金人工程，加强国家综合管理平台和区域人口健康信息平台建设。金人工程即国家卫生计生委部署的重点电子政务建设项目，是国家全员人口统筹管理信息系统。国家卫生计生委、国家中医药管理局公布了《关于加快推进人口健康信息化建设的指导意见》（以下简称《意见》），要求推进全员人口信息数据库的建设和应用，实现全员人口信息的实时动态管理。这一行动为促进人口与经济社会、资源环境全面协调可持续发展提供了必不可少的决策依据。

全员人口信息系统不可缺少居民电子健康档案数据库的建设和应用。因此《意见》还指出，要完善居民电子健康档案数据库，支撑区域内基层卫生计生机构间信息动态共享及业务协同，满足居民个人健康档案信息查询，增强自我保健和健康管理能力，提高全民健康水平。另外还要求各地加快建立妇幼卫生监测、孕产妇、儿童保健管理、生殖健康服务等妇幼健康服务信息系统，为妇幼的健康幸福保驾护航。

第三，探索建立以家庭为中心的人口计生公共服务体系，开展婚育指导、家庭初级保健、儿童早期发展、家庭教育指导，以及对计划生育家庭、空巢家庭、流动家庭、留守家庭的关怀服务等。

①人口计生公共服务体系的建设。《国家人口发展"十二五"规划》指出，针对计划生育家庭要完善机制，强化考核，加大人员、资金、设备和技术投入，完善人口和计划生育公共服务体系，加快人口计生服务体系建设，拓展服务范围。促进经济社会相关政策与人口计生政策的有机衔接，切实解决计生家庭实际困难，提高家庭发展能力。要从稳定家庭基本功能入手，在优生优育、家庭教育、子女成

才、抵御风险、生殖健康、家庭致富以及养老保障等方面，推动建立和完善有利于家庭发展的政策体系。实施幸福工程、生育关怀等项目，加大对贫困计生家庭的帮扶。着力解决独生子女伤残死亡家庭现实困难，为其提供生产帮扶、经济补助、志愿服务、精神慰藉、临终关怀等支持。

2014年10月国家卫生计生委在全国组织开展"计划生育家庭养老照护试点"工作，选取卫生计生工作基础好、老龄化程度较高、在计划生育家庭养老照护方面有较高积极性的地级市作为试点单位，采取多种方式，帮助计划生育家庭解决居家养老照护方面的现实困难和实际问题。工作要求各级卫生计生部门主动上门提供服务，特别是针对计划生育特殊家庭及有失能老人的家庭，开展有针对性的生活照料、家庭保健、照顾护理、精神慰藉、紧急救援等活动，以提高老年人的健康水平，改善生活质量。这对于探索建立系统完整的计划生育家庭居家养老照护支持体系，保障计划生育家庭老年人能够获得所需的、适宜的健康服务具有重要意义。

此外，国家卫生计生委在2014年9月召开的全国创建幸福家庭活动工作会议中强调，要加快建立和完善提高家庭发展能力的政策体系，拓宽服务家庭的视角，切实转变工作理念和方式方法，以"提高家庭发展能力"为重点，努力向关注计生家庭、服务生命全过程转变。

②妇幼保健与发展。《国家人口发展"十二五"规划》强调加强婴幼儿早期教育，积极发展学前教育，构建"广覆盖、保基本、多形式"的学前教育体系。这一《规划》为日后各级各部门开展相关方面的活动提供了指导性意见。

为进一步促进儿童事业的发展，保障贫困地区儿童权益，2015年1月国务院发布《国家贫困地区儿童发展规划（2014～2020年）》。其中提出要关注新生儿出生健康，切实改善儿童营养状况，完善农村

义务教育学生营养改善工作机制;加强儿童医疗卫生保健,完善特殊困难儿童福利制度,保证残疾儿童受教育权利。将儿童保护纳入社区管理和服务职能,动员社区学校、幼儿园、医院及其他社会组织参与儿童保护工作;健全留守儿童关爱服务体系,注重留守儿童心理健康教育和亲情关爱,强化父母和其他监护人的监护责任并提高其监护能力,加强家庭教育指导服务。该《规划》涉及面广,对于贫困地区儿童问题考虑周到,为儿童问题的解决提供了必要思路。

另外,中国人口福利基金会牵头搭建公益平台,开展"创建幸福家庭,生殖健康援助行动"项目,以公益资助的方式向基层计生服务机构提供先进技术设备,信托基层技术服务机构为群众提供生殖健康服务。

③老年人照料。2013年9月国务院发布《关于加快发展养老服务业的若干意见》,其中要求充分发挥社会力量的主体作用,健全养老服务体系,以政府为主导,发挥社会力量作用,着力保障特殊困难老年人的养老服务需求。

我国已进入人口老龄化时代,养老问题日益突出,空巢家庭日渐增多。自2009年12月在全国组织开展"百万空巢老人关爱志愿服务行动"以来,以社区为依托、形式多样的志愿服务活动积极展开,不仅为空巢老人排忧解难,还推动建立了与政府服务和市场服务相衔接的为老志愿服务体系,使得众多空巢家庭的空巢老人得到关爱。

在过去的几年中,我国老年人福利工作全面推进。民政部继续推动建立高龄老人补贴制度,目前已有北京、天津、吉林、黑龙江、上海、云南、宁夏等地出台了高龄津(补)贴政策,进一步健全和完善了老年生活保障体系。

此外,国家卫生计生委2014年5月决定在全国启动实施"新家庭计划——家庭发展能力建设"项目试点工作,提出了一系列发展目标,包括家庭成员保健意识明显增强,有婴幼儿家庭的科学育儿知识普及率明显提高，有老年人的家庭在老年健康管理、健康促进和日常保健、照护等方面的能力明显提高，尊老爱幼、男女平等等家庭美德得到弘扬，家庭关系更加和谐，社区环境得到优化。这对于提高家庭发展能力，增进人民群众福祉产生了重大作用。此后各地试点根据自身情况纷纷开展"新家庭计划"的活动，加大经费投入，把试点工作列入重要议事日程认真抓好落实并组织了一系列配套活动。

在 2015 年的政府工作报告中还提出对困境儿童、高龄和失能老人、重度和贫困残疾人等特困群体健全福利保障制度和服务体系。继续提升城乡低保水平，提升优抚对象抚恤和生活补助标准，坚决把民生底线兜住兜牢。在总体部署中鼓励社会力量兴办养老设施，发展社区和居家养老。增加公共产品和服务供给，加大政府对教育、卫生等的投入，鼓励社会参与，提高供给效率。大力发展旅游、健康、养老、创意设计等生活和生产服务业。

（五）专项引领：通过各种专项活动率先使家庭相关福利政策落地

国家发展和家庭福利是全社会共同关注的问题。中国家庭结构的变化是在市场经济迅速发展和社会快速转型的大背景下进行的，并且中国在社会政策和制度安排等方面存在的不足，将在一定程度上导致家庭抗御风险的能力减弱，家庭功能弱化，家庭社会资源短缺，代际互动的时序和结构失衡等非常复杂的社会问题。面对这些家庭结构功能、家庭生活质量和家庭关系伦理等诸多结构性矛盾，我国当前却缺乏系统的、以家庭为基础的福利政策体系，在此错综复杂的家庭问题凸显和家庭福利政策缺位的双重困境下，国家尝试开展了生殖生育、尊老养老、流动人口社会融合等多项专项活动帮助家庭相关福利政策落地。

"十二五"期间，国家以解决家庭突出问题为导向，推出了多种

与家庭相关的新规与福利政策，这说明政府对家庭问题的关注正在从宏观规划转向微观落实，在指导思路上更加强调务实与服务。从整体上来看，一些主要的专项活动体现在以下几个方面。

第一，以婚育新风进万家活动、关爱女孩行动、新农村新家庭计划、幸福工程为载体，进行人口计生政策①的宣传性活动，培育新型的婚育观念和家庭关系理念。为了大力推进新型家庭人口文化建设，我国人口计生工作除了依靠宣传来普及，还要面向不同的年龄段、不同类型家庭、不同地区的社会群众进行有针对性的宣传。对于在国家人口计生政策实行期间进行计划生育的夫妇实行奖励机制，使计生家庭在社会上有地位、经济上得实惠、生活上有保障。通过婚育新风进万家活动、关爱女孩行动、新农村新家庭计划、幸福工程等载体活动，创新宣传模式，将宣传计生工作与当前重点工作相结合，培育新型婚育观念，促进妇女发展和男女平等；大力发展农村人口文化，广泛普及农村计划生育生殖健康知识，促进农村计生家庭发展能力增强；充分发挥人口计生网络重要作用，促使社会管理和公共服务职能得到拓展。

第二，开展创建幸福家庭活动，解决各类显性家庭问题。受生育率下降、人口流动性增加、离婚率升高等综合因素影响，我国家庭迅速向规模微型化、结构扁平化、类型特殊化方向发展，家庭结构多元化，单人、单亲、丁克、空巢等家庭类型大量增加，家庭成员分散化，家庭功能虚弱化，家庭关系功利化等现象日益严重。同时，由于人口流动，出现了大量的留守家庭的人口问题。随着社会保障和经济发展，更需要关注对孤儿监护人家庭、老年人家庭、残疾人家庭、留守人口家庭、流动人口家庭、受灾家庭以及其他特殊困难家庭的扶助

---

① 生育新政：2013 年 12 月 28 日，十二届全国人大常委会第六次会议审议了国务院关于调整完善生育政策的议案并作出决议，同意启动实施一方是独生子女的夫妇可生育两个孩子的政策。这项生育新政振奋了不少期待拥有第二个孩子的"单独"家庭。

力度。幸福家庭是物质满足与精神满足、外在标准与内在标准、自我追求与外部供给的有机结合与统一。创建幸福家庭是增强家庭功能的需要，是推动人口计生事业健康发展的要求，对于促进家庭和谐乃至社会和谐有着重大的现实意义。以改善家庭生产、生活、生育、教育、保健状况①为切入点，以人口均衡发展、服务惠民为目标，全方位、多层次、有序有效地提高家庭发展能力，促进人的全面发展和社会和谐。

第三，开展倡导婚姻②自由平等、生殖健康、优生优育、社会性别平等的活动，帮助家庭成员进行积极健康、负责任的婚育行为，在全社会形成低消耗、低污染的科学生活方式。中国的传统生育文化以"多子多福""重男轻女""传宗接代"为特征，而现在很多家庭仍没有摆脱这种观念，自20世纪80年代中期以来我国出生人口性别比持续失衡，生殖健康状况也不容乐观，加之总人口仍处于惯性增长阶段，人口压力仍存在，存在高消耗、高污染的家庭生活方式，人口素质也有待全面提升。大力传播科学、文明、进步的新型婚育观念，广泛普及计划生育、优生优育和生殖健康等科学知识，宣传人口和计划生育法律法规和政策制度，积极引导家庭依法生育、负责任生育、科学生育。促进社会性别平等，生男生女顺其自然，引导家庭由看重生

---

① 家庭医生试点：根据广东省卫生计生委工作部署，广东省于2014年在全省范围内试点家庭医生式服务。城市社区的家庭医生式服务将以社区卫生服务机构的全科医师团队为架构，以签约全科医生为主体；农村地区将以乡镇卫生院团队为技术支撑，以签约乡村医生为主体。在服务内容上，以基本医疗和基本公共卫生服务为主，为签约群众提供预约服务、双向转诊、健康咨询以及健康管理服务。这一举措的出台，有利于调整医药资源分配格局，引导群众到基层医疗卫生机构首诊，缓解人民群众"看病贵""看病难""看病累"的现实问题。

② 结婚免费：自2014年1月1日起，安徽省合肥市实行免费婚姻登记，凡在婚姻登记机关依法办理结婚登记和离婚登记的当事人（含补领婚姻登记证书的当事人），可享受免费政策，免费项目包括结婚登记证件工本费9元/对，离婚登记证件工本费9元/对。同样探索免除婚姻登记工本费的城市还有上海、江苏等地，而北京等地也表示将研究并适时免征婚姻登记证书工本费。

育数量转变为更看重孩子素质教育和人力资本的投资上，培育为社会做出贡献的有志青年。

第四，开展尊老爱幼和邻里互助的社会新风尚活动，推进家庭文明的实现。一方面，我国历来强调以家庭养老①为主，注重"养儿防老"，然而由于独生子女政策的实施，出现了大批"4－2－1"结构家庭，年轻夫妻难以负担同时赡养多位老人的重担，家庭养老功能明显弱化，人口老龄化加剧，出现社会性的养老困境，尊老爱老、敬老孝老的传统美德面临重大挑战。另一方面，家庭多以一孩为主，父母过分溺爱、迁就、放任子女，孩子成了家庭的中心，也造成孩子独立性差，人际方面容易出现问题等。对于邻里关系，由于社区人口大幅重组，高度聚集的居住模式大大改变了邻里聚集方式，对社区的归属感弱，邻里互动交往少。开展尊老爱幼和邻里互助的专项活动，指导广大家庭成员的生活观念行为准则、兴趣爱好、生活追求、生活情趣以及待人处事、亲朋往来、邻里交际等，注重发挥家庭养老功能，引导家庭尊敬和供养老人。矫正对独生子女的偏袒心理和过度溺爱行为，坚持科学的教育方法，对孩子进行素质教育和思想道德教育，培养子女自食其力的意识和能力。以上这些都有助于形成更加科学、文明、健康的家庭生活方式。

第五，加强针对流动人口家庭的专项活动，促进流动人口融入当地社会。我国正在经历迅速的人口城镇化和城乡结构的转变，越来越多的人源源不断地涌入城市或经济发达地区，由于流出地与流入地在经济、社会、文化、风俗、生活方式等方面的差异，特别是由于城乡

---

① 社会资本逐渐进入养老服务机构：十八届三中全会通过的《中共中央关于全面深化改革若干重大问题的决定》明确提出，为积极应对人口老龄化，加快建立社会养老服务体系。十八届五中全会指出，实现职工基础养老金全国统筹，积极开展应对人口老龄化行动。以北京为例，2014 年北京两会上提出，北京市鼓励社会资本进入养老服务机构，今年将研究出台用地、规划等一系列配套措施，加大财政补贴力度，促进政策落地。

二元体制的存在，一方面流动人口自身素质和社会适应能力不足，另一方面对流入地户籍人口存在偏见和歧视，流动人口社会融入度较低，认同感和归属感缺乏，社会冲突和矛盾加剧。开展针对流动人口家庭的专项活动，主要着眼于这些家庭的需求。对流动人口与当地居民的家庭都该兼顾，在注重对流动人口的管理和控制时，更要去关心和解决流动人口的合法权益，真正落实流动人口的文明倡导、健康促进、优生优育优教、致富发展、奉献社会，增强流动人口聚集区的多元文化交流，增强流动人口的社会融入机制。

这些专项活动以关注家庭健康幸福为核心理念，以家庭发展能力建设为切入点，更加注重生命的价值和尊严，注重人的全面发展，把中国梦的实现寄托在千千万万个普通家庭幸福之上，倡导家庭成员之间以及家庭与社会、家庭与自然之间的和谐共生，使宣传理念从原来单纯宣传计划生育基本国家政策，到以人为本、关注生命价值的转变，更侧重于促进家庭健康发展和人的全面发展的思想观念、风俗习惯和制度规范。把家庭幸福与社会主义精神文明建设、公民道德建设、未成年人思想道德建设等紧密结合，全面提升家庭成员的思想道德水平和科学文化素质，引导人们牢固树立科学进步的家庭美德和生活理念，引导群众树立文明、健康、科学的生活方式。

B.3
第三章
创建幸福家庭活动对落实中央
思路和政策的作用

本章要点

1. 创建幸福家庭活动围绕"文明、健康、优生、致富、奉献"五个主题词，实施"宣传倡导、健康促进、致富发展"三大行动，进行了一系列富有成效的探索和实践。创建幸福家庭活动设计的初衷与国家的民生大计吻合，也符合中国家庭的发展情况和共性需求。

2. 在普惠制的基本公共服务均等化的大背景下，原先的特惠家庭，特别是计划生育困难家庭（更特殊的是计划生育特殊家庭），难以获得特殊且富有特点的关照和帮扶。通过创建幸福家庭活动针对这些重点人群，开展水涨船高的专项援助活动，实现普惠加特惠，这是创建幸福家庭活动的独到之处。

一　以活动形式开展活动的必要性

以活动形式开展创建幸福家庭活动具有重要的意义和必要性。从现实需要上看，党的十八大和十八届三中全会贯穿着保障和改善民生的重要思想。提高亿万家庭的健康福祉，增强城乡家庭的发展能力，直接体现了新一届中央领导集体保障和改善民生的执政理念。中国家庭的规模小型化、结构多样化、居住离散化，使原来家庭具有的一些功能被弱化。快速老龄化又增加了新的公共服务需求。计划生育特殊家庭的问题日益显性化，这使得以家庭为目标单元强化相关管理和服务成为当务之急。在致富发展、子女成才、养老照护等方面的家庭现实困难日益突出，迫切需要政府响应中央精神①，开展相应活动，帮助他们稳定家庭基本功能、化解矛盾、解决困难。因此，开展创建幸福家庭活动，有利于保障改善民生，有利于贯彻落实中央决策部署，有利于提高政府治理能力。

以活动形式开展创建幸福家庭活动是促进计生工作转型和发展的有效途径。随着人口形势的发展变化，特别是在生育政策调整完善以后，计划生育工作面临着转型发展的重要机遇。计划生育工作在稳定低生育水平的同时，要更加注重保障民生、改善民生和服务民生。家庭是计划生育工作转型发展的重要着力点。通过开展创建幸福家庭活动，提高家庭特别是计划生育家庭发展能力，增进计划生育家庭福祉，促进计划生育家庭幸福，不仅是计划生育工作新的发展目标和方向，而且是计划生育工作转型发展、开拓创新的有效途径和必然要求。

二　五个主题词兼顾物质文明和精神文明

党的十八大以来，以习近平为总书记的党中央高度重视物质文明

---

①　开展创建幸福家庭活动，是实现"中国梦"的重要基础。习近平总书记在党的十八大上提出了要实现中华民族伟大复兴的"中国梦"。家庭幸福是民族复兴的前提。中国4亿多个家庭，构成了整个中华民族的大家庭。民族复兴，国家富强，每个家庭才能幸福；千千万万个家庭和谐、幸福，才能实现中华民族大家庭的复兴、发展。只有实现了亿万家庭健康幸福的"家庭梦"，才能实现中华民族伟大复兴的"中国梦"，离开了家庭的发展，民族复兴和国家富强就无从谈起。

和精神文明的兼顾①，在改革开放和社会主义现代化建设的伟大实践中，着眼"四个全面"的战略布局，在"唱响主旋律、弘扬真善美、传播正能量、树立新风尚"上做出了一系列重大决策部署。

家庭是社会的基本单位，人口问题在很大程度上也表现在家庭中。全面做好人口计生工作、统筹解决人口问题、改善民生，家庭是落脚点。社区家庭关系和睦、家庭成员健康、有必要的生活保障是幸福家庭的基本特征。中央将"提高家庭发展能力"作为保障和改善民生的重要内容，以及解决人口问题的重要途径。而创建幸福家庭活动坚持"主题一致性和形式多样性相统一"的要求设计项目，并以社区服务为出发点，整合资源，充分发挥社会组织在家庭服务产业中的作用，鼓励承接政府购买服务，提供更贴近群众需求的服务产品，从而解决由家庭问题产生的民生问题，促进人口事业发展，促进人口均衡发展。从图政3-1可以看出，创建幸福家庭活动比较全面地体现了相关上位政策解决家庭问题的思路，对于解决转型期的家庭问题具有重要作用。

从这个意义上来说，幸福家庭活动是民生工程的重要示范性手段，且从目前相关民生工程的设计情况来看，幸福家庭活动在民生工程的示范项目中具有唯一性和不可替代性，是政府解决转型期的家庭问题的愿望、目的和力度的体现。创建幸福家庭活动突出文明、健

---

① 习近平总书记历来重视物质文明和精神文明建设协调发展。《摆脱贫困》一书摘录了早在20多年前习近平在福建宁德工作期间，有关"正确认识脱贫致富和建设精神文明的关系"的论断。书中提出：真正的社会主义不能仅仅理解为生产力的高度发展，还必须有高度发展的精神文明。2013年五一国际劳动节前夕，习近平总书记向全国劳动模范和先进工作者致以节日祝贺。他强调，实现我们的发展目标，不仅要在物质上强大起来，而且要在精神上强大起来。同年8月，习近平总书记在全国宣传思想工作会议上更加鲜明地指出："只有物质文明建设和精神文明建设都搞好，国家物质力量和精神力量都增强，全国各族人民物质生活和精神生活都改善，中国特色社会主义事业才能顺利向前推进。"同年3月，习近平总书记的欧洲文化之旅，更是把精神文明这一概念带向了世界："实现中国梦，是物质文明和精神文明均衡发展、相互促进的结果。""实现中国梦，是物质文明和精神文明比翼双飞的发展过程。"

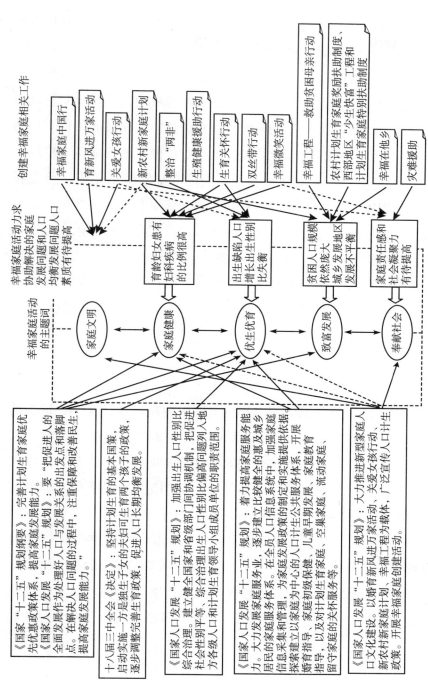

图政 3 - 1 政府上位决策与幸福家庭创建工作关联

说明：线条的虚实反映直接和间接影响，实线表示直接影响，虚线表示间接影响。

康、优生、致富和奉献①这"五大主题"，以"三大活动"②为主要的形式载体，积极贯彻落实中央政策精神与意图，为不断推进和谐社会建设、保障与改善民生、全面实现小康社会目标助力。可以说，创建幸福家庭活动是物质文明和精神文明兼顾的典型代表。创建活动树立价值坐标，引领社会风尚，把培育和弘扬社会主义核心价值观打造成凝魂聚气、强基固本的基础工程，让核心价值观的影响深入中国千千万万的家庭。自2011年开展以来，创建幸福家庭活动进一步弘扬中华民族重视家庭、夫妻和睦、尊老爱幼、邻里互助等传统美德，推动男女平等、计划生育、优生优育优教等文明理念更加深入人心；提高计划生育/生殖健康水平，降低出生人口性别比，减少出生缺陷发生风险；健全有利于支持家庭发展的经济社会政策，困难家庭得到有效救助，计划生育家庭优先分享改革发展成果，家庭生活质量和幸福指数进一步提高。

（一）文明

结合相关政策与专家研究，家庭文明的内涵包括：文明、进步的婚育观念，文明消费理念、消费模式与健康文明生活方式，家庭和谐、和睦。家庭文明水平是整个国家与社会文明程度的表征，家庭文明程度的提高也会促进整个国家与社会的文明进步。"家和万事兴"，家庭文明是家庭持续发展的前提和基础。

第一，文明、进步的婚育观。2007年发布的《中共中央国务院关于全面加强人口和计划生育工作统筹解决人口问题的决定》指出："深入开展'关爱女孩行动''婚育新风进万家'活动。以消除性别歧视为重点，广泛宣传男女平等、少生优生等婚育观念，普及保护妇

---

① "五大主题"指：文明倡导；健康促进；优生优育；致富发展；奉献社会。
② "三大活动"指：宣传倡导活动；健康促进活动；致富发展活动。

女儿童权益的法律法规知识。制定有利于女孩健康成长和妇女发展的社会经济政策，促进男女平等就业和共同参与社会经济活动。"可见，文明、进步的婚育观念主要指男女平等、少生优生。有研究显示，我国男女性别比失衡的状况越来越严峻。

"六普"数据表明，我国出生人口性别比为118.06，偏高于正常值（102~107）。与"五普"结果比较，我国出生性别比又提高了1.2个单位值。根据统计，1982年，我国人口出生性别比是108.47；2004年，我国人口出生性别比达到121.20，成为历史最高纪录。而从2008~2014年，我国出生人口性别比呈逐年下降趋势，依次分别为120.56、119.45、117.94、117.78、117.70、117.60、115.88。尽管我国出生人口性别比长期走高的势头得到初步遏制，但整体水平依然偏高，并且出生人口性别比偏高的后果已经显现，风险进一步聚集和扩大，面临的形势依然严峻。一个显而易见的后果是，性别比失衡的一代进入婚配年龄后，"多余的男子"将难以找到结婚对象，会成为娶不上媳妇的单身成年男性。据预测，2020年左右，中国的单身成年男性数量将达到3000万至3500万人，这是一个庞大的群体，对他们个人、他们的家庭以及整个社会无疑会有重要的影响。足见，由于受传统文化习俗等习惯性思维影响，随着我国经济社会发展进步，我国重男轻女的文化倾向还有很深厚的土壤。虽然，在部分发达地区尤其是一些特大型城市，重男轻女的价值趋向已经基本得到扭转，但我国整体上重男轻女的文化偏好仍旧很顽强。以重男轻女文化偏好为基础的男女不平等现实问题也很突出，尤其在部分偏远落后的农村地区，被生育的女孩仍旧得不到良好的抚育。一个文明、进步的家庭，男女间应该是平等的，都应该得到父母、家庭、社会、国家的同等对待，并为其成长、发展提供同等机会。

《国家人口发展"十二五"规划》提出要"综合治理出生人口性别比偏高问题，促进社会性别平等"，"坚持男女平等基本国策。提高社会性别平等意识，清理涉及社会性别歧视的法规政策"。除政策引导、社会倡导外，国家也逐渐建立了利益导向型的政策体系，通过推进"关爱女孩行动"，逐步扭转民众有偏差的生育观念。《国家人口发展"十二五"规划》还提出："指导村（居）民自治组织修订完善自治章程或村规民约，在扶贫济困、慈善救助、贴息贷款、就业服务、项目扶持、村集体收益分配等方面对计划生育家庭女儿户予以倾斜。"同时要求"深入推进关爱女孩行动，进一步开展幸福工程和春蕾计划等社会公益性活动，充分发挥社会组织在贫困母亲救助和女童健康成长帮助中的重要作用"。为了有效遏制部分民众通过个人关系等途径提前得知胎儿性别，《国家人口发展"十二五"规划》明令"规范人工终止妊娠药品和计划生育手术器械经营管理，完善医学需要的胎儿性别鉴定和人工终止妊娠登记、孕产期全程服务管理制度。严厉打击非医学需要的胎儿性别鉴定和选择性别人工终止妊娠行为"。为了有效打击胎儿性别鉴定的不法行为，全国上下开展整治"两非"（非医学需要胎儿性别鉴定和选择性别人工终止妊娠）专项行动，取得了明显成效。

随着经济社会发展进步，我国医疗卫生水平不断提高，医药卫生资源供给能力越来越强，医疗卫生的可及性正推动我国优生优育不断提升。《国家人口发展"十二五"规划》提出："有关部门按照职责分工，加强协作，积极落实出生缺陷三级预防措施，加大出生缺陷干预力度。开展易为广大群众接受的宣传和引导活动，加强婚前、孕前咨询指导。组织实施计划生育生殖健康促进工程，做好健康教育、优生咨询、高危人群指导、孕前筛查、营养素补充等优生服务工作。逐步扩大国家免费孕前优生健康检查项目试点范围，探索建立国家免费孕前优生健康检查制度。建设全国产前诊断网络，推进新生儿疾病筛查、诊断和治疗工作。开展出生缺陷发生机理和防治技术研究，加强出生缺陷防治重点实验室建设。提高助产服务能力，进一步降低孕产妇和婴儿死亡率。"《国民经济和社会发展第十二个五年规划纲要》也提出:"加大出生缺陷预防力度,做好健康教育、优生咨询、高危人群指导、孕前筛查、营养素补充等服务工作,降低出生缺陷发生率和农村5岁以下儿童生长迟缓率。"从现实情况来看,不管是民众的优生优育意识,还是我国能够提供的优生优育服务水平,都得到了极大的提升。

"婚育新风进万家"活动,自1998年启动以来,特别是2001年全国"婚育新风进万家"活动总结表彰大会以来,在党中央、国务院的正确领导下,各级党委、政府高度重视,措施得力,有关部门通力合作,基层单位和广大群众积极参与,整个活动呈现出积极、健康、向上的良好态势,广大群众实行计划生育的自觉性日益增强,科学、文明、进步的婚育观念逐步形成,计划生育和生殖健康知识得到进一步普及,新型生育文化建设取得了阶段性成果。同时,国家人口计生委从2003年开始启动"关爱女孩行动"试点工作,旨在保护妇女儿童合法权益,消除性别歧视,倡导男女平等,弘扬科学、文明、进步的婚育观念,采取得力措施,力求从根本上解决出生婴儿性别比升高问题。"关爱女孩行动"是"婚育新风进万家"活动的深入。

第二,文明消费理念、消费模式与健康文明生活方式。家庭也是最基本的消费单位。"俭以养德",一个家庭确立了文明消费理念、消费模式与健康文明生活方式,就能更好地提升家庭幸福感,并保障家庭可持续发展。面对日趋强化的资源环境约束,必须增强危机意识,树立绿色、低碳发展理念,每个家庭都应参与进来,共同推动绿色发展。

《国家人口发展"十二五"规划》提出:"普及健康教育,积极倡导健康文明的生活方式,大力推进全民健身运动。"健康文明的生活方式不仅有益于身心发展,而且可以保持人力资源潜力,为家庭自

主发展提供支撑。随着我国经济实现跨越式发展，居民收入也不断提高，"黄、赌、毒"等不良现象沉渣泛起，除大量消耗人们积存的财富外，还严重危害到家庭存续。封建迷信再度被人追捧，生活信念迷失，生活意义感丧失。买方市场的迅速到来，激发了民众消费的欲望，"攀比"成风，过度消费，快速消费，奢侈消费，讲排场，论品牌，甚至"血拼"，等等，都不利于家庭的可持续健康发展。《中共中央宣传部、中央文明委办公室、国家人口和计划生育委员会等关于2006～2010年继续深入开展婚育新风进万家活动的意见》提出："倡导健康生活方式，促进社会文明进步。进一步增强群众的法治意识、道德意识，自觉抵御不良的生活方式，防止性病、艾滋病的传播，切实保障广大群众的身心健康。大力弘扬家庭美德和社会公德，全力推进社会主义精神文明及公民思想道德建设，促进社会文明进步。"《国家人口发展"十二五"规划》要求"大力推进新型家庭人口文化建设"。实施"新农村新家庭计划"，用群众喜闻乐见的方式，形成人们热爱学习文化科学知识的氛围，自觉抵制封建迷信活动，逐渐树立健康文明的生活方式。

第三，家庭和谐、和睦。俗话说"家和万事兴"，家庭和谐能够促进人们身心愉悦，享受恬静的天伦之乐；家庭和睦使得邻里间一团和气，秩序井然。家庭经济基础是家庭和谐的重要基础。《国家人口发展"十二五"规划》提出要"提高家庭发展能力，促进家庭和谐幸福"。《中华全国妇女联合会关于表彰第八届全国五好文明家庭及标兵户的决定》指出，以促进社会主义核心价值体系建设为根本，以五好文明家庭创建为载体，为大力弘扬社会主义荣辱观，深入推进家庭道德建设，倡扬男女平等、夫妻和睦、孝老爱亲、科学教子、邻里和善的家庭文明新风。对一大批五好文明家庭典型的表扬，将极大地促进出现更多文明家庭。家庭和谐、和睦有利于邻里互助，强化整个社区的凝聚力。随着"新家庭计划——家庭发展能力建设"项目试点工作的开展，尊老爱幼、男女平等等家庭美德得到弘扬，家庭关系更加和谐，社区环境得到优化。

（二）健康

健康是现代人良好生活的前提和保证，健康权是被世界各国所公认的公民应该享有的六项基本权利之一，健康投资也是人力资本形成的重要途径。由此可见，健康状况对于一个人、一个家庭、一个民族、一个国家都有着极其重要的影响。"因病致贫""因病返贫"等反映了由于健康状况出了问题而导致家庭陷入生活贫困之中，使家庭丧失经济维持功能，长期陷入贫困而很难改变。"一人患病，全家受累"，形象地说明了健康对于家庭可持续发展的重要性。健康状况受益于良好的生活方式，是能够在科学指导干预下进行积极预防的。

第一，生殖健康。《国家人口发展"十二五"规划》提出，加强计划生育和生殖健康科技创新基地建设，扶持一批部委级重点实验室。用科技创新带动生殖健康水平提升，增强计划生育工作的源头治理作用。最新科技成果能否被普通民众便捷使用，应该由政府干预并提供服务。《国家人口发展"十二五"规划》要求"全面提升计划生育优质服务能力，加强生殖健康保健，使人人享有生殖健康服务"。"生殖健康援助行动"是中国人口福利基金会利用公益组织优势开展的以推广应用新技术为主要特点，以帮助基层计划生育技术服务机构实施项目，提高设备水平，完善功能，提高服务能力为主要方式，通过服务机构向群众提供优质服务和生殖健康援助，促进家庭幸福和社会和谐为主要目的的一项社会公益活动。生殖健康关系到优生优育，直接影响到整个民族国家的未来，必须由政府负责无偿或抵偿提供。同时，"生殖健康援助行动"的实施，满足了基层民众享有优质、便捷服务的需要，推进了基本公共服务均等化。"生殖健康援助行动"自2005年创建至今稳步推广，取得了显著成效，为基层技术服务机

构搭建了一个全新的、可持续发展的公益平台，一种富有特色的生殖健康促进模式正在形成。"生殖健康援助行动"项目的实施，为提高技术服务机构的装备水平和服务能力，提高出生人口素质和育龄群众的生殖健康水平发挥了重要的作用，取得了明显的成效。

《国家人口发展"十二五"规划》要求，组织实施计划生育生殖健康促进工程，做好健康教育、优生咨询、高危人群指导、孕前筛查、营养素补充等优生服务工作。逐步扩大国家免费孕前优生健康检查项目试点范围，探索建立国家免费孕前优生健康检查制度。建设全国产前诊断网络，推进新生儿疾病筛查、诊断和治疗工作。开展出生缺陷发生机理和防治技术研究，加强出生缺陷防治重点实验室建设。提高助产服务能力，进一步降低孕产妇和婴儿死亡率。

第二，以健康教育带动健身运动，形成健康生活方式。《国家人口发展"十二五"规划》提出，普及健康教育，积极倡导健康文明的生活方式，大力推进全民健身运动。随着现代生活压力不断增大，人们可能面临各种风险，外在压力长时期作用可能导致部分民众心理精神疾患，因此需要加强心理卫生和精神健康工作。社区建设的推进，居民健身娱乐设施的投入使用，心理卫生健康咨询站（室）的设立，等等，为人们提供了比较完备的健康服务。针对残疾人群，《国家人口发展"十二五"规划》提出要全面开展社区康复工作，推进残疾人"人人享有康复服务"；制定实施国家残疾预防行动计划；继续实施"阳光家园计划"；健全残疾人托养服务体系，大力发展居家助残服务；积极开展无障碍建设；实施残疾人文化建设和自强健身工程，丰富残疾人精神文化生活。

第三，预防为主，防治结合。《国家人口发展"十二五"规划》提出，全面加强公共卫生服务体系建设，健全医疗保障和服务体系，完善基本医疗制度。充分利用基层医疗卫生和计划生育服务网络，形成以预防为主、防治结合的公共卫生服务体系，逐步缩小城乡居民基本公共卫生服务差距。继续加强性病、艾滋病的防治工作，全面实施慢性病综合防控，最大限度地控制和减少传染病、地方病的发生和传播。随着我国医疗卫生水平与国际接轨，预防接种技术越来越发达，成本也越来越低，这就从源头上保证了每一个人减少患上某一些疾病的风险。同时，发挥我国基层自治组织的动员能力，开展公共卫生人人参与的群众式预防活动，为人们快乐、幸福生活创造良好的公共卫生环境。医疗保险制度实现制度全覆盖，极大地保障了人民大众享有医疗服务的权利。

近年，乳腺癌和宫颈癌已成为威胁女性健康的两大重要疾病。女性乳腺健康和宫颈健康受到关注。全国各地相继开展了两癌筛查"双丝带行动"，免费提供检查，并为一些家庭困难的计划生育家庭提供治疗补助。"双丝带行动"项目帮助广大妇女增强了自我保健意识，提高了预防疾病知识，促进培养了健康、文明、科学的生活方式。

（三）优生

优生优育是我国计划生育基本国策的重要目标，也是我国人口政策要实现的目标。优生优育能够为实现我国人口由数量型向质量型转变提供基础支撑。优生，是指按照优生学的要求，保证新生儿各项生命指标先天性优良；优育，是指根据生物医学成果，使生命体得到更佳水平的培育及养成。优生更注重生育前及孕育中的干预，而优育是对新生生命的后天抚育。因此，优生优育一直被我国计划生育政策作为一项最基本的工作开展进行。

《中华人民共和国人口与计划生育法》第十一条：人口与计划生育实施方案应当规定控制人口数量，加强母婴保健，提高人口素质的措施。《国家人口发展"十二五"规划》关于推进优生优育工作，提出要求："计划生育优质服务和生育关怀行动普遍开展。全面提升计划生育优质服务能力，加强生殖健康保健，使人人享有生殖健康服

务。"组织实施计划生育生殖健康促进工程，做好健康教育、优生咨询、高危人群指导、孕前筛查、营养素补充等优生服务工作。逐步扩大国家免费孕前优生健康检查项目试点范围，探索建立国家免费孕前优生健康检查制度。建设全国产前诊断网络，推进新生儿疾病筛查、诊断和治疗工作。开展出生缺陷发生机理和防治技术研究，加强出生缺陷防治重点实验室建设。提高助产服务能力，进一步降低孕产妇和婴儿死亡率。十八届三中全会通过的《中共中央关于全面深化改革若干重大问题的决定》提出："坚持计划生育的基本国策，启动实施一方是独生子女的夫妇可生育两个孩子的政策，逐步调整完善生育政策，促进人口长期均衡发展。"这一重要决定是根据我国现实国情与人口结构现状，并在人口科学预测指导下，依随我国经济社会发展阶段性特征做出的人口政策调整，其目标也是为了使人口动态发展与经济社会发展相一致。

《国家人口发展"十二五"规划》要求普及健康教育，提升国民教育水平；加强婴幼儿早期教育；积极发展学前教育，构建"广覆盖、保基本、多形式"的学前教育体系；加强青少年健康人格教育、独生子女社会行为教育。《中华人民共和国国民经济和社会发展第十二个五年规划纲要》提出，积极发展学前教育，学前一年毛入园率提高到85%。巩固九年义务教育普及成果，全面提高质量和水平。基本普及高中阶段教育，推动普通高中多样化发展。中央政治局第二十八次集体学习时，要求"着力提高人口素质，切实加快建设人力资源强国，完善人口发展政策体系，重视婴幼儿早期发展，加强青少年健康人格教育，加强人力资源开发，促进人的全面发展"。

中国计划生育协会、中国福利基金会决定从2006年开始，在全国范围内广泛组织开展生育关怀行动。"生育关怀行动"是人口和计划生育工作落实科学发展观，构建社会主义和谐社会的一个新的探索，是一项聚焦生育行为，造福于计划生育家庭的社会公益性活动。

其标志性的口号是"生育传承希望,关怀相伴和谐"。生育关怀包括五个方面:第一是独生子女发生意外伤亡的空巢家庭;第二是群众的生殖健康;第三是独生子女的家庭教育;第四是女儿的健康成长;第五是在基层工作的计划生育工作者。随着独生子女越来越多,独生子女的教育问题也凸显出来。为了更好地对独生子女进行教育,"生育关怀行动"的任务之一就是独生子女的教育。关怀独生子女教育,尤其是家庭教育;要动员全社会,加强对独生子女的教育,增强其责任意识、道德意识和勤俭意识,促进他们全面发展;要组织开展多种形式的活动,帮助家长根据独生子女特点,探索并掌握适宜的教育方法,与学校和社会共同做好独生子女教育工作。为了解决"看病难、看专家号更难"的难题,为了让更多患者得到"生育关怀","生育关怀行动"也开展了诸如名医义诊活动。

出生人口性别比持续偏高是对优生优育目标的背离,出生性别的人为干预严重破坏了我国优生优育的成果。2005年国家下发了《国务院办公厅转发人口计生委等部门关于广泛开展关爱女孩行动综合治理出生人口性别比偏高问题行动计划的通知》(国办发〔2005〕59号),正式拉开了综合治理出生人口性别比偏高问题的序幕。2006年12月,中共中央、国务院《关于全面加强人口和计划生育工作统筹解决人口问题的决定》进一步明确要求综合治理出生人口性别比偏高问题,运用法律手段严厉打击"两非"。中央政治局第二十八次集体学习时,明确将"综合治理出生人口性别比升高问题,切实促进社会性别平等"作为新时期人口工作的六项重点任务之一,要求依法打击"两非"行为,下大力气解决出生人口性别比偏高问题。国务院制定的《中国妇女发展纲要(2011~2020)》和《中国儿童发展纲要(2011~2020)》都明确提出,要消除对女童的歧视,增强全社会性别平等意识,加大对"两非"的打击力度。2011年8月16日,国家人口计生委、公安部、卫生部、国家食品药品监管局、

总后勤部卫生部、全国妇联等六部门联合召开全国集中整治"两非"专项行动电视电话会议，拉开了当年联合启动全国集中整治"两非"专项行动的序幕。为了促进人口性别结构稳衡发展，各地集中开展整治"两非"活动，一定程度上遏制了人为干预出生性别违法行为。但从现实来看，部分人民群众生男孩的生育偏好还没有得到根本转变。因此，整治"两非"活动要形成长效工作机制，长期坚持下去。

国民收入不断增长，人民生活水平不断提高，优生优育的观念深入人心，并推动生育观念向现代转变。优生优育反过来也有助于家庭生活水平的提高，"望子成龙、望女成凤"的愿望更容易实现。优生优育最终将促进我国人民整体素质大幅度提高，为中华民族伟大复兴提供最强有力的支撑。

（四）致富

家庭有重要的经济功能，不同家庭的经济能力是不同的。"让一部分先富起来"的改革开放政策，激发了每个家庭致富发展的梦想，但是，市场经济的竞争原则也使一部分处于不利竞争地位的家庭在经济社会发展进步的过程中败下阵来，沦为贫困家庭。贫困地区、贫困人口，一直是我国小康社会建设的短板。现在距 2020 年我国全面建成小康社会还有 5 年时间，而全国贫困人口还有 7000 万人，其中 1200 万户家中有病人，因灾致贫或返贫的问题仍然普遍，贫困母亲群体占有相当比重。我国城乡发展差距、地区间发展不平衡以及大量城乡贫困人口的存在，需要政府承担起相应职责，努力构建有助于家庭致富发展的政策体系，使每个家庭都能够分享到经济发展成果。

《国家人口计生委关于开展创建幸福家庭活动试点工作的指导意见》对致富发展活动做出了指示：深入开展"幸福工程——救助

贫困母亲行动"，坚持"小额资助、直接到人、滚动运作、劳动脱贫"模式，对计划生育困难家庭提供资金帮扶，从实用技术、劳动技能、生活能力、信息获取等方面进行培训，扶助开展投资少、风险小、见效快的养殖、种植、农副产品加工等劳动致富项目。全面落实农村计划生育家庭奖励扶助制度、西部地区"少生快富"工程和计划生育家庭特别扶助制度。关注城镇困难家庭，创造条件促进就业创业。关爱流动人口家庭，促进公共服务均等化。发扬敬老、养老、助老的良好社会风尚，加强公益性养老服务设施建设，探索建立"公建民营"的养老机构，努力让计划生育家庭得实惠、有保障。为了更好地促进计划生育女儿户致富发展，《国家人口发展"十二五"规划》要求"指导村（居）民自治组织修订完善自治章程或村规民约，在扶贫济困、慈善救助、贴息贷款、就业服务、项目扶持、村集体收益分配等方面对计划生育家庭女儿户予以倾斜"。十八大报告从改善民生出发，指出要不断提高人民生活水平。报告提出当前"城乡就业持续扩大，居民收入较快增长，家庭财产稳定增加"。为保证每一个孩子都能够接受良好教育，报告要求"提高家庭经济困难学生资助水平"。《国家卫生计生委关于深入开展创建幸福家庭活动的通知》提出："解决计生家庭实际困难，提高家庭发展能力。从稳定家庭基本功能入手，在优生优育、家庭教育、子女成才、抵御风险、生殖健康、家庭致富以及养老保障等方面，推动建立和完善有利于家庭发展的政策体系。实施幸福工程、生育关怀等项目，加大对贫困计生家庭的帮扶。着力解决独生子女伤残死亡家庭现实困难，为其提供生产帮扶、经济补助、志愿服务、精神慰藉、临终关怀等支持。创新流动人口服务管理，推进流动人口卫生计生基本公共服务均等化，保障流动人口和家庭的生存发展权利。"《国家卫生计生委关于全面开展创建幸福家庭活动的通知》进一步以"加强资源整合，帮扶家庭致富。针对家庭在生产、生活、

生育等方面存在的不同困难和问题，协调动员社会资源切实开展扶贫济困、致富发展工作。整合扶贫项目资金，开展医疗救助，减少因病致贫、因病返贫；组织生产经营项目、资金和技术进街道社区，进村入户，积极构建'扶持、优惠、保障、奖励、资助、关怀'政策体系，提供个性化、多样化的脱贫致富支持；支持城乡家庭特别是计划生育困难家庭发展生产、勤劳致富，实现收入增加、生活宽裕、富足祥和、安居乐业。进一步完善计划生育家庭奖励扶助和特别扶助制度，着力帮助解决计划生育特殊家庭的现实问题。重视计划生育家庭养老问题，优先纳入社会养老服务体系。对失能老人家庭、残疾人家庭、流动人口家庭和留守家庭等，给予针对性的扶助关爱，努力让所有家庭共同发展"为主要工作任务。《国家人口发展"十二五"规划》提出的民生保障目标指出："社会就业更加充分，城镇登记失业率控制在5%以内，城乡居民收入大幅提高，家庭发展能力得到增强。覆盖城乡居民的社会保障体系建设加快推进，社会养老服务体系基本建立，养老服务能力明显提升。贫困人口显著减少，残疾人社会保障体系和服务体系框架基本建立，生活状况得到进一步改善。"为了实现稳定低生育水平的人口政策目标，《国家人口发展"十二五"规划》要求"全面落实法律法规规定的计划生育家庭奖励优惠政策。促进经济社会相关政策与人口计生政策的有机衔接，在就业、社会保障、扶贫开发、征地补偿、集体收益分配等方面，制定对计划生育家庭的倾斜政策。进一步完善以计划生育家庭奖励扶助制度、少生快富工程和特别扶助制度为主的优先优惠政策体系，扩大范围、提高扶助标准并建立动态调整机制"，并逐渐实现"以计划生育家庭奖励扶助制度、少生快富工程和特别扶助制度为主体的利益导向政策体系初步形成"。家庭致富发展的能力需要各项政策形成合力，《国家人口发展"十二五"规划》指出"进一步完善人口计生、人力资源开发、男女平等、人口老龄化以及人口迁移流动等方面政策，制定促进家庭发展、主体功能区建设等方面的人口配套政策，加快形成统筹解决人口问题的政策体系"。在解决人口问题的过程中，注重保障和改善民生，提高家庭发展能力。

家庭是社会的细胞，母亲是家庭的核心，没有幸福的母亲，就没有幸福的家庭，没有千万个幸福的家庭，就不会有社会的祥和与安定。帮助了一个贫困母亲，就是帮助了她的家庭，帮助了她的后代，也推动了贫困地区的发展。为此，中国人口福利基金会于1995年2月，联合中国计划生育协会和中国人口报社共同发起了"幸福工程——救助贫困母亲行动"公益项目。帮助贫困母亲脱贫致富，不仅能够改变贫困母亲本人一生的命运，促进家庭的幸福，还能够促进社会的和谐与稳定。20年来，"幸福工程"作为创建幸福家庭活动致富发展的典型项目，累计筹集善款11.89亿元，从国家领导人到普通百姓，都慷慨解囊。其中，中央直属机关和中央国家机关干部职工连续18年为贫困母亲献爱心、送温暖，累计捐赠善款7125万元，设立结对项目点151个，救助贫困母亲8万余名。国家计划生育工作主管部门每年都部署宣传救助贫困母亲活动，保证了这项工作的持续开展。作为联合发起单位的中国计生协和中国人口报社依托行业优势，结合"五关爱""生育关怀"等活动，通过专题、专人组织参与等方式，促使项目救助规模和社会影响不断提升①。在具体的项目实施过程中，幸福工程贴近群众的工作网络和针对需求的救助内容，增强了幸福工程的辐射带动力。各级计划生育协会组织健全、会员众多、

---

① 社会各界的款物捐赠和爱心人士的无私奉献，铸就了幸福工程的持续保障力。如老牛基金、龙湖地产、国开行北京分行、同仁堂、托德斯、欧莱雅、中恒制药、奇正藏药、西安送变电、瑞德保尔矿山股份、朵唯等爱心企业，积极履行社会责任，定向捐赠款物折合人民币5000余万元。还有陈君实、李弘、林杰生等一大批爱心人士定期或不定期地捐款捐物，平均每年都在50万元以上，成为幸福工程可持续发展的源头活水和激励贫困母亲发家致富的无穷动力。

群众工作经验丰富，不仅是执行项目的重要依托，而且是实现"三治（治穷、治愚、治病）"目标的有力保证。多年来，广大基层幸福工程工作者（志愿者）将具有脱贫决心和发展能力，愿意通过自己辛勤劳动实现幸福梦想的贫困母亲组织起来，选项目、投资金、送技术、搞经营，举办文化、劳动技能培训21391期，帮助她们解决想富、敢富、会富、能富的问题。中国人口福利基金会发挥公益慈善组织特色优势，为基层计生服务站捐赠了大批医疗设备和药品，辅助开展关爱女性健康、生殖健康援助等公益项目，累计为223.3万名贫困母亲提供义诊咨询，普查普治常见妇科病76.6万人。各地幸福工程组织立足实际、创新发展，形成了各具特色、创先争优的良好局面[①]。"幸福工程"以"小额资助、直接到人、滚动运作、劳动脱贫"的运作模式，通过项目救助，激发贫困母亲参与生产劳动的热情，树立自尊、自信、自强、自立意识。掌握劳动技能，通过自身的劳动增加经济收入，提高社会地位。在实践的基础上，"幸福工程"不断创新，探索了多元化的救助方式：庭院经济、规模救助、民企共赢、互助合作、结对救助。"幸福工程——救助贫困母亲行动"公益项目取得了良好的效果：家庭收入增加，脱贫率高；增强了贫困母亲的市场意识和经营意识；促进了精神文明建设，提高了家庭幸福指数，有助于社会和谐；提高了贫困母亲的信用水平；生育观念发生变化，计划生育成为更多人的自觉行动等。以幸福工程为代表的创建幸福家庭活动的致富发展也由此得到了政府社会的认可。

---

① 如北京市市财政贴息8000万元，拉动金融机构贷款12亿元，先后帮助5万户贫困家庭增收致富；上海市把幸福工程项目与区域经济有机结合，建立了45个种（养）殖基地，救助贫困母亲9000多名，脱贫率、还款率高达100%；福建的"公司（基地）带农户"、贵州的"万千才富"行动、河北易县的"小额信贷"、内蒙古喀喇沁旗的"幸福工程可持续发展模式"等，保证资金投入，扶持受助家庭致富发展并回馈带动，促进了项目自给自足、良性循环。

（五）奉献

家庭美德是社会主义精神文明的重要内容，而奉献精神是家庭美德的重要表现。"只要人人都献出一点爱，世界将变成美好的人间"，歌词温暖而甜美，正表明了社会的文明进步离不开每个家庭对社会的奉献。奉献社会的家庭美德有助于社会互助精神的发扬，增进社会的凝聚力，实现社会和谐。

2015年春节团拜会，习近平总书记发表重要讲话。他强调，中华民族自古以来就重视家庭、重视亲情。家和万事兴、天伦之乐、尊老爱幼、贤妻良母、相夫教子、勤俭持家等，都体现了中国人的这种观念。家庭建设是国家发展、民族进步、社会和谐的重要基点。中国共产党第十八次全国代表大会报告，谈到全面提高公民道德素质时，提出"这是社会主义道德建设的基本任务。要坚持依法治国和以德治国相结合，加强社会公德、职业道德、家庭美德、个人品德教育，弘扬中华传统美德，弘扬时代新风。推进公民道德建设工程，弘扬真善美、贬斥假恶丑，引导人们自觉履行法定义务、社会责任、家庭责任，营造劳动光荣、创造伟大的社会氛围，培育知荣辱、讲正气、作奉献、促和谐的良好风尚。深入开展道德领域突出问题专项教育和治理，加强政务诚信、商务诚信、社会诚信和司法公信建设。加强和改进思想政治工作，注重人文关怀和心理疏导，培育自尊自信、理性平和、积极向上的社会心态。深化群众性精神文明创建活动，广泛开展志愿服务，推动学雷锋活动、学习宣传道德模范常态化。"家庭责任的内涵就包含奉献社会，奉献社会是每一个家庭的义务。《中共中央关于全面推进依法治国若干重大问题的决定》提出，大力弘扬社会主义核心价值观，弘扬中华传统美德，培育社会公德、职业道德、家庭美德、个人品德，以实现以德治国与依法治国相结合。《国家卫生计生委办公厅关于开展"新家庭计划——家庭发展能力建设"项目

试点工作的通知》指出，"新家庭计划——家庭发展能力建设"项目目标之一为"尊老爱幼、男女平等等家庭美德得到弘扬，家庭关系更加和谐，社区环境得到优化"。《国家人口发展"十二五"规划》要求开展创建幸福家庭活动，大力弘扬尊老爱幼、邻里互助的社会风尚。

改革开放以来，收入分配差距扩大，贫富不均的家庭间结构形成。有的家庭成了改革开放的极大受益者，有的家庭却为改革开放做出了巨大牺牲。社会上一些富裕家庭的不良生活消费习惯，"炫富""跋扈""骄纵""任性"等严重伤害了贫弱家庭，"仇富"心理、"麻木"、"冷漠"等成为人们之间关系的一种症候。由于先富起来的家庭缺乏责任意识，社会大众间缺乏沟通、交流，已经造成整个社会出现巨大裂痕，社会凝聚力下降。同时，经济发展水平的提高，西方欧美时尚潮流进入，改变了一些民众的家庭观念，出现了如"小三""钱色交易"等损害家庭稳定的行为，大量离婚家庭也带来了一系列社会问题。富裕家庭的不良消费习惯，与贫弱家庭的现实困境，正可以通过社会奉献这个志愿机制发挥作用，必将产生积极的社会效用。

我国是一个自然灾害频发的国家，每年因为受灾而陷入生活困境的民众数以千万计。为了更好地发挥民间资源，帮助政府援助受灾民众，各种灾难救助活动日益活跃起来。汶川地震、舟曲泥石流、云南鲁甸地震、2008年南方罕见雨雪冰冻灾害等，都出现了民众捐钱、捐物、提供志愿服务的高潮，显示了中华民族团结一致、奉献社会的高尚情怀。民众参与灾害救助发挥了社会互助的强大功效，补充了政府救灾救助资源及人力不足状况，促进了人人奉献的社会氛围形成。"幸福微笑——救助唇腭裂儿童"项目、"幸福工程——救助贫困母亲行动"项目、"生育关怀行动"等顺利开展，其资金来源构成中就有社会人士、普通家庭、平民百姓等的积极参与提供，体现了大家奉献社会的慈爱之心，起到了帮扶弱势人群、凝聚社会、团结和谐的作用。

　　《国家人口计生委关于开展创建幸福家庭活动试点工作的指导意见》指出，奉献社会是创建幸福家庭活动的主要内容之一。奉献是幸福家庭的价值体现。强化家庭成员的公民意识和感恩情怀，增强家庭责任感和社会凝聚力，形成人人乐于扶危济困、见义勇为、养老助残、邻里互助、回报社会的良好道德风尚。《国家卫生计生委关于深入开展创建幸福家庭活动的通知》明确指出："加强计划生育基层基础工作，提升服务管理能力。加强卫生计生队伍建设，提高各级卫生计生工作者依法行政和服务家庭发展的能力和水平。试点地区要加强信息平台建设，充分运用信息化成果。深入开展'阳光计生行动'，充分发挥各级计生协组织作用，开展基层群众自治，引导计生家庭自我教育、自我管理、自我服务。鼓励有条件的地方成立人口福利基金会，提高资金募集和项目执行能力。"《国家卫生计生委关于全面开展创建幸福家庭活动的通知》进一步提出："强化社会责任，引领家庭奉献。通过强化家庭的自我教育、自我要求，培养家庭的责任意识、感恩情怀和回报愿望，正确对待小家与大家、个人与社会的关系，实现家庭道德修养的自我升华。鼓励率先过上富裕幸福生活的家庭，以先富带动后富，以先发展带动后发展，带动大家走共同富裕的幸福之路。组织开展形式多样的幸福家庭创先争优活动，树立推出典型模范，宣传学习先进事迹，让幸福家庭的奉献付出影响带动邻里、社区以至全社会。努力让每个家庭成为扶弱济困的慷慨解囊者，见义勇为的正义维护者，热心公益事业的志愿者，构建和谐社会的建设者，通过爱心温暖他人，通过行动奉献社会。通过开展创建活动，引领'我为人人、人人为我'的社会道德风尚，努力实现个人为家庭奉献、家庭为社会奉献，全社会关爱每个家庭、每个家庭得到全面发展的良性循环。"

图 3 – 1 说明了创建幸福家庭活动与政府上位决策之间的关系，而围绕以上五个主题所开展的多项活动，已经取得了实际效果。显然，创建幸福家庭活动设计的初衷与国家的民生大计吻合，也符合中国家庭的发展情况和共性需求。在全国上下努力实现 2020 年全面小康的征程中，对社会和谐与家庭幸福的探索与追求中，幸福家庭工程准确找到了工作切入点，抓住了家庭这一社会最富有活力的细胞，为家庭可持续发展能力提供政策体系支持，无疑是一项切实改善并保障民生的察民情、得民心、顺民意的工作。

三　普惠加特惠使计生家庭全面受惠

当前，创新社会管理和服务民生是各级政府的主要任务。在创建幸福家庭活动试点工作中，很多试点地区将这项活动纳入党委政府的统筹规划中，围绕"文明、健康、优生、致富、奉献"主题，开展"宣传倡导、健康促进、致富发展"三大活动，并且将创建活动纳入重大事项的考核范畴，主管领导亲自部署，相关部门密切合作，广大群众参与其中，产生了良好的社会效果。具体来说，创建幸福家庭活动从以下几个方面普惠特惠服务计生家庭。

第一，宣传倡导，重视优生优育。创建活动加大宣传倡导力度，引导群众依法生育，营造良好舆论氛围。一方面完善家庭相关服务的机制，另一方面加大人员、资金、设备和技术投入，进一步完善工作网络和公共服务体系。积极推进免费孕前优生健康检查工作，有效降低出生缺陷发生。注重婴幼儿早期综合发展，普及科学育儿知识。

第二，切实解决计划生育家庭实际困难，提高家庭发展能力。创建幸福家庭活动从稳定家庭基本功能入手，在优生优育、家庭教育、子女成才、抵御风险、生殖健康、家庭致富以及养老保障等方面，开展形式各样的项目，推动建立和完善有利于家庭发展的政策体系。实施幸福工程、生育关怀等项目，加大对贫困计生家庭的帮扶。着力解决独生子女伤残死亡家庭现实困难，为其提供生产帮扶、经济补助、志愿服务、精神慰藉、临终关怀等支持。此外，创新流动人口服务管理，推进流动人口卫生计生基本公共服务均等化，保障流动人口和家庭的生活。

第三，以科学规范的项目运作和管理方式，并引入第三方评估机制，保证创建幸福家庭活动的品牌效应。创建幸福家庭活动引入现代公益理念与模式，整合社会资源，打造网络平台，以创建幸福家庭为目标，提高家庭发展能力为重点，促进幸福工程与新家庭计划、幸福微笑、幸福书屋、幸福在他乡、生殖健康援助行动等公益项目有机融合、相得益彰，实现各种幸福项目之间的自我良性循环。多年来，除经常组织主管领导到项目点考察，进家入户了解项目运行状况之外，还引入第三方评估机制，先后邀请国务院发展研究中心等专业机构对项目绩效进行综合评估，推动可持续发展。

创建幸福家庭活动作为我国实行计划生育基本国策和扶贫开发工作的有益补充，围绕计划生育家庭，特别是计划生育贫困家庭、特殊家庭，做了大量有益的工作，取得了显著成效，逐渐成为服务卫生计生工作大局的得力载体和受广大群众欢迎爱戴的公益品牌。

四　创建幸福家庭活动的社会效益和经济效益

根据我们对"活动"的经济效益的评估，从经济角度而言，"活动"带动的受助家庭人均年增加收入、带动脱贫人数和带动就业人数基本都呈逐年增长的趋势。创建幸福家庭活动有效推动了扶持家庭政策从救济型向创业型转变，提高了家庭"造血"功能，促进了家庭脱贫致富。同时，"活动"促进了养老、家政等居民服务业的发展，卫生、社会保障和社会福利业以及文化产业的发展。从投入产出

比进行分析可以看出，创建幸福家庭活动所产生的经济贡献可达到同期财政投入的百倍，即"活动"财政投入1元可以产生几百元的经济贡献。这表明，在"十二五"期间，"活动"财政投入还正处于边际产出快速递增的阶段。就经济学角度而言，这种状况说明及时到位地追加财政投入，将进一步增加"活动"的经济产出，而且其公益性功能也能得到更好发挥。由于"活动"的财政投入增速较经济产出增速低，多数地区充分发挥"活动"的效应所需的财政投入的缺口仍然很大。所以，大力追加对"活动"的财政投入是全面发挥"活动"的效应，提高家庭发展能力的当务之急。

对"活动"所产生的社会贡献评估显示，"活动"在促进人口素质提高、居民健康水平和基本公共服务水平提升方面具有明显的作用。这主要是各地在"文明倡导""健康促进"和"优生优育"方面开展的活动比较多，取得的成效也比较明显。"活动"在一定程度上促进了社会稳定性的提升和支持"活动"开展的社会投入，但还非常有限，主要是由于"活动"针对计划生育特殊家庭，尤其是计划生育特殊家庭的投入以及针对计划生育特殊家庭养老和医疗方面的项目还非常不足。对"活动"典型案例的分析评估同样表明，"活动"针对计划生育特殊家庭的效应还没有充分体现出来，这样创建幸福家庭活动的最重要的社会效益和这个活动的不可替代性并没有充分显现出来。此外，"活动"典型案例的分析评估还表明，开展情况较好的城市在标准化、延续性方面做得相对较好，这也是各城市在下一步"活动"开展中应注意的方面。

五 以创建幸福家庭响应计生工作转型：起点长春的再考察

当前人口与计划生育形势正在发生重大转变，这种转变是基于我国的人口数量、素质、结构、分布问题，必须实施人口长期均衡发展的战略。在这样的局势下，一方面坚持计划生育基本国策具有十分的必要性，对一些误解误读调整完善生育政策的社会舆论必须清晰谨慎地对待与区分；另一方面需要结合调整完善生育政策的渐近性，加快机构改革，积极探索卫生计生资源优化整合，加强基层基础工作，积极推进服务管理改革。2015年7月中旬，国家卫生计生委副主任崔丽在山西开展计划生育工作综合调研时指出，贯彻落实中央精神，坚持从实际出发，保持战略定力，准确研判，稳定求进；要认识到计划生育工作转型发展的紧迫性，以全面深化改革为统领，顺应时代要求和群众期待，推进工作思路和方法的创新，不断完善计划生育的治理体系。这几句话非常明确地肯定了人口均衡发展的重要性，计划生育工作要转型发展，创建幸福家庭活动的立意目标非常符合当下转型思路，特别是针对提升计划生育家庭的发展能力的项目，尤以计划生育特殊家庭的扶助关怀工作为重点。

全国创建幸福家庭活动于2011年5月启动以来，从试点城市开展到全面开展，经历了两个阶段，取得了一定的阶段性成果。各地试点城市围绕"文明、健康、优生、致富、奉献"重点内容，以宣传倡导、健康促进、发展致富等活动为载体，以社区服务为出发点，整合资源，开展了丰富多样的项目，涌现出一批先进典型，发挥出示范带头和辐射带动作用。国家卫生计生委决定从2015年起，在全国建立一批创建幸福家庭活动示范市，通过引导、示范，鼓励基层探索创新，推动创建幸福家庭活动持续健康发展。因此，创建幸福家庭活动开始进入建立创建幸福家庭活动示范市的新阶段。

长春是创建幸福家庭活动的起点城市。这几年来长春市的实践证明，创建幸福家庭已经成为社会建设和民生工程的重要内容和有效载体。结合"建设幸福长春"、让城乡居民生活更加美好的具体目标，长春市深入开展创建幸福家庭活动展现出强大的动力，以及搭建了较

多新颖的项目平台。长春市积极落实国家部署，实现了试点起步、推介迈步、深化跨步的"三级跳"，目前形成了市有决定、县有方案、乡有办法、村有计划、户有行动的"五有"格局。长春的创建活动具有两个方面的积极贡献。第一，高位统筹，落实创建责任。长春成立了以市委书记为组长、市长为副组长、22个部门和社会团体为成员单位的建设"幸福长春"工作领导小组，下设办公室。创建"幸福家庭"活动作为"幸福长春"的重要内容，得到了有效的组织保障。还以关注民生，服务家庭为导向开展活动。2013年全市的民生工作全面向"幸福长春"建设转型，在当年承诺的"幸福长春行动计划"92件实事中，有62项惠及家庭。"幸福长春"这一民生盛宴为"幸福家庭"创建提供了更多的内容、更大的空间，基层的创建热情和群众参与积极性普遍增强。第二，协同发展，彰显创建特色。长春的创建活动，具体将建设幸福长春、幸福村组、幸福社区，创幸福之家"三建一创"活动统筹安排。在农村，实施收入倍增计划，通过创办就业、培训、创业基地等模式，吸引家庭参与，参与面达到100%。在城区，以社区为单位，推行网格化社会治理，每个网格覆盖500~800个家庭，将工作细化到每个网格。同时，依托家庭解忧网，为居民提供信息咨询等便民服务，切实提高居民幸福指数。到2013年，长春已连续6次获得最具幸福感城市殊荣。此外，长春的创建活动与解决特殊家庭面临的困难相结合，彰显人文关爱特色。针对低保家庭，在市级定点医院住院治疗时只收总费用的10%，其余90%由保险、慈善和政府承担；针对空巢家庭，市区实现了日间照料站"全覆盖"；针对计生特困家庭，优先办理低保4237户，优先入住廉租房692户；针对"零就业"家庭，采取"订单式培训"，培训6955人，提供小额贷款3844万元；针对流动人口，成立458个学后驿站、180个温馨港湾、229个爱心家园；针对"看病贵"问题，将8种慢性病门诊医药费按照住院待遇补偿，将61种慢性病定点医院报销比例提高到60%。

下一步，在"十三五"期间，创建幸福家庭活动示范市可以回到长春再调研再挖掘，重点考察两个方面的内容。一是如何将创建活动与提升计划生育家庭发展保障能力，完善利益导向政策体系相结合。因为客观的原因，计划生育家庭的养老保障、独生子女伤残死亡家庭的社会保障、"四术"后遗症的医疗保障等问题，还没有完全落实到位。要尽可能地争取上级政策支持，加大扶持资金的倾斜，解决财政紧张投入不足的实际困难，提高对残疾人家庭、重病家庭、空巢老人等特殊计生家庭的奖扶力度。实地调研长春市的创建活动组织计生家庭开展人文关怀服务活动方面的一些可以值得借鉴与推广的举措。比如，如何给予计划生育特殊家庭在精神上的鼓励、心灵上的慰藉；如何保障这些家庭的合法权益，提供可能的帮助，增强计生特殊家庭的发展能力。二是长春如何将幸福家庭、幸福社区、幸福城市"三管齐下、多轮驱动"，实现创建幸福家庭活动全人口覆盖。具体考察长春怎样将这一活动纳入政府基本公共服务范畴，落实到所有的村组和社区，确保计生家庭优先分享创建活动成果，是否有一些特别的举措和监督手段。人口问题的实质是人口发展的不均衡，探索人口计生工作转型发展新途径，必须坚持统筹解决人口问题，要充分认识人口在经济社会发展中的基础性地位。以创建幸福家庭活动为载体，在具体实施方略中坚持深化改革，与时俱进，服从服务于改革发展的大局，不断创新思路、机制和方法。

B.4

第四章

对创建幸福家庭活动的第三方评估

本章要点

1. 对创建幸福家庭活动的实施成效引入第三方的评估机制，具体方法可以归纳为"一统二类六评"：一个地区的相关宏观统计数据为背景资料；定量和定性两大类方法（专家打分和案例分析）；评在量化指标上，实行"评城市、评项目、评工作、评投入、评带动、评满意"六大方面若干条目的聚类评估。此外，强调与卫计系统"十二五"规划完成情况进行对比分析。

2. 创建活动开展四年多以来，设计项目合理、基层实施到位、带动资金不少，但因为总量不够，使得项目覆盖面不尽如人意。课题组建议，未来应多发挥中央项目资金的作用，加大种子性资金的投入，同时针对其他普惠公共服务难以收到明显效果的特殊家庭进行专门的项目设置。

一　第三方如何评估创建幸福家庭活动

（一）第三方评估创建幸福家庭活动的必要性

在我国家庭发展需求总量迅速增加，家庭领域的相关社会管理和公共服务质量要求不断提升，但是在公共财政能力有限的大背景下，各地政府通过组织开展创建幸福家庭活动，推动家庭服务供给主体多元化与多样化。然而，经过四年多的尝试，创建幸福家庭活动在各试点城市到底实际效果如何，影响了多少人群，带动了多少资金，还有哪些重要的家庭发展需要没有被活动覆盖到等，都成为需要认真思考的重要问题。第三方评估成为一种非常必要的制度安排。

2014年可谓中国第三方评估元年。2014年8月，李克强总理主持召开国务院常务会议，对所作决策部署和出台政策措施落实情况开展第一次全面督查。为听得到"丰富真实、原汁原味的第一手情况"，在自查和实地督查基础上引入第三方评估，国家行政学院、国务院发展研究中心、全国工商联等单位和科研评估机构承担了评估工作。国务院领导听取了针对这些问题的政策落实情况第三方评估汇报。李克强总理强调，"要用第三方评估促进政府管理方式改革创新"，并且明确指出"过去评价政府工作做得好不好、是否落实到位，往往通过主管部门自我检查、自我评价。这就造成了'自拉自唱'，自己给自己'唱赞歌'，和群众的实际感受往往有较大差距。有关部门要逐步尝试，将更多社会化专业力量引入第三方评估，进一步加强对政策落实的监督、推动，不断提高政府的公信力"。在国务院层面上对一些重点政策的执行情况进行第三方评估，这一重大的创新是一个积极的信号，表明第三方评估将成为政府管理事务中一个常态化工作。

2014年10月召开的十八届四中全会审议通过的《中共中央关于全面推进依法治国若干重大问题的决定》提出，"明确立法边界，对争议较大的重要立法事项，由决策机构引入第三方评估"。这意味着第三方评估将在中国逐步铺开，全面发展起来。正如李克强总理的总结所言："今后第三方评估要吸纳更加广泛的社会力量积极参与，使问题论证更加客观、科学、实事求是。同时，评估也要进一步扩大范围。对各项重点工作，不管是事前决策、事中执行还是

事后评价，都可以引入第三方评估，使各项工作真正形成合力。政府工作中存在的问题不要怕'晒'。政府既要自觉接受人大、人民政协和社会舆论的监督，也要建立第三方评估的常规机制，推动建立决策、执行、监督既相对分开又相互制约的现代行政运行机制，推进职能转变，打造现代政府。"第三方评估对于推动改革，推进政府职能转变，转变政府作风，特别是对于解决在建立社会主义特色市场经济过程中存在这样或者那样的现实问题，在未来国家的发展中将发挥更大作用。

过去第三方评估机制主要用来对政府部门及政府行政行为的评价和监督，目的在于促进政府信息公开，规范政府部门行为和提升政府绩效。随着国务院将第三方评估作为一种长效机制建立起来，创建幸福家庭工作这类以政府为主导的组织活动也应该尝试采纳第三方评估机制的理论和方法。

（二）以2014中国家庭幸福感热点问题调查作为评估基础

本研究以2014年中国家庭幸福感热点问题调查成果作为评估基础。该项目由中国人口宣传教育中心、中国社会科学院人口与劳动经济研究所联合组织实施。调查主要按照不同地区经济、社会和人口发展状况，抽取江苏、湖北、陕西三个省的9个县级单位作为全国概率抽样样本点，采用调查员直接入户方式进行现场调查。实地调查每个省样本量1200份，总样本量为3600份。本次调查共获得成年人有效样本3439份。另外还与新华网合作进行了网络调查，收集到的有效样本量为16149份。调查显示，2014年中国城乡家庭幸福感均显著高于去年，感觉不幸福的家庭比例较2013年显著降低。2014年家庭幸福感标准化得分（6.83分）要比2013年（6.22分）高出0.61分，增加幅度高达9.78%。感觉幸福的家庭比例从2013年的75.28%上升到2014年的

76.37%，提高了 1.09 个百分点。其中，感觉非常幸福的家庭比例从 2013 年的 18.19% 上升到 2014 年的 21.98%，提高了 3.79 个百分点。全国感觉不幸福的家庭比例为 1.77%，显著低于 2013 年的 2.28%。该调查数据还展示出家庭幸福感较高的人群特征是：健康状况良好，社会交往融洽，社会信任度高，拥有较高安全感，家庭收入较高以及受教育程度较高。家庭幸福感是一种多层次、多内涵的综合判断，既受家庭成员收入、受教育程度及健康状况的影响，更与社会交往状况、社会信任度和安全感密不可分。健康、和睦、安全、小康成为城乡居民的共同追求。这与创建幸福家庭活动的五大主题不谋而合。

从 2014 年中国家庭幸福感热点问题调查可以看出以下几个重要方面将影响人们对幸福的感知。第一，改革与惠民的重大举措。新的中央领导集体务实坚定，党和政府实施一系列促改革、惠民生的重大举措，正风肃纪、严厉惩治腐败大得民心，各项民生和社会保障政策已经取得初步成效，以及中国在国际社会的影响力显著提升，使人民群众感受到了"中国梦"给他们带来的希望和热情，从而增添了幸福感。第二，以社会建设为主题的社区融合与人际交往对家庭幸福感具有重要影响。随着社交规模扩大，居民通过其获得的各种资源变得更为丰富，十分有利于家庭幸福感的提升。同时，能够提供政治资源或经济资源的社交对象，对家庭幸福感的影响力也不容忽视。城乡居民在遇到重要社会问题时，最愿意咨询和寻求帮助的社会关系是由家人、亲戚及朋友组成的咨询网。同时，家庭成员是咨询网中的重要人物，家人能提供最有效用的帮助。第三，当前所谓的"信任危机"确实存在，但并不是对政府的不信任，而是民众对某类人群或某具体事件的低信任。该调查显示，社会大众对各制度性组织的信任比较一致，信任度较高。民众对政府持信任态度的比例达到 80% 以上，政府符合民众的"好政府"预期；民

众对居委干部、对医生的信任度也很高，均达90%左右。不过，商人或商业组织、外来人口、陌生人、网络信息等获得的信任度则相对较低。

通过该调查我们得知影响中国家庭幸福的维度是多方面的，从另一个角度说，创建幸福家庭活动也具有多种实际用途与帮助，本研究的评估方式并不能依据传统的用途采用分解单独分析的方式。在这种情况下，本研究采用多目标系统分析法，即从整体角度分析创建的效用与成本、效益与费用，通过多种方式、多条途径相结合的评估方法，考察创建活动在社会效益和经济效益等综合收益和成本方面的效用比。

（三）第三方评估创建幸福家庭活动的原则与方法

第一，在"对活动受益者和服务提供者同等重视"的原则下，本课题组采用鼓励服务提供者参与的评估方法。以往的第三方评估一般是由第三方评估机构主导的，完成"设定评估程序，制定评估标准，实地调研收集资料，对评估结果进行评价，形成对策和建议"这样一套评估流程。整个过程主要由第三方评估机构单独进行，只是注重对活动受益者的问卷调查和案例访谈，并且在给出评估意见后即表示评估结束。在这种传统的评估方式下，被评估组织和部门作为"第一方"只是被动地接受评估结果，较少能够在评估过程中，结合工作体会来表达自身的想法。由于活动受益者并不完全了解服务提供者的一些现实困难，而给出缺乏"第一方"参与的批判意见往往并不被"第一方"所接受，这样的第三方评估流于形式，其结果也不完全具备参考和借鉴的意义。因此，本课题组采用鼓励服务提供者参与的评估方法，虽然评估主体过程依旧是由第三方评估机构起主导作用，但是积极吸引幸福家庭的活动主办方的参与，请他们利用自身的工作经验和信息优势，向第三方评估机构提供建议参考，从参与评估标准的制定到获取当地的数据资料，以及最后评估结果的形成，整个评估过程中体现出服务提供者的真实意志，如此做法更利于将评估结果进行转化利用。而且，出具评估结果并不意味着第三方评估过程的完全结束，第三方还将利用在评估过程中获得的第一手资料帮助服务提供者改善自身存在的缺陷，提升活动力度和效应，实现促进幸福家庭活动在"十三五"期间内更好实施的最终目标。

第二，在"因地制宜聚类分析"的原则下，本课题组对创建幸福家庭活动采取分类分项的评估模式。由于首批试点地区数量较多，各地区在"活动"的五个主题下启动的项目种类繁多且各具地方特色，投入资金来源的渠道众多，各个项目开展的起点和持续时间也各不相同，因此要在统一的标准体系下对 32 个试点地区开展量化评估并非易事。为使评估结果最大限度地体现"活动"试点工作的成效，增强可比性，针对上述三方面评价内容，我们重点选用了纵向比较和横向比较两种评估方法。纵向比较主要是评估"活动"的开展是否在投入和覆盖人群方面完成了既定目标；横向比较则是选择重点城市、可比项目、限定效益来进行比较，这种比较有规范的技术路线，有比较全面科学的效益分析（如社会效益、直接经济效益、间接经济效益等）。

创建幸福家庭活动是一项系统工程和长期任务。自 2011 年开展以来，整个活动科学谋划、分步实施。"十二五"期间的工作进程分为三个阶段：第一阶段是启动阶段，主要是试点工作（其中第一批试点 32 个，第二批 108 个），各试点单位抓好落实，坚持推进，以"三大活动"为主开展活动。第二阶段是深化阶段，创建活动在全国范围内全面铺开，全国范围内推广活动，开拓创新，不断将活动引向深入。第三阶段是评估阶段，主要工作是评估示范。2015 年 8 月起，在各试点单位中每个省一个名额，选出示范市。总结试点经验，研究

安排下一阶段任务。本报告的评估主要是针对第一阶段的试点工作评估，但由此发现的问题，并提出的政策建议与上述三个阶段的工作都有相关。

由于对各试点城市的创建幸福家庭活动进行评估建立在对幸福家庭活动本身科学分类的基础之上，不同地区和不同类型的活动项目其目标不同，发展侧重点各异，在评估过程中呈现出活动内容非标准化、社会经济效益全面但间接、各城市基础不一和人群需求差异、数据基础薄弱这四个方面的难点，本课题组采取多种方式、多条途径相结合的评估方法，考察创建幸福家庭活动在首批试点工作中的成效，以及对比一些相关评估。

具体而言我们的评估分为以下几个步骤。

①选取试点城市①。基于各地区的经济发展水平和户籍人口数量，应用聚类分析，再结合各地反馈资料的完整性，我们从第一类中选取三个地区，从第二、三、四类中各选取一个地区进行重点评估。

②选取评估项目。创建幸福家庭活动开展以来，各地围绕"文明、健康、优生、致富、奉献"的主题，因地制宜，开展了形式多样的项目。评估报告详细展现了部分城市在创建幸福家庭的五个主题下开展的主要活动②。我们具体结合"规定动作"和"自选动作"两大类对围绕五个主题词的活动进行分类③。

③对试点城市的活动完成情况评估④。根据"活动"的总体目标和主要内容，通过发放调查表全面了解试点地区的社会经济发展和"活动"开展情况，选取与"活动"主题密切相关且具代表性的指

---

① 对于评估城市的选择详见评估报告第二章的相关内容。
② 对于评估项目的选择详见评估报告第二章表评 2-3 至表评 2-7 的列表说明。
③ 对于围绕五个主题词展开的"规定动作"和"自选动作"两大类活动分类参见评估报告中的表评 2-8。
④ 对于试点城市的工作评估结果详见评估报告第二章第 2 节的相关内容。

标，评估各试点地区工作开展的总体情况。由于"文明倡导、健康促进、优生优育、致富发展、奉献社会"五个方面的内容有虚有实，且不同试点城市开展活动差异较大，我们运用专家打分法从项目的组织管理、资金管理和实施情况及其效果三个方面对 32 个试点城市"活动"的完成情况进行评分。

④活动相关投入情况的评估[①]。在试点工作完成情况评估的基础上，选择数据条件较好、项目成效显著的典型地区，依据经济学、社会学理论定量评估试点工作开展以来取得的社会经济效益，测算带动比。

⑤活动满意度情况评估[②]。我们选取活动开展效果好的，且基础资料丰富的四川省德阳市和安徽省铜陵市这两个城市，进行现场调研获得相关信息，做出活动满意度评估。关注与"活动"主题密切相关且较具代表性、创新性的项目，分析典型地区的典型项目在改善民生、促进社会稳定、带动经济发展等方面发挥的积极作用。

⑥与卫生计生系统既有评估工作等其他评估的对比分析[③]。这一部分内容主要是将本评估与"十二五"卫计事业规划实施的中期评估情况、中国家庭幸福发展指数研究，以及地方自评工作进行联系和区别的比较。

二 对创建幸福家庭活动的评估结果

根据各地资料汇总和处理，具体的评估结果参见评估报告相关内容。总结来看，幸福家庭活动整体上取得了显著的成效。

---

① 对于创建幸福家庭活动相关投入的评估结果详见评估报告第三章的相关内容。
② 对于活动满意度的评估结果详见评估报告第四章的相关内容。
③ 与卫计系统既有评估工作等其他评估的对比分析详见评估报告第五章的相关内容。

①符合现实需要。幸福家庭活动设计的初衷与国家的民生大计①相吻合，并且符合中国家庭的发展情况和共性需求。通过开展多样化且富有针对性的项目创建活动，主动适应发展新常态普惠加特惠，实现计生关爱服务全覆盖。既对计划生育相关家庭在国家的普惠公共服务政策上有了特惠，也使一些没被关照的家庭（如计划生育特殊家庭）得到了政府的支持。多年来，人口计生工作一直随着形势发展在不断转型。1980年，中央发出《关于控制我国人口增长问题致全体共产党员、共青团员的公开信》，提倡一对夫妇只生育一个孩子。20世纪90年代以后，围绕计划生育工作，中央先后发了三个"决定"，提出从严格控制人口增长，到稳定低生育水平，再到统筹解决人口问题，为各时期计生工作指明了方向。新形势下计生工作，已经进入在稳定低生育水平基础上，调整完善政策，提高人口素质，促进家庭发展，努力实现人口长期均衡发展的新阶段。家庭幸福是人口发展、社会和谐的重要基础。计生系统借助创建活动拓宽服务家庭的视角，在活动中转变工作理念和方式方法，以"提高家庭发展能力"为重点，努力向关注计生家庭、服务生命全过程转变。创建活动从优生优育、子女成才、抵御风险、生育健康、家庭致富等方面，到致力于帮助试点城市千千万万普通家庭提高家庭发展能力，尤其是针对计划生育特殊家庭的普惠加特惠的活动服务。失独群体是计生困难家庭中的特殊弱势群体，是计生政策改革过程中做出重要牺牲的群体，更是全面建设小康社会进程中不容忽视的群体。由于他们的特殊性，除

---

① 家庭是社会的细胞，是基本的生产、消费和生育单位。中国作为世界上人口总量和家庭数量最多的国家，人口与家庭一直是党和国家谋改革、求发展的重要考量因素。2011年国家发布《国民经济和社会发展"十二五"规划纲要》《国家人口发展"十二五"规划》，都将"提高家庭发展能力"作为新时期人口工作的一项重要任务进行了战略部署。习近平总书记2015年伊始的春节团拜会上强调注重家庭家教家风。刘延东副总理对做好卫生计生工作明确提出"扩大创建幸福家庭活动试点范围"。关注家庭、服务家庭、造福家庭，无论是过去，还是现在，卫生计生等部门对此都负有重要使命。国家卫生计生委李斌主任非常重视家庭问题，经常听取汇报、参加会议，指导推进创建幸福家庭活动深入开展。

了需要享受与普通困难家庭一样的"普惠"政策外，更需要一系列为其量身定制的"特惠"政策。2013 年底国家卫生计生委等五部委联合印发《关于进一步做好计划生育特殊困难家庭扶助工作的通知》，要求各地采取多种保障措施，加大对计划生育特殊家庭的扶助力度①。此后，创建活动配合各地计生部门相继开展多项关注计划生育特殊家庭的"特惠"项目，针对计划生育特殊家庭的困难特征采取特殊扶助活动和保障制度，着力解决目前计划生育特殊家庭最突出、最迫切、最需要的物质生活、生活照料、心理慰藉和养老医疗等问题②。在"十三五"期间的创建活动深入推进过程中，更应看重幸福家庭活动的社会效益（包括维稳作用），也说明计生委、福利基金会和人口协会三方应更好地协调，调动更多力量扩大这个活动的受益人群和对特定人群（如计划生育特殊家庭）的定向扶持和救助能力，

---

① 以近日甘肃省发布的新政策为例。甘肃省政府办公厅 2015 年 4 月发布为计划生育特殊家庭办实事的实施方案。该省 2015 年将提高计划生育特殊家庭扶助标准。"失独"家庭一次性给予 2 万元的补助，其中精神慰藉费 1 万元。方案指出，计划生育家庭失去独生子女时，除去一次性的生活及精神补助之外，夫妻每人每月的补助将提高至 500 元。并于 2015 年 8 月底前将计划生育特殊家庭一次性补助发放到户到人。同时为了保障此项工作的顺利进行，方案还指出，甘肃各级卫生计生部门要严格按规定程序和时间审核确认扶助对象，做好信息上报和建档工作，确保将扶助对象及时纳入，不错报、漏报。在资金管理方面，严格按照"四权分离"的工作机制。卫生计生部门负责扶助对象资格确认，财政部门负责资金审核保障，银行代理机构负责资金发放，监察、审计部门负责资金监督，确保将扶助资金纳入"一折统"，以"直通车"形式及时准确发放到户到人。

② 以四川省广元市利州区为例。2014 年 8 月 1 日该区实行《利州区独生子女伤残死亡家庭扶助办法》，每户计划生育特殊家庭获政府一次性慰问金 6000 元。全区 106 户计划生育特殊家庭去年共获资助 40 余万元，并且每年将安排财政预算资金 600 万元。在此基础上，创建幸福家庭活动在走基层中发现，计划生育特殊家庭的贫困程度完全超出想象，尝试有针对性地制定关爱措施。如以户为单位，为计划生育特殊家庭成员建立健康状况及诊疗档案，确定一对一联系医务人员，每年为其提供不少于 1 次的免费常规健康体检和 3 次以上的免费生殖健康检查；小病签约医生上门诊治，大病在区属医疗或计划生育技术服务机构就诊免收挂号费，享受就医优先及绿色通道政策。计划生育特殊家庭全部安排入住保障性住房；孤残老人，除享有城镇低保，还将优先安排床位，在乡镇养老中心集中供养。特困计划生育特殊家庭，每人每年将给予 2000 元困难补助，奖励扶助金在国家现有标准上每月提高 100 元。

这样这个活动才可能更有影响、更有价值。

②地方执行到位。与各地基层的计生部门配合，创建幸福家庭活动在各地执行情况大体良好，诸如江苏的"世代服务"、长春的"三关爱"、大连的"健家计划"、宁波的"彩虹人生幸福家庭"、牡丹江的"建幸福家庭创和谐社区"，都围绕家庭特别是计生特殊家庭开展活动，赢得了受惠群众相当高的满意度。近年来，党中央把"以人为本、执政为民"作为执政理念提出来之后，紧接着就把"关注民生"作为执政的关注点。这体现出政府管理改革的方向，民生问题就是家庭问题，推动家庭的发展，实际上就是通过解决民生问题去实现，这是创建幸福家庭的工作方针。创建幸福家庭活动很大程度上提升了受惠家庭的发展能力。家庭的功能即家庭能力，包括满足家庭的物质需求、生殖需求和哺育儿童、赡养老人等功能。对于家庭发展能力的问题，最突出的包括五个，即贫困、健康、生育、养老、稳定。创建活动针对以上五个问题，在开展的四年多时间里，动用资金百亿，带动脱贫人口 155 万人[①]。同时，在服务项目的基础上，把治贫、治愚、治病三治结合，给基层的服务站捐了两亿多元的医疗卫生设备，给上千万贫困的育龄妇女提供了生殖健康的普查和简单的辅导诊治。此外，普通家庭的小幸福也是创建活动致力所在。空巢家庭老人需要有人陪自己聊聊天，大龄未婚男女需要有人给自己介绍对象，流动人口家庭孩子需要学习培训……随着社会的发展，政府提供的惠民医保、免费教育等整齐划一的家庭服务已经不能满足人民群众的多样性需求。创建幸福家庭活动结合已有政策和专项资金引导卫计部门开展深入家庭的多样化公共服务，取得了良好成效。总之，创建活动把解决家庭贫困和能力发展问题放在首位，并且做出了实实在在的贡献，这个项目也被国家评为中国最有影响力

---

① 这仅仅是 19 个城市的数据。

的公益慈善项目之一。

③带动社会资金。创建幸福家庭活动以财政部拨款的中央专项资金作为种子资金，以"种子资金＋配套资金＋带动资金"的模式，为社会资本参与家庭服务牵线搭桥。创建活动通过开展针对计划生育家庭扶残助残、幸福人生特困家庭救助、紧急救助、关怀流动人口、关怀基层计生工作者和扶持特色种（养）殖等各种具体项目，一方面服务各类困难家庭，另一方面吸纳社会资金展开援助。创建幸福家庭活动这项切实帮助计生"两户"特困家庭解决生活中遇到的实际困难以及发展生产、尽快脱贫致富奔小康的公益事业，积极争取社会各界关心家庭发展事业，以援助之手，踊跃捐款支持开展对计生家庭特别是计生"两户"家庭扶贫济困和发展生产项目活动，让计生特困家庭享受关爱，是对人口计生事业的大力支持，也是对构建和谐社会的积极贡献。带动社会资金一方面是鼓励社会各界捐款开展特色行动，如生殖健康援助行动之"蓝氧项目"①，这个项目主要是针对老少边穷地区人民的生殖健康问题，为女性生殖道感染开展治疗。2015年5月全国工商联副主席陈经纬先生捐款800万元人民币用于支持创建幸福家庭活动生殖健康援助行动蓝氧项目。另一方面也鼓励社会企业捐物解决特殊困难。如"幸福微笑"是针对婴幼儿的营养补充项目，旨在为计生贫困家庭婴幼儿提供营养和健康支持，该项目主要面向2013年4月1日至2013年12月30日出生在贫困计生家庭中存在母乳喂养困难以及不足的婴幼儿，帮助他们在生命早期能及时、充足地获取营养补充。2014年4月"幸福微笑"联合多美滋企业向乌兰察布市兴和县250个困难计生家庭捐赠1116箱价值约140万元的奶粉，保障那些孩子在发育关键期能及时、充足地获取营养，促进智力

---

① 截至2014年10月，通过蓝氧项目共装备了10余个省2596个项目点的计划生育服务机构，培训技术服务人员3236人，已使16万个家庭，50余万人口受益。

和身体正常发育。

④亟待加大投入。实现人民幸福的"家庭梦"是实现中华民族伟大复兴的"中国梦"的基础。家庭幸福是促进人的全面发展和社会和谐的重要前提。创建幸福家庭活动所倡导的家庭美德、传统美德，与每个人每个家庭密切相关，是践行社会主义核心价值观的具体体现。党和政府关注民生、改善民生，地方纷纷提出创建幸福省份、幸福城市，但最重要的是首先要创建幸福家庭，家庭是社会的细胞，在一些涉及群众家庭利益和事务方面解决了实际问题，满足了群众需求，家庭发展能力提高、幸福指数提升，老百姓感同身受，就会激发正能量，作用于社会。创建幸福家庭活动的实践证明，这项活动是工作转型发展，更好地践行党的群众路线的重要载体和有力抓手。但是随着家庭问题越来越复杂，活动内容不断丰富，目标人群不断增加，以"十二五"的资金投入去开展"十三五"创建活动，既不现实，也不符合发展方向。当前中央政府要"扶上马，送一程"，在创建活动的发展深入期，给予资金上的扩大支持，将幸福家庭这个品牌做大做强。

三 创建幸福家庭活动存在的问题

"幸福家庭"的创建无论是在经济上还是在社会效益上都起着积极有效的作用。无论是"致富发展""健康促进""优生优育"，还是"文明倡导""奉献社会"等主题活动的创立，在深化改革，促进经济建设、政治建设、文化建设、社会建设、生态文明建设，着眼于全面建成小康社会方面扮演着重要角色，对实现社会主义现代化和中华民族伟大复兴是必不可少的一项重要工程。在肯定"幸福家庭"建设工程积极作用的基础上，我们也应认识到，在实际工作过程中，出现了一系列的问题。这些问题无论是公共职责主体有待明确，相关政策和制度尚未形成，还是覆盖面相对较窄或未抓住重点，都需要我们正视这些问题，明确问题的根源所在，在后续的工作过程中能够得到改善，为了更好地开展工作打下坚实的基础。

（一）财政经费支持不足

创建幸福家庭活动和其他政府主导下的活动一样，离不开资金投入的保障。随着中国家庭结构的变迁，各种各样的家庭问题凸显，人们对幸福家庭的追求和渴望也越来越迫切，这样的背景是创建幸福家庭活动开展的社会动力。但是创建幸福家庭活动首要的障碍在于受益人群小、项目力度不够，其最为重要的原因在于资金短缺①。由于创建活动的特殊性，国内外的社会资本和市场机制并没有与创建活动形成对接入口，进行外部资金募集不易。并且创建活动本身并没有经营性活动，并不能实现资本运作，获取投入产出的收益。大多数的创建幸福家庭的项目主要依靠政府提供资金、人员和场地。在坚持注重社会价值、公益性和品牌化的前提下，创建幸福家庭活动想要"十三五"期间大发展，无疑需要更大的资金投入，才能更好地为社会上更多家庭提供多样化的服务和帮助。

从调研情况来看，创建幸福家庭活动在整个发展的过程中，资金

---

① 资金供给不足制约发展在其他领域中也有类似的问题。以现代农业发展为例，2014年全国农业工作会议上，农业部部长韩长赋提出，要落实强农惠农政策，完善农业补贴机制，利用财政资金撬动金融支农，改善农村金融服务，推动扩大农业保险覆盖面，提高保障水平和补贴标准，增强农业抗风险能力。同时期在中央农村工作会议上提出，加大农业政策和资金投入力度。不管财力多紧张，都要确保农业投入只增不减。近年来，中央财政启动实施了一批直接补贴、直接投资补助项目，对农业农村经济发展提供了强有力的支撑。虽然成效明显，但仍有实际的问题，各个项目要求不一样，有些条框在具体实施过程中实在不好突破。当前我国"三农"发展的金融需求尚未得到有效满足，需求与供给的通道仍不够畅通，这成为制约现代农业发展最重要的因素之一。

短缺成为主要的瓶颈，给创建活动的持续发展带来了一定的困难。面对这种无投资回报的社会公益性项目，资金问题得不到很好的解决，根本无法讨论扩大试点之后的大发展，更别提在全国范围内带动巨大的经济效益和社会效益。可以说，投资不足这个问题具有普遍性，应当说这也是一个严峻的政府难题，甚至是社会现实，要解决不容易。这需要有关部门在更高层次上探索改善资金的配置方式，突破条块分割的资金安排模式。如何在当前资源稀缺和不断适应的情况下将有限资金的影响力最大化是支持非营利活动金融基金的关键所在。在长期的资金紧缺状态下进行运作对创建幸福家庭活动等类似的社会公益和服务性活动是非常有害的，最终也会给活动的服务对象带来不良影响。创建活动的资金不足问题，并不是某个方面不规范或者单一项目的不活跃造成的，其原因来自政府，来自可能捐款的个人或企业，更来自政策法律的各个方面。因此，在短期内全面或者完全地解决并不现实，目前来看，这就需要中央政府统筹兼顾，采取必要的强化型的资金倾向措施，为创建活动保障财务健康，应该且必须保证相对充足的活动储备金。具体来说，一方面要加强中央专项资金作为种子性资金投入，另一方面应鼓励创建活动进行财务规划，同时拓宽资金融入的渠道，促成一个比较合理的社会资金介入机制，对合理合法吸引社会资本投入进行有效的激励。

（二）组织形式有待完善，活动整合相关项目和社会力量不足

从各地实际调研情况来看，创建幸福家庭活动与其他类似的单项活动（如"婚育新风进万家""关爱女孩""幸福工程""生育关怀"等）未能形成有机整合状态。这些单个立项的活动并未形成主题一致与形式多样的协同实践。结果是各部门都去立项从而造成有些项目内容相近，又是分在各部门去抓，没有形成整体推进的态势和格局。

创建幸福家庭活动是一项全方位的社会工程。在实际的建设工作中参与建设的主体虽然有指导性的规定，但是具体由谁，由哪个部门来负责，还需要进一步明确，不然会在实际工作中出现很多问题，影响创建活动的发展进程。

明确创建活动的公共职责主体是一项重要的工作，只有职责主体明确了才能保证建设工作顺利进行。创建活动的主体包括三个方面：政府、社会与家庭。我国一直以"强政府、弱社会"的传统运行，以及在长期以来公民对国家和政府单向度的因素的影响下，家庭虽然是创建幸福的主推，但是在这种体制下，难以发挥较大的自治能力。对于其他社会组织而言，在创建幸福家庭活动和幸福能力建设上的功能仍然较弱，主要原因在于涉及家庭的有限的社会组织，独立性较差，基本也依附于或半依附于政策，并不能承担强大的社会功能。在政府内部，与家庭相关的职能部门较多，比如卫生计生部门、妇联和民政等，甚至可以说一切具有公共服务职责的部门都与家庭或多或少相关。这就造成了基层政府在开展创建幸福家庭活动过程中面临一些不可避免的难题，如政出多门，缺乏协作，持续投入等。

目前，创建活动现有的"一委两会"领导体制，虽然为创建幸福家庭活动试点工作提供了有力保障（原国家人口计生委负责牵头督导，在规划制定、政策协调、任务分解、争取投入以及监督落实等方面发挥重要作用。各级计生协会依托组织健全、扎根基层、会员众多的优势，在创建活动中发挥骨干和主力作用。中国人口福利基金会拥有资源多、机制活的优势），但是无法解决上述政府、社会与家庭的内在制衡难题。

（三）活动内容的实化和标准化不足

评估调研过程中，很多基层工作者提出，"幸福家庭都一样，

不幸家庭各不同"，幸福只是一种感受，每个人的体会不同，确立和设计出好项目很难。从大局观上说，幸福家庭有一些基本元素是相同且相通的，比如文明（是幸福家庭的道德追求）、健康（是幸福家庭的基础条件）、优生（是幸福家庭的希望所在）、致富（是幸福家庭的重要保障）、奉献（是幸福家庭的价值所在）。创建幸福家庭提出的"文明倡导、健康促进、优生优育、致富发展、奉献社会"五个主题，有虚有实，三实两虚，虚中有实。在具体项目中，虚如何转化为实，实又该如何落实？尽管各地在"十二五"期间有诸多创新，但在项目与当地主要家庭发展问题的针对性以及项目的标准化、延续性方面都还有许多不完善的地方。

　　创建幸福家庭活动是家庭发展司的职责，中国人口福利基金会配合共同实施。在基金会目前正在实施的17个公益项目之一，与其他公益项目，尤其是同样冠有"幸福"称谓的其他六个公益项目（"幸福工程""幸福微笑""幸福书屋""幸福在他乡""幸福养老公益服务项目""幸福小药箱"）之间，到底是有一种怎样的联系和区别？现有在各试点地市开展的九大类公益项目［生育关怀、医疗保健、教育、扶贫、心理健康、致富（就业促进）、养老、婚姻幸福、安居］中，和其他已经开展的公益项目，比如"黄手环行动"（针对阿尔茨海默病老人）、"幸福工程"（救助贫困母亲）、"幸福微笑"（救助唇腭裂儿童）以及"生殖健康援助行动"（又包括"乳腺健康宣教诊治项目""蓝氧项目""幸福家庭通项目"）等等，是否存在子项目重合的问题？如果有，该如何对创建幸福家庭活动在公益项目群中的位置和作用进行准确定位，如何处理这些可能会在不同公益项目中出现的子项目重合现象？

　　所有汇报都还是以计生工作为内容，只不过套用了幸福家庭的标题。这说明，地方干部还不能自觉地把创建幸福家庭当作一项使命性的任务①。

根据对现有公益项目群的对比分析，以及对创建活动公益项目本身的梳理和总结，本研究认为，创建幸福家庭活动从本质上讲，是一项意义重大的国家人口发展系统工程。现有的项目定位和管理方式，尚未准确地体现出这种战略性和综合性，导致项目在实施过程中，不可避免地出现定位不准、重复立项、资源缺乏整合的问题。总结而言，创建幸福家庭活动在某些方面存在务虚成分多、缺乏标准化的问题。

①在机构建设上，任何一项好的活动都需要稳固的机构班子作为载体，但目前创建幸福家庭活动的责任单位并不完备。国家卫生计生委设立了"计划生育家庭发展司"，是幸福家庭建设的主导力量，但是各地并未建设起相应的配套机制，从而也就限制了政策的制定与实施。建立完善的机制，顶层设计与基层建设相结合才能保证幸福家庭工作的开展。实际调研过程中各地配合程度清楚地暴露了这个问题，反映出创建活动责任单位不明确的弊端，大多试点城市主要依托当地的计生协会开展这个工作。

②由于缺乏统一认识和顶层设计，多数试点城市的创建活动务虚的成分多，且覆盖面相对较窄或未抓住重点。启动创建幸福家庭活动的初衷在于：以创建活动作为统领来抓综合、抓统筹，统筹解决人口与家庭和谐发展的问题，包括宣传教育、优生筛查、扶贫致富等多个方面。创建活动是抓总、抓大目标，而各个单列的项目是为了实现这个大目标，二者本身没有矛盾，都是围绕人口均衡、家庭发展同一个主题，只是实现形式多样。而且只有在创建活动这个品牌下带动各单项工作，才会受到地方政府的高度重视，才能同部署、同实施、同检

---

① 唐灿：《甘肃、贵州"创建幸福家庭"活动调研思考》，中国社会科学院社会学研究所，2012 年 7 月。

查、同考核①。在各地实际工作中，对幸福家庭的理解不够到位，不仅务虚多，而且覆盖人群有一定的局限性，且没有聚焦重点人群，尤其是与计划生育相关的家庭（特别是计划生育特殊家庭），这样使活动的效果大打折扣。一方面，"幸福家庭"活动过多片面地集中在人口计生领域，关注计划生育家庭，而没有将全部家庭纳入其中，人群覆盖面不宽。另一方面，即使是对计划生育家庭，针对性也不是很强。当前在普遍重视民生的背景下，各地都出台了诸多的惠民政策。但这些政策多集中在人口计生、就业、社保、医疗等领域，由于涉及人群较小的民生领域，政府往往关注不够，这对于"幸福家庭"建设来讲，是一大缺憾。例如，随着社会转型和城镇化的推进，大量农村劳动力向城市转移，带来的农村"留守儿童、留守妇女、留守老人"问题；在实行计划生育政策后，社会上独生子女家庭占绝大多数，因子女生病、意外等不可抗力而出现的"计划生育特殊家庭"问题等。这些问题会直接影响一个家庭的正常生存及发展，如果得不到有效的解决，将会很大程度上弱化一部分家庭的幸福感，使其产生很大的疏离感，甚至会成为影响社会和谐稳定的重要因素。但纵观全国，这些问题虽已被提出，且提高了重视度，但解决并不理想。对农

① 国家层面上组建国家卫生计生委后，由家庭发展司统筹抓，使有关家庭项目重新整合，形成合力。在创建幸福家庭活动具有很强的包容性之下，可以把各个单项综合起来。在调研中，课题组发现许多试点市把创建幸福家庭活动列为全市的重要民生目标，而部门抓的单项尽管也重要，但列入不了政府工作计划，因为它很单一，没有形成品牌。但如若能将创建品牌这根主线抓得很好，围绕创建主题设立不同的平台，开展多种形式、灵活多样的活动，则可以把创建幸福家庭活动打造成提升普通群众的家庭发展能力，建设服务型政府的一个有效方式。以大连为例，自2011年被国家确定为首批开展创建幸福家庭活动试点城市以来，紧紧围绕"健家计划"和"创建活动"两个项目品牌，大连市政府将"创建活动"写入"十二五"人口计生事业发展规划中，明确了落实"文明、健康、优生、致富、奉献"的目标任务和措施办法；纳入《大连市"健康家庭促进计划"第三周期（2011～2015）实施方案》中，并在落实过程中做到同部署、同督办、同考核。出台《进一步深化"健康家庭促进计划"和开展"创建幸福家庭活动"的实施意见》，确立推进出生人口素质提高工程、生殖健康促进工程等十大工程，规范"创建活动"的运行。

村"留守儿童、留守妇女、留守老人"问题,相关学者已经进行了大量理论及实证研究,已充分认识到其重要性,但相关政策依旧滞后,"幸福家庭"创建活动也更是没有将其纳入其中,从而影响部分家庭幸福感的提升。而对计划生育特殊家庭的关注也只有少部分地区有相关项目,如北京的"暖心计划",成都的"金色阳光·计划生育特殊家庭关爱",重庆的"星缘联谊会",武汉的"连心家园联谊会",上海的"星星港"等。这些项目活动的开展对"计划生育特殊家庭"的关怀也仅仅是解决了一小部分问题,对于其出现的养老风险、心理障碍、疾病困扰、经济窘迫、婚姻破裂等缺乏系统的政策规划及项目实施,这也使得"幸福家庭"建设活动存在短板。

③各试点开展创建活动欠缺标准化的情况。自2011年创建活动启动以来,试点城市纷纷设计与实施了一系列相关项目,给予积极响应,以期较大程度地提升本地区居民家庭幸福指数。如,从改善家庭居住环境入手,多举措改善贫困家庭住房条件;从子女教育入手,提高家庭子女教育质量等。但是各地开展活动缺乏相应统一的标准。"幸福家庭"本身就是一个比较难界定的概念,它既包括家庭成员之间关系的和谐,也包括家庭成员与其他社会关系的和谐,并且涉及物质与精神两个方面。虽然幸福是一个没有标准的个人感受,但是地方卫生计生部门对创建幸福家庭活动做得是否到位,则是可以衡量的。既然提出创建活动,就要设定一个相应的标准来评比这项工作。没有标准,就无法检验一项行动的有效性。这就需要地方针对具体实际来制定相应的标准。创建幸福家庭活动下设诸多项目,很大一部分处于孤立的状态,没有形成相互联系、健全联动的影响"幸福家庭"建设全局的品牌活动,同时影响到各地对创建活动的评比。课题组在调研中还发现,政府的每个职能部门都有可能为响应国家主题,制定自己职能范围内的相关政策,各职能部门由于缺乏沟通协作,所制定的项目政策难免会出现冲突的现象。没有完善健全的标准化指标来统合

创建活动，仅靠一些孤立的部门化项目很难将创建活动推向一个新高度，进而会影响各地群众在更大程度上提升家庭幸福感。

虽然创建活动以"致富发展、健康促进、优生优育、文明倡导、奉献社会"五个方面为活动主题，旨在提高家庭的发展能力，但在实际的创建活动中，更多地是以计生为内容，提高生殖健康水平等，而没有涵盖家庭发展历程的生命全周期，没有扩展项目内容及创新工作理念和方法，使更多个体和家庭受益。调研结果发现，较多试点城市的创建活动仍过于片面地集中在人口计生领域①。我们必须认识到影响家庭幸福指数提升的因素有很多，"幸福家庭"这个概念并不只在于合理的家庭人口结构，还涉及妇女问题、贫困问题、子女教育问题等诸多方面，政策的制定与设计应该加以全面考量。此外，创建活动已经开展了系列活动如国际家庭日——中国行动、幸福工程——救助贫困母亲行动、幸福书屋、幸福在他乡、幸福微笑、生殖健康援助行动、黄手环行动、灾难援助等，在"十三五"期间进一步加强项目深入性的同时，每一项活动内容具体实施效果及具体的量化标准都有待加强。另外，活动中不同的项目，由于各地财力所限或者认识不够或没有项目延续，可能存在不同的重视程度。

（四）监督和绩效评估不足

从多地调研的总结来看，创建活动的监督和绩效评估存在以下几个方面的不足。①评估体制尚未建立健全。创建活动的绩效评估从整体上来讲并不完备，尚未形成有效的制度与体制。目前各试点城市对

---

① 创建幸福家庭活动是在计划生育政策多年实施的背景下催生且提出来的，其主要目标是寻求解决人口问题，尤其是要提高人口素质和家庭发展能力，以期中国在老龄社会背景下和谐发展。以江苏省苏州市、泰州市与淮安市三个地区为例，在创建活动开展过程中都制定了较多细化项目，比如苏州积极优化和创新制度体制，泰州的"8 + 5"工程的推进，淮安的人口计生理念宣传和"幸福家庭113工程"等，整体来看这些项目虽然开展有力，但过于片面地集中在人口计生领域。

创建活动的绩效评估工作基本上处于自发状态，实践中存在盲目性，缺乏系统的理论指导，缺乏激励机制和长效机制，也缺乏相应法律和制度作保障。从调研中发现，各试点城市对创建活动的绩效评估要求，缺乏确立明确的制度，既没有规划绩效计划和绩效报告等制度框架，也几乎没有找评估机构开展评估活动。②评估主体以政府唱主角。创建活动以官方背景为主，因此评估主角主要是政府和相关行政部门，缺乏受惠群众的参与，使社会公众的监督往往流于空谈。尤其在某些试点，政府未能较全面开展创建活动，当地民众的评价和声音更是微乎其微。③各试点关于创建活动的信息公开程度较差，信息范围过小，信息内容过少，普通群众想要了解与自己息息相关的家庭服务信息很少在当地政府门户网站或当地纸质媒体公开宣传。这就导致创建活动的封闭性，使创建活动较难普遍深入民心①。

（五）城乡、地区之间差距较大

在城乡之间，发达地区与欠发达地区之间以及城市地区或农村地区内部之间，政策、财政以及思想观念等原因导致对"幸福家庭"创建活动的重视程度及政策落实有差异，使得"幸福家庭"建设覆盖面受限，惠及面相对狭窄。新中国成立以来，在城乡关系上重城市发展，轻乡村建设的现象一直存在，直到改革开放，特别是党的十六大提出新农村建设后，这一现象才得到较大的改观，但长期形成的观

---

① 课题组在入户调查的时候看到一些人家自豪地把"幸福家庭"的奖状或奖牌挂在显眼的地方，说"这是家庭的荣誉、幸福的象征"，把计生干部称作"送幸福的人"。这就是创建幸福家庭活动接地气、受欢迎、有生机和活力的表现。同时这些家庭在当地社区和自身亲友圈中也是榜样和标杆。因此，课题组发现对创建活动的宣传和倡导工作必须建立在"讲身边事，说身边人，群众看得见、体会得到"的典型家庭之中。比如2015年2~5月由全国妇联组织开展的寻找"最美家庭"活动，具体的参与方法可以由各地妇联推荐、网络自荐或推荐，最后结合网络投票和专家团评议，最终选出年度"最美家庭"。这样的活动非常具有代表意义，在掀起全国广大家庭积极参与和踊跃推荐的同时，不少家庭也开展了自检查和自审视，强调自家风范的优良家风。

念惯性、政策积弊却难以在短期内完全得到扭转和根除。例如，在城市家庭逐步建立起了完善的社保体系之后，近5亿农村居民仍缺乏健全有力的社会保障，这严重影响到农村家庭幸福指数的提升。目前全国创建幸福家庭的试点近150个，而大多数为城市地区，农村地区较少，并且建设发展滞后，活动项目缺乏。这些问题的存在，充分说明了在城乡之间，"幸福家庭"创建活动的阳光还未能全面地普照到各个地区之间。即使是在全国的发达省份，城乡之间在"幸福家庭"的政策惠顾及落实上也仍然存在差距，这些对于"幸福家庭"建设活动的全面推进形成了一定的障碍。

在发达地区与欠发达地区之间，往往会因财政的富足或紧张，存在着"幸福家庭"建设投入之间的差距，进而导致覆盖面上的差异。在一些发达地区，可能早已出台了有关"幸福家庭"建设的规划，并且将政策落到实处，开展了内容丰富的"幸福家庭"创建活动，并以项目制的方式支撑活动向纵深发展；而在一些欠发达地区，目前可能仍旧将主要工作放在招商引资、壮大本地经济上，而对于民生的各个领域无暇过多顾及，"幸福家庭"建设活动更是无从谈起。例如，苏州市不仅开展了各式各样的"幸福家庭"创建活动，而且目前已经将"幸福家庭"建设提升到体制制度建构的高度，并且已将相关主题写入政府工作报告。而在中国大部分西部地区却因财力掣肘无法将"幸福家庭"建设提上日程，甚至连基本的理念都尚未确立。

在城市地区或农村地区内部之间，由于经济发展水平的不同，也存在内部发展上的不平衡性。主要表现在，经济发展水平好的县区乡镇开展的活动较多，且形式多样，涉及创业就业、企业服务、社保救助、社会福利、住房保障、基础设施、生态环境、科教文卫、社会管理等方面；从服务对象上看，涉及失业人员、复转军人、优抚对象、企业职工、妇女儿童、低保人员、高校毕业生、残疾人等对象，充分体现了"幸福家庭"创建活动惠及面广的特点。与此同时，经济发展水平薄弱的县区乡镇开展的活动则较少，甚至没有。同时在"幸福家庭"创建活动中，常常出现热在上层，温在下层，县乡街道热情高，而村居一级较温的现象。这一点北京市的做法比较成熟，已在全市16个县区建立了婴幼教育基地，覆盖了全部城乡，覆盖面不断扩大，而其他地区则发展不一，不平衡性凸显。

四 本次评估体系与建立创建幸福家庭活动示范市标准的异同①

全国创建幸福家庭活动于2011年5月启动以来，经历了试点城市开展和全面开展两个阶段，取得了一定的阶段性成果。本次评估主要考察了前两个阶段中项目设置的合理性和项目执行的有效性。并通过总结各地的经验，将有共性的好做法或有通用性的操作程序广而告之。

国家卫生计生委决定从2015年起，在全国建立一批创建幸福家庭活动示范市（以下简称"示范市"），通过引导、示范，鼓励基层探索创新，推动创建幸福家庭活动持续健康发展。因此，创建幸福家庭活动已经进入建立创建幸福家庭活动示范市的新阶段。2015年我国拟建立示范市32个，各省、自治区、直辖市和新疆生产建设兵团各1个，原则上在原全国创建幸福家庭活动试点市中产生。与此同时，国家卫生计生委制定了全国创建幸福家庭活动示范市标准（以下简称"标准"），以帮助各地对照标准进行自查申报。"标准"包括五大方面和十条小项，结合实际，突出重点。这十条标准侧重于对创建幸福家庭活动过程的评估，与本次评估指标体系有很多共通之处。

"标准"包括五大方面，分别为：党政重视，部门协同；宣传倡

---

① 更具体分析详见评估报告第4章第7节的相关内容。

导，健康促进；优质服务，守护健康；帮扶救助，解决难题；群众参与，评价良好。其中"党政重视，部门协同；宣传倡导，健康促进"这两个方面主要是对创建幸福家庭活动过程的评估，这部分我们主要是对 32 个试点城市"活动"开展的完成情况进行评估。"党政重视，部门协同"主要考察活动的组织、管理以及考核，其中非常重要的是将创建幸福家庭活动作为改善民生的重要内容纳入本地经济社会发展规划，纳入本地目标管理责任制考核，领导到位、责任到位、投入到位和工作到位。我们在通过专家打分法对 32 个试点城市"活动"开展的完成情况进行评估时，第一个指标体系就是关于活动的组织管理，从领导机构、专业队伍、信息公开、工作方案以及结项检查等五个方面对活动的组织管理进行评估。虽然我们没有在指标体系中明确列出是否将创建幸福家庭活动纳入本地目标管理责任制考核中，但专家在打分时实际是把这一项作为工作方案和结项检查的一个重要内容的。

对于"宣传倡导，健康促进"，我们在对 32 个试点城市"活动"开展的完成情况进行评估时，设置了文明倡导方面的评估指标，对这一主题的开展过程和结果都进行了评估。但对于健康促进，我们更多的是对相关项目的开展和成效进行评估，缺少对健康理念传播进行评估。这也是新时期创建幸福家庭活动的发展方向，要促进家庭成员掌握健康知识，形成健康文明的生活习惯。

"优质服务，守护健康"既考察创建幸福家庭活动的过程，也考察"活动"的成效，其中涉及五个定量指标：一是建立覆盖城乡居民的免费孕前优生健康检查制度，年度目标人群覆盖率达到 80% 以上；二是流动人口计划生育基本项目免费服务率达到年度目标要求；三是人口与计划生育信息化体系完善，本地区全员人口数据库的人口覆盖率达到 95% 以上；四是数据库主要数据项的准确率达到 90% 以上，依托信息网络开展家庭服务；五是出生人口性别比保持正常或达到年度目标要求。这五个定量指标中的免费孕前优生健康检查人群覆盖率和出生人口性别比两个指标，在我们的评估指标系统中都有涉及。人口与计划生育信息化体系的完善，在我们的评估体系中没有涉及，这是新时期创建幸福家庭活动示范市的新方向和新任务。流动人口的计划生育基本项目免费服务率在我们的评估体系中也没有涉及，我们的评估还未将针对流动人口的公共服务纳入评估体系中，这一方面反映了新时期创建幸福家庭活动对流动人口的关注度提高了，另一方面也说明我们的评估还有不足之处，在下一个评估阶段可以将对流动人口的公共服务纳入评估体系中。其他定性标准中的家庭健康服务体系和计划生育、优生优育等公共服务的提供以及"两癌"筛查和生殖道感染普查普治等基本预防保健和医疗卫生服务的提供都是本次评估的主要内容。只有"开展全科医生（乡村医生）与城乡居民家庭或个人签约服务"未纳入本次评估中。

"帮扶救助，解决难题"涉及一个定量指标，即资金兑现率达到100%。资金的到位与使用情况是本次评估的一个重点。在对32个试点城市"活动"开展的完成情况进行评估时，从资金下达情况、资金使用情况、资金的带动情况和资金投入的创新情况对项目的资金管理等方面进行了评估。不仅如此，我们还在"活动"试点的社会经济效益评估中对"活动"的投入产出进行了评估，得出创建幸福家庭活动所产生的经济贡献可达到同期财政投入的百倍，即"活动"财政投入1元可以产生几百元的经济贡献。其他关于计划生育利益导向政策体系、针对计划生育特殊家庭的具体政策措施以及计划生育家庭的社会养老服务体系，我们在"活动"试点的社会经济效益评估以及典型案例分析中都进行了评估。

"群众参与，评价良好"主要考察群众的满意度。本次评估根据对试点城市的调研情况，选择了"活动"实施效果好的2~3个城市，分析其对改善民生，促进社会稳定和带动经济发展方面发挥的积

极作用，来实现满意度评估。在下一阶段的评估中，可以进行大范围的群众满意度评价。

通过以上对创建幸福家庭活动示范市标准的五大方面和本次评估的联系的分析可以看出，创建幸福家庭活动示范市的标准多数在本次评估中能够反映出来，两者之间联系密切。由于活动不是日常工作，且活动主题有实有虚，比如"文明倡导"和"奉献社会"两个部分的内容较"虚"，因此，我们对于"虚"的部分尽量在对 32 个试点城市"活动"开展的完成情况评估和"活动"试点的社会效益评估，以及典型案例分析中反映，多采用定性与定量相结合的分析方法，而对于其他较"实"的主题，我们尽量在"活动"试点的社会经济效益评估中反映，多采用定量的分析方法。还有一些没有反映出来的标准如人口与计划生育的信息化将成为创建幸福家庭活动在新阶段的新发展方向和新任务。因此，本次评估既是对上一阶段创建幸福家庭活动的总结和评估，为建立创建幸福家庭活动示范市的开展奠定了基础，也为下一阶段的"活动"的发展指明了新的方向。

第五章
创建幸福家庭活动在"十三五" 期间的优化方案

本章要点

1. 创建幸福家庭活动效益多重且填补了对计划生育特殊家庭"特惠"的空白，迫切需要扩大中央财政资金支持规模、优化资金使用结构，并专门加大对特定人群（如计划生育特殊家庭）的定向扶持和救助能力。

2. 这项活动在"十三五"期间的项目设计，应以公众的幸福感优先序为参考，以计划生育特殊家庭的"特殊困难"为工作重点；在管理中，应将活动的主要内容纳入计生目标管理责任制，向全国创建幸福家庭活动示范市标准看齐，争取达到创建幸福家庭活动示范市标准，并在活动开展时与"新家庭计划"协同，整合相关项目，形成发展合力。

一 扩大专项资金规模并优化资金使用结构和方式

对创建幸福家庭活动的评估说明，这项活动项目设置合理、效益多重，且是计划生育特殊家庭主要的"特惠"来源，但这项活动全面的社会经济效益的发挥，却首先受制于财政专项资金的投入规模，不仅使计划生育特殊家庭难以被全面覆盖，在很多试点城市甚至还没有体现出对计划生育特殊家庭的特惠。

　　到底能不能加大创建幸福家庭这方面的专项资金投入力度呢？专项资金是财政为实现特定政策目标设立的专项转移支付资金，但这种资金的使用方式近年来处于"萎缩"状态。十八届三中全会《决定》提出："清理、整合、规范专项转移支付项目，逐步取消竞争性领域专项和地方资金配套，严格控制引导类、救济类、应急类专项，对保留专项进行甄别，属地方事务的划入一般性转移支付。"《决定》提出这样的改革方向，是因为长期以来，中央专项资金存在"重争取、轻管理，重分配、轻绩效，重支出、轻责任"的问题，部门之间竞相设立专项、争资金，导致专项资金数量不断增加，规模不断扩大，财政资金随着专项的增加逐渐沉淀固化，财政宏观调控职能被削弱。2014年中共中央政治局会议审议通过了《深化财税体制改革总体方案》，清理规范转移支付作为财税改革的一项重要内容备受关注，各部委的专项转移支付资金的种类和总量普遍在下降。但专项资金也有目标明确、聚焦问题、防止挪用等方面的优势，适合投入在地方重视程度不高和难以被大发展目标涵盖的领域，因此在专项资金总体削减的同时仍有仍在大幅且快速增加的中央部门①。考虑到创建幸福家庭活动就属于这样的领域且填补了对计划生育困难人群的"特惠"空白，其显然更适合用专项资金的方式投入。

　　创建幸福家庭活动开展四年多以来，由卫生计生委牵头组织，已经形成了部门配合联动、城乡群众广泛参与的工作机制，成为自上而下促进地方经济社会发展规划和改善民生的重要内容。创建幸福家庭

---

① 一般性转移支付对地方财政自主权干预较小，但不利于中央政策意图的实现；专项转移支付受中央的检查和监督，易于达到预期目标，但地方政府的自主权较小，有时还受到配套资金能力和人为主观因素的制约。由于我国各地区的差异很大，应把一般性转移支付作为重点，同时利用专项转移支付的集中力量解决有这样特征的领域内的问题。例如，文物保护就属于这样的领域，中央财政这十几年来，对文物系统的专项资金投入增加了上百倍，2014年达到了128亿元，这在专项资金被大幅削减的背景下反差尤为明显，充分体现了专项资金的使用要求和特点。

活动针对特殊人群有特惠，迫切需要在专项资金支持下在"十三五"期间扩大规模。这个工作的资金机制应理解为财政牵头、多方出资。自2011年开展以来，创建活动对深入挖掘和阐述中华优秀家国传统的新时代价值、培育和弘扬社会主义核心价值观、提升家庭发展能力、解决特殊家庭的困难、促进社会和谐，具有重要意义。近年来，创建幸福家庭活动在各试点城市发展势头良好，在第一期的32个试点城市基础上正向全国范围内全面铺开，但还存在资金投入基础薄弱、深入性程度不高、解决困难家庭面太窄等问题。创建活动迫切需要在"十三五"期间扩大专项资金规模，整合相关项目，发展重点领域。

使用财政资金要有效，不仅需要在进口上扩大规模，还需要在出口上优化资金使用结构，这样才能提高资金使用效益。为此，"十三五"期间，创建活动应一方面增加资金，扩大规模，另一方面因地制宜，突出特色，即通过标定重点人群和合理的项目设置，使这种专项转移支付资金的填补空白的作用彰显。具体的重点领域包括：①困难家庭的扶助项目。资助低收入家庭、重特大疾病患者、五保户和失去劳动能力者，为贫困人群、灾区群众提供生活救助、照料、物质和技术支持，在西部地区、少数民族地区、边远山区等地资助城乡贫困人员改善生产和生活条件，改善教育文化条件，改善医疗卫生条件和生态环境。②家庭福利的服务项目。以满足老年人养老服务需求、提升老年人生活质量为目标，向老年人提供生活照料、康复护理、医疗保健、紧急救援和社会参与等服务；资助孤儿、弃婴的收养、治疗、康复活动，资助对流浪儿童和特殊困难的残疾儿童的援助保护活动；为残疾人提供包括生活照料、医疗救护、精神慰藉在内的服务和物质保障，资助少数民族地区、贫困地区改善残疾人生活条件，融入社会生活。③以计划生育特殊家庭为重中之重。以计划生育特殊家庭等特殊群体为重点服务对象，针对这些计生特殊家庭的需求提供包括困难救助、矛盾调处、人文关怀、心理疏导、关系调适、资源协调、社会功能修复和促

进个人与环境适应等专业服务项目。除了上述重点领域，"十三五"期间，创建幸福家庭活动进一步强调主题引领，跨界融合。以五大主题词加强创意设计，打破类型和地区壁垒，促进特色服务资源与现代家庭需求有效对接，提升创建活动的品质，丰富项目形态，延伸服务链条，拓展创建活动的发展空间。此外，加强政府扶持，社会介入。坚持政府资金为主体，邀请更多社会资本的介入与运作，更好地发挥政府的引导、扶持职能，完善政策措施，优化发展环境，提升创建活动的发展活力。

另外，众人拾柴火焰高，在加大财政资金投入的同时，也应积极吸纳社会资金投入。"十二五"期间，已有很多试点城市在这方面有创新，如"湖北省咸宁市专项基金"①。

---

① 根据清华大学"幸福工程"评估组对咸宁市运作机制的考核评估，他们的评估结论是：咸宁运作幸福工程的项目手法专业化，领导高度重视，在国内幸福工程的推进中属于比较积极与先进的地区。具体来说，具有以下几个比较具有咸宁特点的侧面：A. 领导高度重视。2011年市委、市政府下发了《关于进一步加强新时期计划生育协会工作的意见》，要求各级按照"争取党政支持、协调部门参与、借力社会推动、创立特色品牌、实施项目运作"的思路，创新、务实、有效地实施好"幸福工程"。目前，咸宁市、县两级220名"四大家"领导，市直1076名副县级以上干部每人都结对帮扶一户贫困计生家庭，实施"幸福工程"。B. 宣传标语给力。从咸宁市区到崇阳县城（崇阳是全国幸福工程项目点）道路两旁树立的幸福工程标牌、受助母亲信息，道路基石上亦书写着幸福工程惠及家庭等字样的宣传标语，这些宣传标语无形之中，增加了项目区域群众对幸福工程的认知度。此外，评估组在调研访谈中发现：即使是非受助母亲也普遍表现出对幸福工程的熟悉程度较高，明确知道什么叫配套资金，如何运转等。C. 社会捐赠助推。在与计生协会的沟通协调下，咸宁积极推动社会捐助事业。并且与统战、工商联等部门建立了密切联系。2014年1月，"幸福工程湖北咸宁专项基金"启动捐赠仪式在京举行。仅2014年上半年，咸宁向"幸福工程"全国组委会捐款375万元，近三年，全市募集"幸福工程"资金1000多万元。有了社会的捐助，幸福工程事业自身便有了强有力的造血功能，不断地惠及更多需要资助的母亲及家庭。D. 项目执行科学。咸宁市在项目实施之前，先对项目进行可行性分析，挑选合适的目标人群，每半年开展一次检查与评估。在项目的保障方面，项目县政府与项目乡签订工作责任书，对幸福工程项目组织实施、资金发放管理与使用提出具体要求，县与乡、乡与村、村与户层层签订救助款项协议书，设立家庭财产账目、签订帮扶合同，建立县级监督、乡镇负责、村组担保、农户借贷、相互督促的管理运作机制。对项目申请对象逐户进行访问调查，及时了解家庭人口与经济收入等各方面情况，严格依据标准进行审核，实现建档立卡，动态管理。E. 特色项目依托。根据因地制宜的原则，咸宁下辖项目县开发一系列符合自身特色的项目。以吊瓜项目为例，咸宁港口乡党委、政府依托吊瓜种植成立公司和专业合作社，走农业产业规模经营之路，打造自身品牌，希望实现吊瓜的产供销一条龙的产业链。

总之，可以从以下四个方面优化筹资。

①加大财政尤其是中央财政对幸福家庭活动的投入，全面落实政府职责。首先，将创建活动纳入公共财政保障范围，在财政经常性收入增长的同时，确保幸福家庭活动经费投入的增长①。未来资金的投入应该以三个方面为衡量标准：140个城市充分开展活动、重点人群（计划生育特殊家庭）全部受益、基层工作人员全部得到培训。首先，保障140个城市充分开展活动。在"十三五"时期，首先要保证原有的"活动"顺利开展，其次要开发新的项目，这就需要提高"活动"投入占国内生产总值的比重，保证各城市的"活动"投入占到国内生产总值的0.02%~0.03%。各地区还可根据各自具体情况追加投入，比如长春、平谷和德阳这些开展基础较好的城市可以根据情况再增加投入。根据我国2011~2014年的国内生产总值，"十三五"时期需要的总投入应为437亿~657亿元。

其次，加大对计生特殊家庭的经费投入力度。"十三五"时期，应提高对计划生育特殊家庭的补助标准，将女方年满49周岁的独生子女伤残、死亡家庭夫妻的特别扶助金标准分别提高到每人每月

① 可以尝试加大投入、保障经费，优化完善财政体系，优化财政项目，加大对"幸福家庭"建设的财政投入和转移力度，形成财政投入的持续增长机制，和对欠发达地区的财政转移支付制度。为可持续创建"幸福家庭"，可持续推进幸福计生，构建一个对层次、多途径、多元化的投入保障机制，确保活动专项资金到位、人口基金资金到位、计划生育"双提"和"双检"资金到位、贫困家庭帮扶救助到位、基本公共服务等经费落实到位。并积极争取公共政策的支持，最大限度地整合各方面的能力和资源，支持家庭发展，强化家庭功能，不断提升城乡家庭的幸福指数。同时，完善"幸福家庭"运作方式，进一步彰显人口和计生系统公益慈善项目的升级和活动，募集更多的资金，深化活动内涵，实现城乡统筹推进。例如，泰州市人口计生部门专门建立了"农村育龄妇女爱心基金"，该基金专门针对农村地区育龄妇女提供免费产检，该基金自2009年设立以来，每年增投财力都在20%以上，且市财政对财力较弱的县区进行专项资金的转移支付；新余市在开展群众性的创建幸福家庭实践中，开辟出了一条与经济社会发展相适应，最大限度满足计生家庭需求的投入途径，探索并建立了一套"大手笔落实奖励扶助措施，部门联动推进少生快富，完善养老保障体系，开展生育关爱，把民生工程做成幸福计生工程，推行公共服务均等化"等投入保障措施，充分保障了"幸福家庭"项目推进有足够的资金支持。

320~400 元、400~500 元。

再次，基层工作人员全部得到培训。在 2014 年下半年家庭发展司和人口福利基金会举办的创建活动专题培训班中，参训人员远超过原定安排。这一方面反映了创建活动受到欢迎和重视，另一方面也说明基层工作人员有培训的需求。在这方面，以太原市为例，太原市共有 51 个街道办，21 个镇，33 个乡，以每个行政区域 2 个基层人员计，约 200 人，再加上志愿者约千人，以每年每人培训费用 500~600 元计，那么每年基层人员培训需要 60 万~72 万元，"十三五"期间共需财政投入 300 万~360 万元。如果 140 个试点城市的工作人员均接受同等程度的培训，培训经费需要 4 亿~5 亿元。

最后，在创建幸福家庭活动示范市的第三阶段，示范市如果可以在自选动作中再投入 50% 的资金，就可以使这项活动的项目数或受益面再扩大 1 倍。以长春为例，长春每年在创建幸福家庭活动中的投入在 1 亿元以上，如果"十三五"期间能增加 2.5 亿元在人口信息化平台建设、针对流动人口的公共卫生服务以及全科医生（乡村医生）的签约服务等方面，那么创建幸福家庭活动的社会经济效益将更加显著。

②强化政府统筹职能，整合幸福家庭活动经费资源。各级政府在幸福家庭创建中具有统筹各类项目经费资源的职能，应确保经费资源合理配置。通过优化财政项目，科学设定支出结构，提高经费使用效率。

③切实加强农村贫困地区创建幸福家庭活动的经费投入，增强贫困家庭发展能力。通过设立专项扶贫资金，加大政府财政转移支付力度。同时加强监管，保证专款专用，为贫困家庭致富发展提供坚实的资金支持。例如，通过设立"幸福基金"专项经费制度，对贫困家庭创业发展给予财政支持和保障。

④拓宽经费来源渠道，健全经费筹措机制。政府要加大经费投入机制的创新力度，通过政策引导，充分调动全社会创建幸福家庭的积

极性。要加快建立健全政府主导，企业、社会团体参与的多元筹资机制，多方筹措资金，做好经费统筹工作。一来可以减轻政府负担，二来带动社会力量参与，增强幸福家庭活动效果，扩大影响力。

二　完善项目运行制度并打造品牌

各地开展创建幸福家庭活动过程中在指导思想上要认识到：实现人民幸福的"家庭梦"是实现中华民族伟大复兴的"中国梦"的基础。因为家庭幸福是促进人的全面发展和社会和谐的重要前提；创建幸福家庭活动所倡导的家庭美德、传统美德，与每个人每个家庭密切相关，是践行社会主义核心价值观的具体体现。党和政府关注民生、改善民生，地方纷纷提出创建幸福省份、幸福城市，但最重要的是首先要创建幸福家庭，家庭是社会的细胞，在一些涉及群众家庭利益和事务方面解决了实际问题，满足了群众需求，家庭发展能力提高、幸福指数提升，老百姓感同身受，就会激发正能量，作用于社会。

具体工作中提高认识和凝聚共识还应该表现在：统一树立东中西部、城市乡村及城乡内部一盘棋思想，加强对农村及经济发展落后地区民生建设的重视程度，全面开展推进"幸福家庭"创建活动。各地要积极深刻地认识开展"幸福家庭"活动、提高家庭发展能力的重大意义，将创建此项活动纳入当地经济和社会整体发展规划，纳入保障和改善民生的重要内容①，纳入人口和计生综合改革的统一部署之中，切实做到发达地区与欠发达地区、城乡之间及城乡内部各地区的平衡与统一。

---

① 例如，人口计生部门可将在城市实施的类似"健康宝贝计划"等举措扩展到广大农村，探索如何将幸福家庭活动落实在项目中，以项目带动工作、带动制度建设地区。这一点可以适当借鉴北京市的经验，在全市16个县区建立16个0~3岁婴幼儿教育基地，培训0~3岁儿童健康教育指导师和育婴师，真正做到全市各县区统一部署，统一规划，通过文明倡导工程、宝贝计划工程、青春健康工程、健康生育工程、生育关怀工程和心灵家园工程等活动，为城乡家庭提供服务。

　　"十三五"期间加大力度搞好创建活动离不开强有力的组织领导和制度保障。组织开展创建幸福家庭活动已成为新组建的国家卫生计生委的一项专题活动，国家卫生计生委内专设了家庭发展司，专司其职。各省（区、市）卫生计生委有家庭发展处，这从组织上就把围绕家庭开展的各个单项工作集中起来，围绕创建幸福家庭活动统筹抓。"十三五"期间创建活动将扩大规模，涉及中国家庭的方方面面，虽然卫生计生部门在组织构成上有所变更，计生协还是在继续发挥组织健全、贴近群众的优势，做好服务家庭"最后一公里"的工作；中国人口福利基金会继续在协调联系、项目开发、设备配备等方面做好相应工作，争取募集更多资金更好的物资设备，为全面推进创建幸福家庭活动做出资金贡献。课题组在调研过程中发现三家的角色在中央和地方层面是不一样的。中央层面上卫生计生委和基金会做了不少工作；在地方层面上，主要是各地卫生计生委的宣传教育处（改革前）和家庭发展处（改革后）领导，计生协组织开展具体工作。在未来的发展进程中，三家应该怎么优化工作，比如卫生计生委如何更好争取中央支持、基金会怎样吸收更多的社会资金、计生协怎么更优地调动社会力量是非常关键的内容①。

　　抓住重点，突出特色，聚焦计划生育特殊家庭，打造"幸福家庭"活动品牌。"创建幸福家庭"作为民生工程的重要组成部分，是

---

　　① 课题组在调研中还发现，除了卫生计生部门，地方政府在创建活动中所涉及的其他政府职能部门也较多，如妇联、共青团、工会、财政等。但这其中就存在一个资源整合和部门配合的问题。在一项活动实施过程中，各个政府部门缺乏协作，各自为政，为自己部门职能服务，未从各项活动的目的和意义出发，会严重影响政府效率和活动效果。因此，根据系统论的思维方式，整合与"幸福家庭"有关的一切资源尤为重要。通过组织和协调，把政府内部彼此相关但却彼此分离的职能部门整合成一个专门为"幸福家庭"活动服务的系统，取得 1＋1 大于 2 的效果。

　　在整合资源，进行系统建设方面，尝试在某试点城市建立"幸福家庭"建设委员会是"十三五"期间一个新议题。该会成员由各政府部门代表组成，是一个覆盖众多政府职能部门的"幸福家庭"建设系统。整合资源还可通过加强政府各职能部门的（转下页注）

计生及民政工作的重要向导，是一项系统工程，涉及的项目庞杂①，政府不仅要关注民众呼声较高的项目，对于民生领域，政府也应当加以关注。同时，也应当把视野放得更广一些，不应仅仅将创建幸福家庭的活动项目过多集中于人口计生领域，还应该把工作重点转移到人口和计生服务上来，不断丰富创建幸福家庭活动的内涵，提升影响力和生命力，其中就包括做好"计划生育特殊家庭"的服务工作及相关配套政策的研究工作②。通过"幸福家庭"创建活动，有针对性地给予"计划生育特殊家庭"一些政策倾斜，弥补这方面的政策短板，增强政府的重视程度，建设"计划生育特殊家庭"的社会支持体系，使创建"幸福家庭"活动真正落到实处。

（接上页注①）沟通与协调，形成"幸福家庭"建设系统。制定项目时应以创建幸福家庭活动为统合，而不是从本系统的业务需要出发，强调系统的重要性而不是单一部门的重要性，彼此间充分协调与整合，制定出能够配套和互补的促进民生、保障幸福的措施和策略。各相关部门都不应针对某单一的家庭问题出发，而应从整个幸福家庭的系统角度出发，从人口管理和整个人口社会经济运行的体系出发，从政府资源整合能力出发考虑设计家庭项目相关方案。

① 例如大庆市通过项目运作，采用"双重指标"，"七项工程"助长创建成功率。当地妇联主动争取相关部门支持，把创建"幸福家庭"这一综合性工作分解为"双重指标体系"，即以"经济宽裕、身心健康、关系和谐、重视教育、平安守法、文化文明、卫生环保"为内容的七类一级指标和以"城镇居民人均可支配收入、文化休闲消费占支出比、收入状况满意度、月陪伴老人时间、教育成果满意率"等为内容的37项二级指标，使"幸福家庭"创建工作更系统、更科学、更贴近老百姓生活实际。为形成"幸福合力"，市妇联还和相关部门共同实施了妇女民生七项工程，包括妇女创业就业工程，引领城乡家庭致富；妇女健康工程，推动家庭成员身心健康；家庭服务工程，促进家庭关系和谐稳定；妇女文明工程，提高家庭成员思想道德水平；妇女文化工程，提高家庭成员幸福指数；妇女素质工程，提高创建幸福家庭能力；妇女维权救助工程，化解家庭生活难题。并把"七项工程"进行了详细的责任分解和项目对接，居中协调，按照时间节点和任务目标，督促、推进、汇总情况，推动创建活动持续深入开展。

② 例如，宝鸡市2014年5月，投入9万元，在金、渭两区启动了"计划生育特殊家庭养老家政服务爱心行动"试点，为220名60周岁以上的失独老人提供免费家政服务。将全市五百多户计划生育特殊家庭纳入"双节"慰问范围，每户发放慰问金600元。此外，市计生协会主动了解计划生育特殊家庭的需求，及时为计划生育特殊家庭免费提供集中交流互动场地。同时该市还将出台计生特殊困难家庭的系列扶助措施。这一系列活动措施真正全面推进了"幸福家庭"创建活动，通过由点到面逐步深化，计生家庭发展能力不断增强，育龄群众幸福指数明显提高。

三 在项目设置中参考公众感觉并优先
考虑特殊家庭的"特殊困难"

创建幸福家庭活动在下一步的项目设置上应当以公众的幸福感知作为重点，以填补在活动设计上的空白。作为幸福之源，公众在家庭上幸福感知的提升对于促进社会和谐稳定、建设美丽中国意义深远。在国家卫生计生委家庭司的指导下，中国人口宣传教育中心和中国社会科学院人口与劳动经济研究所于2014年3～11月，开展了2014年中国家庭幸福感热点问题调查①。家庭的幸福感知是一种多层次、多内涵的综合判断，既受到家庭成员的年龄、教育、收入以及健康状况的影响，更与社会交往程度、社会信任水平和安全体会密不可分。也就是说，在家庭成员健康状况良好、受教育程度较高、家庭收入较高，以及家庭社会交往融洽的家庭中更容易感受到幸福。即健康、文明、收入、和睦是全国城乡居民共同的幸福追求。这一研究发现与创建幸福家庭活动的"文明、健康、优生、致富、奉献"五个方面主题不谋而合。

把握心声，谋求新发展，使幸福真正成为每个家庭的新常态。在"十三五"期间，创建幸福家庭活动可以尝试以谋求公众的家庭幸福感知作为活动的重点，并以此争取地方党政领导重视和相关部门的配合支持。具体做法可以灵活多样，只要是传播家庭幸福正能量的活动

---

① 该调查主要按照不同地区经济、社会和人口发展状况，抽取江苏、湖北、陕西三个省的9个县级单位作为全国概率抽样样本点，采用调查员直接入户方式进行现场调查。实地调查每个省样本量1200份，总样本量为3600份。本次调查共获得成年人有效样本3439份。调查称，2014年全国城乡居民家庭幸福感标准化评分为6.83分，显著高于2013年的6.22分。其中，2014年城镇家庭幸福感标准化得分为6.95分，农村家庭为6.73分。这表明，当前中国大多数家庭感觉幸福。具体来说，2014年全国幸福家庭的比例为76.37%，其中城镇幸福家庭比例为82.77%，农村幸福家庭比例为73.36%。

项目都应当尝试立项开展。经费保障和项目支撑是开展新活动的必要条件。有条件的地区可以家庭幸福感知为大标题，结合实际大胆创新，争取新项目，管好现有项目，引导各级财政资金、社会资源支持参与创建幸福家庭活动。抓人口就是抓发展，抓计生就是抓民生，让百姓更多感受到幸福，就是促进社会和谐稳定，完全有理由、有条件向政府争取更多的项目资金投入。

让更多家庭，特别是计生特殊家庭感受到幸福，依据这个中心思路来积极设计大项目，争取更多投入。计划生育家庭由于疾病、意外事故等原因导致独生子女伤残、死亡，遇到一些特殊困难。由于人数规模庞大及社会关注度高，以计划生育特殊家庭为代表的计生困难家庭迫切需要通过获得"相对比较特惠"的项目支持来保障权益。计划生育困难家庭，尤其是计划生育特殊家庭成为我国人口政策派生的新闻事件，引发了社会各界，甚至国外媒体的广泛关注。计划生育特殊家庭的上访事件频发。"十三五"期间，创建活动的另一重点工作应针对计划生育特殊家庭，解决他们在养老照料、大病医疗、精神慰藉等方面的具体困难，保证对计划生育特殊家庭的特惠项目具有长效保值机制，不会由于普惠性的惠民政策或活动，削弱对这一群体的照顾力度。

除了依据幸福感知填补项目空白和加大对计生困难家庭的项目倾斜之外，在"十三五"期间另一个全局性的改进思路是从以下四方面扩大项目规模，注重主题深入①。

第一，加强宣传倡导的项目力度，促进家庭文明。注重人口文化

---

① 扩大项目规模不应盲目以数量为目标，以下三个方面的原则尤其需要注意：A. 以项目为主导，首先要求统一认识，把项目运作作为"幸福家庭"创建活动的主要载体、平台、切入点和总抓手来抓。以项目为主导，将项目管理的手段和方法引入或广泛地运用于"幸福家庭"创建活动，以项目运作为主要载体、平台、切入点和总抓手，带动、引导、支持全国各级政府把创建幸福家庭活动的各项具体主题任务要求分解成一个个具体的项目。通过系列项目的统筹规划把"幸福家庭"创建活动的各项任务要求实实在在地（转下页注）

及家庭发展理论研究，大力弘扬中华民族尊老爱幼、男女平等、邻里互助等传统美德，以"富强、民主、文明、和谐"的国家政治理想、"自由、平等、公正、法治"的社会价值取向与"爱国、敬业、诚信、友善"的个人道德准则，引领良好家风家规，做到文明立家、健康安家、优生乐家、致富兴家、奉献传家。通过群众喜闻乐见的形式，营造落实计划生育基本国策的良好氛围，引导群众依法生育，澄清社会上对计划生育和生育政策的模糊认识，打造家庭建设品牌，传播幸福家庭正能量。

第二，加强健康促进的项目内容，保障家庭发展。配合"新家庭计划——家庭发展能力建设"项目和全民健康素养促进活动，大力加强宣传教育和健康促进。利用宣传栏、健康教育材料、滚动屏幕、分级培训、健康讲座、个性化指导、手机短信等多种形式，广泛传播健康科学知识和家庭文明理念，帮助群众树立健康意识，培养健康文明的生活方式，提高家庭发展能力。注重心理健康，及时疏缓心理压力，构建和谐人际关系，促进家庭成员身心全面发展。

第三，加强服务保障的项目维度，满足家庭需求。加强信息平台建设，利用信息化手段，及时掌握人口基础信息和群众卫生计生服务

（接上页注②）落实到基层和千家万户之中。B. 以项目为主导，还要求创新工作机制，各级政府层层建立创建幸福家庭活动"主题活动＋N系列项目"的格局体系，要求要层层有活动，村村（居）有项目，形成"主题活动＋N系列项目"的格局体系，使项目运作成为推进创建幸福家庭活动的重要方式，建立创建幸福家庭活动的长效推进机制。比如，在关心群众身心健康方面，实施健康促进活动，开展"两癌"筛选、女性生殖健康、男性生殖健康、"亲情陪伴，温暖夕阳"、"好妈妈课堂"、"健康小屋"等具体项目。在儿童健康方面，实施优生优育工程，开展免费孕前健康检查、婴幼儿早教，建立留守儿童教育基地等项目。形成"主题活动＋N系列项目"的格局体系推动幸福家庭建设。C. 以项目为主导，全面推动创建幸福家庭活动项目化运作机制，以项目运作为主要推进方式，逐步实现创建幸福家庭活动的扩面、提质、增效，在更大规模、更深层次、更高水平上把活动引向深入。在各级各层的项目化运作过程中，实施项目责任制，将各个项目责任化尤为重要，要求政府各级部门按照项目实施情况给每个项目派出至少一名干部，主管一个活动项目，实行一线工作法和"一个活动项目、一名包靠领导、一套工作制度、一本台账管理"的"四个一"推进工作机制，并将这一工作机制和项目实施列入工作政绩考核和奖惩范畴。

需求。充分运用信息化成果，以民生为引领，以需求为导向，针对家庭成员生命全过程，提供医疗卫生、预防保健、计划生育、生殖健康、优生优育、科学育儿、青少年健康发展和助老养老等系列化服务。完善机制，加大人员、资金、设备和技术投入力度，努力使所有家庭享受到方便、高质量的卫生计生基本公共服务。

第四，加强帮扶救助的项目针对性，解决家庭困难。针对不同家庭在生产、生活、生育等方面存在的不同困难和问题，动员全社会资源切实开展扶贫济困工作，进一步健全完善计划生育家庭特别扶助制度，着力解决独生子女伤残死亡家庭现实困难，为其提供精神慰藉、生产帮扶、经济补助、志愿服务、临终关怀等支持。重视计划生育家庭养老问题，优先纳入社会养老服务体系。对空巢家庭、失能家庭、残疾人家庭、流动人口家庭和留守家庭，给予针对性的关怀关爱，努力让所有家庭共同发展。

四 将活动的主要内容纳入计生目标管理责任制

落在操作层面上，因地制宜，开拓创新，为城乡家庭特别是计划生育家庭做好事、办实事、解难事，但存在以下三个方面的实际障碍。①情况不明，只能在活动开展中逐渐摸清面上情况，了解人群数量、需求状况；②财力不济，难以在短时间内投入如此大的财力；③职责不清，因为还不掌握面上情况，也没有形成固定的工作机制，需要通过活动的形式逐渐磨合相关部门。2014年，创建幸福家庭活动在全国范围内推开，但相关工作未来需要形成相关部门可整合、可考核的日常工作机制，且仍然需要计生协等部门在基层执行，需要人口福利基金会去整合各方面社会力量。

根据此次评估发现的一些不足，我们认为，创建幸福家庭建设活动仅仅靠短期的政策运动，运动时集聚的政府财力和人才汇集是远远不够的。有必要增强系统稳定的制度保障，制定系统的岗位制度、健全的财政制度、科学的人才制度，保证幸福家庭建设有效、稳定、长期进行。可尝试将创建幸福家庭活动纳入计划生育目标管理责任制①，采取绩效考核、检查评估、问卷调查等方式，促进各项工作任务落实。鼓励地方研究制定符合当地实际和活动特点的创建标准、评估内容和考核方法，引导并规范本地创建工作。各级卫生计生部门要加大干部教育和培训力度，把力量凝聚到服务改善民生、推进卫生计生事业改革上来。

各级政府可以根据当地实际情况，明确幸福家庭活动相关主体的岗位制度，包括岗位职责主体、岗位执行主体等。各级党委、政府要高度重视，将创建幸福家庭活动作为政府民生工作重点，纳入地区经济社会发展规划。创建幸福家庭活动内容丰富，是一项社会系统工程，涉及的政府职能部门众多。最好成立由当地主要领导、相关部门负责领导在内的领导小组，明确活动职责主体，强化领导职责，统筹协调部门联动，通过部门合作，形成合力。发挥部门作用，实现资源共享，优势互补，形成通力协作，齐抓共管，互动共建，服务家庭的工作合力。推进活动顺利进行，取得实效。具体而言，①加强家庭文明建设，强化宣传引导职责。宣传部门要负责围绕活动内容，开展多种宣传形式，对活动进行推进，对幸福家庭典型、活动经验开展经常性的宣传报道，增强幸福家庭活动的品牌效应；②加快公共服务建设，强化家庭保障职责。卫生计生委要开展家庭发展理论研究，做好统筹协调、检查考核和经验总结推广工作。继续落实好计划生育的奖扶政策，实施家庭健康计划，建立家庭健

---

① 积极推动将"幸福家庭"建设纳入地方政绩考核体系。这一点苏州市的做法较为典型。其人口计生、妇联、民政等部门已将该主题融入自己日常工作，并将其作为业绩的一项重要考核项目。只有将这一主题纳入政府政绩考核，政府才可能有持续的动力去关注该项工程，而不是一时响应国家号召，进行运动式推动。

康档案，为家庭成员提供健康咨询服务；③加强资源整合，强化家庭扶持职责。协调动员社会资源，开展创业脱困、发家致富等工作。例如，民政部门负责对困难家庭实施最低生活保障计划，提高补助标准，开展大病救助，提高家庭发展能力。此外，妇联、共青团等组织可以实施家庭妇女和儿童发展计划，提高妇女地位，加强儿童保护，促进家庭和谐发展。

"十三五"期间全国范围内大规模推广创建活动离不开扎实的人才队伍，依赖专业人才与高素质的队伍提高幸福家庭的建设能力。人才制度建设还可以从志愿性与专业性两方面入手，动员社会成员的积极性，发挥社会工作人才的专业优势，多方面助力幸福家庭活动。①引导志愿组织及基层工作者参与创建幸福家庭活动，组建幸福家庭帮扶队伍。对生活困难家庭、留守儿童及留守老人家庭、计划生育特殊家庭等开展经常性帮扶。发展培养一批养老服务员，为高龄老人、空巢老人提供上门服务，对计划生育特殊家庭开展社会关怀，通过关怀慰问、心理疏导、亲情牵手等心理慰藉活动，扩展幸福家庭活动的内涵。通过整合婚育文明讲师队伍、婚育咨询师队伍、生殖健康咨询师队伍等多样化的师资力量，采取职业化建设和志愿服务相结合的方式，为幸福家庭活动提供多元化建设力量，发挥其在增进健康、共铸和谐、促进发展等方面的重要作用。②优化人才队伍素质，重视专业社会工作人才建设。幸福家庭活动要形成相互联系、健全联动的体系，涉及的内容方方面面，复杂又精细，需要有高素质专业化的人才队伍将之与千万家庭联系起来，最大限度增强每个家庭的发展能力，提高家庭成员的幸福感。各地应该积极探索适合本地情况的社会工作机构体制，结合幸福家庭活动具体项目，统筹发展。以活动推动机构建设，以机构建设保障活动效果。政府可以通过购买社会工作服务的方式来开展幸福家庭活动。而为了保证服务质量，应科学确定对社会工作服务财政投入的范围和水平。

另外，针对当前相关政策的宏观性和原则性问题，有必要在该领域建立政策具体化和灵活变通的机制，及时将国家相关宏观政策具体化为适宜本地的具体政策，避免该工程推进中出现行政行为"失据"带来的政府缺位或越位现象。

在高层推动、多元参与的指导思想下，政府要充分动员社会各类组织积极参与到"幸福家庭"建设中来，同时，也应积极鼓励家庭自治，通过政府、社会与家庭三方主体的共同努力来推动"幸福家庭"建设。目前，在全社会范围内尚未形成"幸福家庭"建设的主体认知氛围。该项工作主要还是由政府推动，家庭、社会组织参与该项工程的积极性还不高，导致政府单兵作战的困境。未来，政府应加大宣传力度，倡导以家庭为中心的幸福观，积极营造氛围，广泛倡导中华民族传统的家庭美德，不断提升家庭成员及社会成员的思想道德水平，使各类主体对该项工程都有一个清晰的认知，在此基础上逐步确立起认同观念。同时积极建立融入渗透机制，把新型的人口文化触角延伸到经济社会发展的各个方面，通过多种途径普及认识，动员各方参与，建设"幸福家庭"服务网络，依托行政管理、宣传倡导、科技服务、信息综合、群众工作"五位一体"的人口计生公共服务网络，充分发挥扎根基层、遍布城乡、联系群众、服务上门的优势，服务家庭的发展，最终让每一个个人、家庭及整个社会能够以主人翁的身份积极参与到该项工程中来。

此外，"十三五"期间创建活动应逐步扎根基层，深入社区。社区是社会生活中不可缺少的一个综合性的群众基础机构。创建幸福家庭活动应充分发挥社区的管理、服务、保障、教育和安全稳定功能。其中社区的管理功能为管理生活在社区的人群的社会生活事务，服务功能为社区居民和单位提供社会化服务，保障功能为救助和保护社区弱势群体，教育功能为提高社区成员的文明素质和文化修养，安全稳定功能为化解各种社会矛盾，保证居民生命财产安全。

社区是联系家庭、社会组织和政府部门的重要纽带。以社区为主体，形成一个涵盖家庭、社会组织和政府部门的幸福家庭创建系统，整合家庭、社会组织和政府部门各项资源，实施创建幸福家庭活动项目。以社区为主体，可以在社区开展的幸福家庭活动主要有：①围绕文明倡导、健康促进、优生检测、致富发展、奉献社会等五个方面，提高创建幸福家庭活动的能力和水平；②以提高家庭素质为社区工作重点，兼顾家庭生活的众多方面，比如儿童教育、老人养老、退休老人生活娱乐、家庭关系等，各方面做好幸福家庭建设活动；③以社区为主体并不是强调单个社区的作用，社区统筹家庭、社会组织和政府部门的资源，与兄弟社区保持良好的沟通与合作关系，及时交流、推广活动经验，促进创建幸福家庭活动深入发展，形成以家庭为本体，以社区为主体的创建幸福家庭活动模式。

五　完善家庭领域政策体系并以创建幸福家庭活动示范市和"新家庭计划"为重点

我国在家庭领域缺乏系统完善的政策体系，在这种缺乏制度性保障的情况下，很可能会导致创建幸福家庭活动和新家庭计划等一些具体的项目出现后继乏力的局面。比如缺少统一的项目目标和方向；项目缺乏统一的衡量指标；各部门在制定政策时，因缺少协调沟通，依据部门职能制定的政策可能造成重叠或者冲突等等。为此，课题组建议：在"十三五"时期应该进一步完善家庭领域的政策体系。

第一，制定统一的《幸福家庭建设纲要》，对于幸福家庭建设中较为关键的环节，从政策的高度进行规范和细化，形成统一的执行标准。要保证"幸福家庭活动"建设长期推进，就必须制定系统稳定的制度体系。中央政府应该摒弃"各自为政"的部门观念，在民生

为重的协同思路下，制定由中央部门牵头，各部门配合，社会各界广泛参与的，全国适应的《幸福家庭建设纲要》。在党和国家相关政策的引导下，由卫生计生委等相关主管部门组织，广泛征求社会各界的意见，特别是专家学者的建议，研制创建"幸福家庭活动"在"十三五"时期的方向和目标。对幸福家庭建设中较为关键的环节（如：在实行幸福家庭项目期间各级政府的资金配套比例；如何建立行之有效的监督管理体系；如何确立项目的评估指标；等等）要由中央政府从政策的高度制定，使之规范化、细微化，在全国范围内形成统一的执行标准。

第二，在国家出台相关宏观政策的基础上，由省级政府牵头制定具有普适性、连贯性与系统性的"幸福家庭"建设指标体系。各地区再根据地区经济社会发展情况，依据省定指标，制定配套的分类指标，并将这些指标系统化为具有权威性的公共政策内容。有了指标体系，"幸福家庭"建设才能有具体的参照和标准。就现阶段而言，各地区推行的"创建幸福家庭活动"普遍具有地区特性，往往是地区依据自身特点，开展以解决本地区现有问题为目标的活动项目，横向上不具有普适性和推广性。这会导致各地区"创建幸福家庭活动"五花八门，各地区衡量指标也缺少一致性。

第三，制定能够协调各职能部门的政策。幸福家庭建设涉及的部门较多，而不仅仅是人口计生部门，因此要建立能够协调各相关职能部门的政策规定。从表面上看，创建幸福家庭活动的各个环节和各项任务都属于人口部门的管理范畴，但实际上，创建幸福家庭活动涉及人口计生、就业、社保、医疗以及民生等诸多领域，其对应的是不同的政府职能部门，因此创建幸福家庭活动是一项涉及多职能部门的活动。比如说针对育龄妇女开展的工作可以联合妇联去开展，但这还要协同诸如财政、卫生等部门。而且创建幸福家庭活动往往还需要"第三方"社会组织的介入，由其承接很多"政府购买服务"项目。

但由于在现有阶段，国家尚未明确某一职能部门承担幸福家庭建设这一公共职能，各部门为了响应国家号召，都在本部门职能范围内制定了相关的政策。但由于各部门之间缺乏沟通协作，各部门出台的政策难免会产生冲突，造成"政出多门"的困局。"政出多门"的管理体制事权分散，难以形成既公平合理又兼顾效率利益的项目管理方案，因此需要建立能够协调各相关职能部门的政策规定。首先，要明确各政府部门在幸福家庭建设中的职责，各部门积极承担各自的责任。其次，建立政府部门间协调联动机制，制定活动项目时加强部门间的协作。明确职能部门在各个环节所需要承担的责任。再次，建立紧急预案机制，规定政府部门在面对危机时可以采取的紧急措施。最后，可以考虑针对创建幸福家庭活动，在各部委之间建立一个跨部门领导小组，专门负责协调各部门的职责任务。

第四，及时清除相互冲突和过时的政策规定。针对各自为政状态下出台的有关政策，应及时地进行梳理统一，该清理的清理，该优化的优化，使政策目标一致，产生最佳的推行效果。"创建幸福家庭活动"政策，以"通知""意见"的方式存在，更重要的是强调解决现有问题，取得阶段性成效。政策本身不具有长期有效性，在面对新问题、新情况时，暂时性的政策难以解决根本问题。因此我们应该在坚持国家宏观政策的前提下，注重政策的时代性和实用性。在即将开始的"十三五"规划中，针对"创建幸福家庭活动"，我们应该在坚持中央政府制定的宏观政策的基础之上，对各地区、各部门制定的幸福家庭建设政策进行系统的梳理和调整，及时清除相互冲突和过时的政策规定。对一些老旧的政策该优化的优化，该清理的清理。最终使"创建幸福家庭活动"能形成一套具有时代特点、协调互补的政策体系，保证政策目标的一致性。

同时，"十三五"期间，创建活动的另一大重心应落在"新家庭计划"中，致力于发展中国家庭幸福的能力。2014 年 5 月启动的

"新家庭计划——家庭发展能力建设"① 作为创建幸福家庭活动的一部分，两个项目由一套班子负责，同一个队伍开展工作，即由国家卫生计生委家庭司与中国人口福利基金会配合完善。新家庭计划的目标在于通过开展两级培训，组织配套活动；其活动主要集中在家庭保健、科学育儿、养老照护和家庭文化这四个方面。因此可以通过新家庭计划项目培训，和创建幸福家庭项目的深入实施，共同配合切实提升中国普通家庭成员健康水平和家庭发展能力。虽然新家庭计划更注重解决家庭成员自我保健意识淡薄，年轻夫妇对新生儿养育缺乏科学指导，居家养老照护经验不足，家庭伦理道德水平不高等细致问题，但总体上新家庭计划更为细致，借力卫生、计生机构改革和系统资源整合优化这一新契机，充分发挥卫生计生基层服务网络优势，健康和服务家庭的资源优势和工作特点，面向社区，深入家庭，特别是计划生育家庭开展有益于家庭发展能力建设的各种活动，切实提高家庭自我发展能力，促进家庭幸福。

六　加强基层计生协会在家庭领域的服务作用

中国计划生育协会是目前我国组织网络最健全、基层影响力最广泛、与群众切身利益和日常生活最贴近的群团组织。可以说，基层计

① 为深入贯彻落实党的十八大和十八届三中全会精神，提高家庭发展能力，增进人民群众福祉，国家卫生计生委在2014年5月在全国范围内启动实施"新家庭计划——家庭发展能力建设"项目试点工作，确定了首批72个范围作为试点，并且在2014年7月开展第一期培训活动。具体而言，项目目标在于以下四个方面：（一）家庭成员保健意识明显增强，自我保健能力明显改善，健康素养明显提升；（二）有婴幼儿家庭的科学育儿知识普及率明显提高；（三）有老年人的家庭在老年健康管理、健康促进和日常保健、照护等方面的能力明显提高；（四）尊老爱幼、男女平等等家庭美德得到弘扬，家庭关系更加和谐，社区环境得到优化。计划通过对项目试点社区工作人员进行国家级培训，而后项目试点社区工作人员再面向社区家庭进行培训的方式，向每一个家庭传递保健、育儿、老年人看护和家庭文化建设，并配合具体的社区活动，提高家庭的发展能力。中国人口福利基金会受国家卫生计生家庭发展司的委托负责本项目的具体执行。

生协会的组织网络已遍及全国城乡基层，具有较强的动员宣传和服务群众的能力。2014年是地方推进机构合并、职能整合、人员重组和资源优化的关键一年，国家卫生计生委先后出台了《关于加强计划生育基层基础工作的指导意见》（国卫指导发〔2014〕37号）、《关于在机构改革中加强计生协工作的通知》等文件，进一步明确了新形势下计划生育实行的是行政管理、技术服务和群众工作"三位一体"工作模式，强调了计生协会在做好新时期计划生育工作、推进计划生育治理体系和治理能力现代化中的重要作用。

计生协会在阵地建设和会员结构上具有显著优势。"十二五"期间，计生协会改革创新，积极在各类社会组织、经济组织中拓展协会覆盖面，服务触角不断延伸。2014年协会与国家卫生计生委流动人口司联合开展流动人口关怀关爱专项行动，在8个地市进行试点，探索依托基层党组织、商会等，扩大流动人口计生协的工作覆盖。流动人口较多的企业（如富士康等）、以青年人集中的高校等单位在新型工作模式下逐渐被纳为各地计生协会联合会的成员，不仅直接回应了包括流动人口在内的生殖健康与服务管理难题，而且通过诸多形式的宣传与活动，普及生殖健康、预防疾病等科学知识，对育龄适龄人群进行生育服务，得到了基层群众的普遍认可与接受。

帮扶计划生育特殊家庭是协会近期的主要工作之一。近年来，计生协会确定并开展了效果较好的"计划生育特殊家庭综合帮扶项目"。整个项目覆盖超过10万人，占计划生育特殊家庭人群总数约1/5。以"党政所急、群众所需、协会所能"的原则，在了解和摸清计划生育特殊家庭面临的困难与需求的基础上，充分发挥协会组织网络健全、联系面广、会员众多的优势，利用各种资源（包括财政经费的支持），结合各地实际，从经济支持、生活帮扶、心理疏导、精神慰藉、养老关怀等多方面做了大量工作，部分地区更是探索建立了经常性和常态化的结对帮扶模式，在使计划生育特殊家庭

改善生存环境、重塑生活希望、更好融入社会等方面，发挥了难以替代的作用。

计生协会在家庭领域服务（尤其是针对计划生育特殊家庭的服务活动）所发挥的具体作用表现在多个方面：一是发挥桥梁作用，及时反映这些家庭的现状及需求，为政府决策提供参考，帮助落实相关政策；二是发挥帮扶作用，为这些家庭提供力所能及的心灵抚慰和生活帮扶，协助改善他们的生活环境；三是发挥服务作用，通过会员和志愿者开展健康关怀、养老关怀、再生育关怀等活动。这一项目的实施，得到了各级党委、政府的大力支持和充分认可，显示出协会组织不同于政府部门的独特组织优势和群众工作优势，特别是在生活关怀、精神慰藉及社会网络支持等方面，基层协会发挥了政府无法做到也难以兼顾的作用，是协会承接政府职能、协助政府做好人口计生工作的典型范例。

下一步，在"十三五"期间，计生协会将进一步协助政府落实计划生育基本国策，服务家庭能力建设，促进人口长期均衡发展。按照群团组织特点，利用协会的组织优势、群体优势、网络优势和人才优势，积极参与卫生计生重大决策和重大活动，共同研究、解决面临的重点和难点问题，明确承接政府转移的宣传倡导、公共服务和群众工作的内容、范围及方式，形成做好新时期计划生育工作的合力。

协会项目的核心任务之一是服务。鼓励各级计生协会大胆探索、先行先试，创新服务形式，做大做强以"生育关怀"、计划生育特殊家庭综合帮扶模式探索、创建幸福家庭等项目为标识的协会优质服务品牌项目，并逐步向更广泛的健康教育和健康促进领域拓展和深化。由单纯为群众提供计划生育服务进一步转向为群众提供改善物质文化生活、身心健康、家庭幸福、邻里和谐的综合性社会服务，提高群众的生活与生命质量。在具体开展工作的时候，尝试利用项目运作、购买服务、专门委托等形式，运用社会化和市场化手段，承接政府转移出来的一些直接面向群众、服务性强的工作。按照"群众所需、协会所能"的原则，了解失独家庭所面临的困难和需求，协助政府落实政策；探索和完善对这类家庭开展生活帮扶、心理疏导、精神慰藉和养老关怀等常态化、规范化的帮扶模式；探索建立计划生育特殊家庭综合帮扶信息管理平台，强化对社区工作者和志愿者有关交流沟通技能和专门知识的培训。

评估报告

Evaluation Report

评估报告要点

①评估报告与政策报告一起构成中国"创建幸福家庭活动"评估报告的主体。评估报告主要运用科学的评估方法对"创建幸福家庭活动"（以下简称"活动"）开展四年多来的实际效果进行第三方评估，属于研究型评估。

②评估的结果主要体现在三个方面。一是考察项目设置的合理性，即对"活动"开展以来的社会经济效益进行客观评价，便于财政系统了解对"活动"的投入是否物有所值、未来是否应该有增有减或应在哪些方面加大投入；二是考核项目执行的有效性，即"活动"首批试点工作的成效，对其工作开展的情况进行评估，便于主管领导及时掌握"活动"开展以来各项工作的量化实效；三是总结各地的经验，将有共性的好做法或有通用性的操作程序广而告之。

③从 32 个试点城市"活动"开展的情况评价来看，各地均较好地开展了创建幸福家庭活动。具体从项目的组织管理、资金管理和实施及其效果三个评估维度来看，各地项目的组织管理和实施及其效果

较好，但项目的资金管理得分偏低，主要是由于"活动"资金在带动相关社会资金方面和设置专项资金支持专门项目方面还存在不足。此外，虽然各地已开展了多项针对计划生育特殊家庭的活动，但各地的材料中多数缺少专门针对计划生育特殊家庭进行的项目设计和成果考核等，说明各地针对计划生育特殊家庭开展的项目还没有形成完整的体系，专门针对计划生育特殊家庭特点的养老、医疗和心理扶助等方面的需求亟待设计更好的项目以补齐短板。

④从"活动"试点的社会经济效益评估来看，在有限的财政投入之下，经济和社会效益凸显，成为全国范围内提升家庭发展能力的一个重要载体。但是由于受到起步时间还较短、资金投入不够、地区和城乡之间的差异较大等诸多因素的影响，创建幸福家庭活动还有待进一步完善，以提高其保障家庭发展的效力。其中最为重要的制约因素在于财政经费投入不足。可以说，创建幸福家庭活动开展四年多以来，设计项目合理、基层实施到位、带动资金不少，但因为资金总量不够，项目覆盖面不尽如人意。因此，未来应多发挥中央项目资金的作用，加大种子性资金的投入，同时针对其他普惠公共服务难以收到明显效果的特殊家庭进行专门的项目设置。

⑤"十三五"期间，以140个城市充分开展活动、重点人群（计划生育特殊家庭）全部受益、基层工作人员全部得到培训三方面标准衡量，总的资金投入应在681亿元以上。创建幸福家庭活动示范市如果可以在自选动作中进一步加大投入，比如在人口信息化平台建设、针对流动人口的公共卫生服务以及全科医生（乡村医生）的签约服务等方面增加50%的投入，那么创建幸福家庭活动的社会经济效益将更加显著。在可能获得的有限的中央财政资金约束下，根据此次评估结果，可以在有限范围内加大力度，集中力量创建"活动"示范城市，即对排名靠前的城市（如北京平谷区、四川德阳市和吉林长春市），在分配中央财政专项资金上给予优先权，使这些城市能

够成为创建幸福家庭活动的样板，示范并带动更多的城市竭尽所能加大"活动"开展的力度。

　　评估报告与政策报告共同构成中国幸福家庭活动评估报告的主体。评估报告通过对创建幸福家庭活动的实际效果进行评估，发现"活动"进一步开展的瓶颈和短板，以为政策报告服务。

　　"创建幸福家庭活动"开展四年多来在各试点城市的实际效果到底如何？使多少家庭受益？带动了多少社会资金投入？还有哪些重要的计划生育相关家庭的发展需要没有被活动覆盖到？要回答这些问题，需要通过第三方评估运用科学的评估方法对创建幸福家庭活动进行全面而深入的评估。

　　具体而言，对"活动"的合理性和有效性进行评估，关键在于选择适当的综合评价方法和构建科学合理的评价指标体系。由于试点地区数量较多，在"活动"中启动的项目种类繁多且各具地方特色，要在统一的标准体系下开展量化评估并非易事。为使评估结果最大限度地体现"活动"试点工作的成效，本课题组设计了全面评估和部分评估两套体系。在全面评估中，首先，对32个试点城市"活动"的开展情况进行评估。主要是运用专家打分法从项目的组织管理、项目的资金管理和项目的实施情况及其效果三个方面对32个试点城市"活动"的开展情况进行评分。其次，对"活动"试点地区的社会经济效益进行评估，重点是关注"活动"试点工作的客观效果，主要是在对试点工作开展情况进行评估的基础上，选择数据条件较好、项目成效显著的典型地区，依据经济学、社会学理论定量评估试点工作开展以来取得的社会经济效益，测算带动比。部分评估主要是对"活动"典型案例的分析评估，重点是关注与"活动"主题密切相关且较具代表性、创新性的项目，运用对比分析法对其社会经济影响进行评价，其结果可为"活动"的全面开展和相关领域的社会管理政策的制定提供有参考价值的建议。这为政策报告的分析和政策建议提供了定量依据评估报告。

通过评估可以发现，创建幸福家庭活动最大的瓶颈在于财政经费投入不足。"活动"得到了不同层级的财政支持，有些项目也实现了政府购买服务，让群众真正得到了实惠。但评估表明，首先，财政经费支持的力度无论与"活动"的社会经济效益还是与计划生育特殊家庭的现实需求相比都是杯水车薪，财政经费支持不足已经成为这个活动发展的首要瓶颈。可以说，"活动"开展四年多以来，设计项目合理、基层实施到位、带动资金不少，但因为总量不够，项目覆盖面不尽如人意。其次，针对困难家庭比如计划生育特殊家庭的服务不足。因此，未来应多发挥中央项目资金的作用，加大种子性资金的投入，同时针对其他普惠公共服务难以收到明显效果的特殊家庭进行专门的项目设置。

评估报告主要包括以下六部分：①评估目的和评估内容。评估内容主要包括："活动"试点的工作开展情况评估；"活动"试点的社会经济效益评估；典型案例分析。②阐述评价方法和指标体系。重点选用了纵向比较和横向比较两种评估方法。纵向比较主要是评估"活动"的开展是否在投入和覆盖人群方面完成了既定目标；横向比较则是选择重点城市、可比项目、限定效益来进行比较，这种比较有规范的技术路线，有比较全面科学的效益分析（如社会效益、直接经济效益、间接经济效益等）。③通过专家打分法对32个试点城市"活动"开展的情况进行评估。④选择数据条件较好、项目成效显著的典型地区，对"活动"试点的社会经济效益进行评估。⑤对"活动"的典型案例进行分析评估，选取与"活动"主题密切相关且较具代表性、创新性的项目，运用对比分析法对其社会经济影响进行评价。⑥分析评估报告与卫计系统既有评估、幸福指数研究和地方评估的联系和区别。

B.6

第一章
评估目的及评估内容

在我国家庭发展需求迅速增加，对家庭领域的相关社会管理和公共服务质量要求不断提升，但是公共财政能力有限的大背景下，各地政府通过组织开展创建幸福家庭活动，推动家庭服务供给主体多元化、种类多样化，从而在提升家庭发展服务供给质量的同时提高财政资金带动效应，成为我国提升家庭发展能力、突破家庭服务供给瓶颈的一条合理路径。然而，经过四年多的尝试，创建幸福家庭活动在各试点城市到底实际效果如何？影响了多少人群？带动了多少资金？还有哪些重要的家庭发展需要没有被活动覆盖到？这些都成为需要认真思考的重要问题。要回答这些问题，需要运用科学的评估方法对创建幸福家庭活动进行全面而深入的评估。2015 年正处于五年规划的交接点，必须通过评估才能兴利除弊并将未来活动安排反映到"十三五"规划中，因此对这种政府主导的项目型"活动"的评估恰逢其时。

一 评估目的

家庭是最基本的生产单位、生活单位、生育单位和消费单位，是现代公共服务和社会政策得以落实的重要依托。全面做好人口计生工作、统筹解决人口问题、改善民生，家庭是落脚点。目前，世界上已有 11 个国家成立了家庭部，以加强政策协调和相关项目的实施。2005 年，经济合作与发展组织（OECD）成员国针对家庭的公共支出占 GDP 的比重平均达到 2.3%，法国、英国、德国等超过 3%，主要用于保护家庭权利、弥补家庭照料成本、消除贫困、推进两性平等、满足儿童发展需要等。目前，这些国家已形成了支持家庭发展的较为完善的政策体系。

就我国而言，家庭作为一个发展的目标单元，是在"十一五"后才体现出来的，这既体现了社会的进步，也反映出家庭特征变化的要求。类似的，已有二十年历史的国际家庭日，也直到 2014 年才将年度主题设为"家庭事关发展目标的实现"。这一年中国的主题是"人人健康，家家幸福"。近年来，党中央、国务院高度重视家庭发展，国家"十二五"规划纲要首次将"提高家庭发展能力"纳入其中，作为改善民生和全面做好人口工作的重要内容。2011 年 5 月，国家人口和计划生育委员会、中国计划生育协会、中国人口福利基金会联合开展了创建幸福家庭活动。这一活动旨在充分调动和发挥政府部门、群众团体、社会组织的优势，围绕"文明、健康、优生、致富、奉献"主题，实施"宣传倡导、健康促进、致富发展"三大行动，促进有利于提高家庭发展能力的经济社会政策不断完善，促进新时期人口工作转型发展，促进城乡家庭在计划生育、优生优育、生殖健康、子女成长、致富发展、养老保障等方面问题的解决。全国创建幸福家庭活动试点工作于 2011 年 5 月启动，首批设立试点 32 个。2013 年 7 月，全国新增试点省份 12 个、试点城市 108 个。2014 年 5 月，创建幸福家庭活动进入在全国范围内全面开展阶段。四年多来，创建幸福家庭活动坚持按"主题一致性和形式多样性相统一"的要求设计项目，并以社区服务为出发点，整合资源，充分发挥社会组织在家庭服务产业中的作用，鼓励承接政府购买服务，提供更贴近群众需求的服务产品。从而解决由家庭问题产生的民生问题，促进人口事业发展，促进人口均衡发展。

国家卫生计生委对创建幸福家庭活动的相关工作亦非常重视，在

其 2014 年的工作重点中，明确提出推进计划生育家庭民生建设；扩大创建幸福家庭活动试点范围，实施"新家庭计划"①；开展"中国家庭发展追踪调查"②，做好计划生育特殊家庭扶助和社会关怀工作，推动国家层面利益导向政策提标扩面。2015 年的工作重点"加大出生人口性别比综合治理力度，推进计划生育家庭民生建设"中也提出，全面开展创建幸福家庭活动，深入实施"新家庭计划"，组织实施计划生育家庭居家养老照护试点工作。这既体现了国家卫生计生委对创建幸福家庭活动的重视，也反映了其对这个活动相关工作的倾向性（如扩大范围、提标扩面等）。各地也非常重视创建幸福家庭活动的开展，有些地方的计生委，甚至将这个活动作为人口计生工作转型与基本公共服务改善的突破口。比如宝鸡市计生委，就以"聚焦家庭、服务家庭，以创建幸福家庭"活动引领人口计生工作转型，即通过开展这项工作，使人口计生队伍具备更强的基层公共服务工作能力。

创建幸福家庭活动比较全面地体现了相关上位政策解决家庭问题的思路，对于解决转型期的家庭问题具有重要作用。从这个意义上来说，创建幸福家庭活动是民生工程的重要示范性手段，且从目前相关民生工程的设计情况来看，创建幸福家庭活动在民生工程的示范项目中具有唯一性和不可替代性，是政府解决转型

---

① "新家庭计划"是针对新时期我国家庭变化的新情况、新特点和新问题，借力卫生计生系统资源整合优化的新契机，通过宣传倡导、科学培训、深入社区、进入家庭的项目途径，紧紧围绕"家庭保健""科学育儿""养老照护""文化建设"四个方面开展内容丰富、形式多样的培训活动，从点滴入手，从基层抓起，促进家庭成员的身心健康与文明素质的提升，提高家庭特别是计划生育家庭的综合发展能力。

② 中国家庭发展追踪调查由国家卫生计生委计划生育家庭发展司主办，中国人口与发展研究中心具体承办，拟从 2014 年起每年在全国 30 个省每省平均抽取 1000 户家庭进行追踪调查，客观深入地了解当前中国家庭在人口结构、家庭结构、家庭成员健康水平、医疗与健康、科学育儿、青少年健康、养老照护、性别差异、人口流动、婚姻状况、收入分配、住房等方面的情况，以建立有关家庭的国家级数据库。

期的家庭问题的愿望、目的和力度的体现。幸福家庭工程突出"五大主题",以各种活动形式为载体,积极贯彻落实中央政策精神与意图,为不断推进和谐社会建设、保障与改善民生、全面实现小康社会目标助力。

自 2011 年 5 月启动以来,"活动"的首批 32 个试点城市的相关工作已开展有四年,绝大多数试点城市的活动设计已落实到位并能看出成效。为深入了解"活动"的进展情况,更直观清晰地考察"活动"取得的总体成效,需要制定一套定量考核的体系对"活动"进行量化评估。评估的结果主要体现在三个方面:一是考察项目设置的合理性,即对"活动"开展以来取得的社会经济效益进行客观评价,便于财政系统了解对"活动"的投入是否物有所值、未来是否应该有增有减或应在哪些方面加大投入。二是考核项目执行的有效性,即"活动"首批试点工作的成效,对其工作开展的情况进行评估,便于主管领导及时掌握"活动"开展以来各项工作的量化实效。而且,通过构建科学合理的评价指标体系,可以直观地看到工作中好的做法并继续发扬,同时也可以反思不足之处,在今后的工作中加以改善。三是总结各地的经验,将有共性的好做法或有通用性的操作程序广而告之。在这些工作的基础上,统筹提出"十三五"期间在管理、资金方面的需求,并据此指导各地设计"十三五"期间的"活动"方案,以使"活动"更有保障也更有成效。

二 对创建幸福家庭活动进行
第三方评估的重要性

要想客观全面地评价创建幸福家庭活动的开展效果,需要从第三

只眼的角度来进行评估，即要进行第三方评估①。因为对于政府主导的项目型活动，如果仍由政府部门来评估，则可能医者自误或者自说自话，所以国家自 2014 年开始在政策评价过程中启用"第三方评估"这一国际通用办法。2014 年国务院在对所做改革部署和出台政策措施落实情况开展的全面督查中首次引入"第三方评估"，这是国务院督查工作的一大创新。与"第三方评估"的团队组成相似，本课题组也具有单位中立、专业复合、角度互补等方面的特点。本课题组通过构建科学合理的评价指标体系和选择适当的综合评价方法对"活动"进行定性和定量评估。定性评估主要从两方面展开：一是创建幸福家庭活动设计的初衷是否与国家的民生大计吻合、是否符合中国家庭的发展情况和共性需求；二是创建幸福家庭活动在各地执行的情况，如地方政府是否配合，社会各界是否支持，受益家庭是否明显扩大。定量评估主要是对"活动"试点的社会经济效益进行评估，重点是关注"活动"试点工作的客观效果，主要是在对试点工作开展情况进行评估的基础上，选择数据条件较好、项目成效显著的典型地区，依据经济学、社会学理论定量评估试点工作开展以来取得的社会经济效益，测算带动比。

第三方评估通常有三种类别：研究性评估、检查性评估和评比性评估。研究性评估主要是从学术研究的角度对活动开展情况进行评估，其成果供领导把握面上情况；检查性评估是针对目标对试点城市的工作开展情况进行评估，并一对一提供给试点城市；评比性评估主要是在选定的城市范围内，就某几类可比的活动进行评比并将排序结

---

① 第三方评估是政府绩效管理的重要形式。第三方评估作为一种必要而有效的外部制衡机制，弥补了传统的政府自我评估的缺陷，在促进服务型政府建设方面发挥了不可替代的促进作用。从西方国家实行"第三方评估"的经验看，第三方是指处于第一方——被评估对象和第二方——顾客（服务对象）之外的一方。由于"第三方"与"第一方"、"第二方"都既不具有任何行政隶属关系，也不具有任何利益关系，所以一般也会被称为"独立第三方"。在西方，多数情况下是由非政府组织（NGO），即一些专业的评估机构或研究机构充当"第三方"。这些非政府组织可以保证作为"第三方"的独立性、专业性、权威性的要求。

果发布。这次对"活动"的评估以研究性评估为主，主要服务于宏观决策，兼顾给试点城市出谋划策，以在没有政绩压力的情况下总结"活动"得失，发现试点经验，谋划"活动"未来。

三　评估内容

鉴于全国创建幸福家庭活动工作于 2011 年 5 月在 32 个试点城市率先启动，至今已有四年多时间，开展活动时间最长，因此本年度"活动"评估的范围为第一批试点单位，共 32 个地区。评估内容主要包括以下三个方面。

（1）"活动"试点的工作开展情况评估。通过系统梳理试点工作启动以来各地区工作开展的情况，围绕"活动"主题（文明、健康、优生、致富、奉献）、内容（文明倡导、健康促进、优生优育、致富发展、奉献社会五个方面）和措施（宣传倡导、健康促进、致富发展三大行动），对照各项目的主要任务和预期目标进行多重分类比较，评估其工作开展情况。

（2）"活动"试点的社会经济效益评估。在对各试点地区工作开展情况进行分类比较的基础上，综合各地区的社会经济条件和试点工作开展情况选择若干典型地区详细梳理相关投入情况（主要是资金投入）和试点工作成效（主要是社会经济效益），并测算试点工作的社会经济效益、计算带动比，据此考察"活动"试点工作是否有效地带动了当地的经济发展、是否显著地改善了民生，作为评估"活动"试点项目设置合理性的依据。

（3）典型案例分析。重点关注与"活动"主题密切相关且较具代表性的项目，例如针对"计划生育特殊家庭"设计的专项服务，选择典型地区的典型项目分析其在改善民生、促进社会稳定、带动经济发展等方面发挥的积极作用，为"活动"的全面开展和相关配套政策的制定提供行之有效的建议。

B.7

第二章

评估方法和指标体系

　　对"活动"的合理性和有效性进行评估，关键在于构建科学合理的评价指标体系和选择适当的综合评价方法。由于首批试点地区数量较多，各地区在"活动"的五个主题下启动的项目种类繁多且各具地方特色，资金来源的渠道众多，各个项目开展的起点和持续时间也各不相同，因此要在统一的标准体系下对32个试点地区开展量化评估并非易事。为使评估结果最大限度地体现"活动"试点工作的成效，增强可比性，针对上述三方面评价内容，我们重点选用了纵向比较和横向比较两种评估方法。纵向比较主要是评估"活动"的开展是否在投入和覆盖人群方面完成了既定目标；横向比较则是选择重点城市、可比项目、限定效益来进行比较，这种比较有规范的技术路线，有比较全面科学的效益分析（如社会效益、直接经济效益、间接经济效益等）。在进行评估之前，我们还需要对32个试点城市和各地区开展的项目进行选取。

一　评估城市和项目的选取

　　由于试点城市众多，并且开展的项目内容繁杂，时间错位，因此我们需要在"因地制宜、聚类分析"的原则下，对创建幸福家庭活动采取分类分项的评估模式。对各试点城市的创建幸福家庭活动进行评估应当建立在对创建幸福家庭活动本身科学分类的基础之上，不同地区和不同类型的活动项目的目标不同，发展侧重点各异，需要采取聚类分析的评估方法，不能只对创建幸福家庭活动进行笼统而模糊的评估。

（一）评估城市的选择

为了增强地区之间财力投入的可比性，我们基于各地区的经济发展水平和户籍人口数①对 32 个试点城市进行类别上的划分，将在这两个维度上情况比较相近的地区归为同一类别，然后再从中选取典型城市进行重点评估。由于首批试点城市从 2011 年开展创建幸福家庭活动，因此我们分别选取 2011 年各城市 GDP 和户籍人口数作为经济发展水平和人口数的衡量指标，通过聚类分析方法将试点城市分成四类，并总结出每一类城市在经济发展程度和人口资源方面的共性特征。

聚类分析是根据研究对象的特征对研究对象进行分类的多元统计分析技术。它直接比较各事物的性质，将性质相近的归为一类，将性质差别较大的归入不同的类。我们所研究的样本或变量间存在着某种程度的相似性，可依据一批样本的多个观测指标，将一些相似程度较大、关系较密切的类聚集到一个小的分类单位，然后逐步扩大，使得样品关系疏远到一个大的分类单位，直到所有的样品（或者变量）都集聚完毕，形成一个表示亲疏关系的谱系图。由于我们希望把试点地区分为四类，所以适宜采用聚类分析中的快速聚类方法。

我们分别选取 2011 年各试点城市 GDP 和户籍人口数作为经济发展水平和人口数量的衡量指标。由于这两个指标的量纲不同，所以我们先对这两个指标进行了标准化处理，以消除量纲的影响，然后通过 SPSS 中的 K – Means Cluster 进行快速聚类分析。聚类分析的结果如表评 2 – 1 所示。

---

① 这里如果选用常住人口数更为合理，但由于数据的可得性，所以选用了户籍人口数。

表评 2 – 1　32 个试点城市的聚类分析结果

地区	GDP（万元）	户籍人口（万人）	所属类别
北京市平谷区	1366356	39.63	1
天津市武清区	4272000	85.6	1
河北省廊坊市	16114156	424.9	2
山西省太原市	20801243	365	2
内蒙古自治区包头市	30054000	221.8	2
辽宁省大连市	61506265	588.5	3
吉林省长春市	40030775	761.8	3
黑龙江省牡丹江市	9403461	267.2	1
上海市闵行区	14830800	98.48	1
江苏省苏州市	107169900	642.3	4
浙江省宁波市	60592409	576.4	3
安徽省铜陵市	5794100	74.2	1
福建省漳州市	17682006	479.2	2
江西省新余市	7792129	119.4	1
山东省东营市	26763500	186	1
河南省郑州市	49798455	1010.1	3
湖北省武汉市	67622000	827.2	3
湖南省长沙市	56193285	656.6	3
广东省广州市	124234390	814.6	4
广西壮族自治区百色市	6567051	385.3	2
海南省琼海市	1285700	50.17	1
重庆市渝北区	7678600	107.61	1
四川省德阳市	11374486	390.5	2
贵州省遵义市	11214632	771.9	2
云南省玉溪市	8765508	231.8	1
西藏自治区林芝地区	613500	19.51	1
陕西省宝鸡市	11757520	383.2	2
甘肃省酒泉市	4815458	99.1	1
青海省格尔木市	2425145	12.51	1
宁夏回族自治区银川市	9866761	162.2	1
新疆维吾尔自治区昌吉回族自治州	2425145	12.51	1
新疆生产建设兵团农八师石河子市	2432700	62.44	1

　　资料来源：《中国城市统计年鉴（2012）》和各地区 2011 年国民经济和社会发展统计公报。

根据聚类分析的结果，我们可以对分类情况进行整理和归纳，如表评2－2所示。

表评2－2　聚类分析结果

类别	试点区	分类说明
第一类（16个）	北京市平谷区、天津市武清区、黑龙江省牡丹江市、上海市闵行区、安徽省铜陵市、江西省新余市、山东省东营市、海南省琼海市、重庆市渝北区、云南省玉溪市、西藏自治区林芝地区、甘肃省酒泉市、青海省格尔木市、宁夏回族自治区银川市、新疆维吾尔自治区昌吉回族自治州、新疆生产建设兵团农八师石河子市	GDP和户籍人口数均比较小
第二类（8个）	河北省廊坊市、山西省太原市、内蒙古自治区包头市、福建省漳州市、广西壮族自治区百色市、四川省德阳市、贵州省遵义市、陕西省宝鸡市	GDP和户籍人口数均为中等偏下
第三类（6个）	辽宁省大连市、吉林省长春市、浙江省宁波市、河南省郑州市、湖北省武汉市、湖南省长沙市	GDP中等偏上，户籍人口数排名前八
第四类（2个）	江苏省苏州市、广东省广州市	GDP排名前二，且户籍人口数较大

在聚类分析的基础上，再结合各地反馈资料的完整性，我们从第一类中选取三个地区，从第二、第三、第四类中各选取一个地区进行重点评估。第一类中，我们选择北京市平谷区、黑龙江省牡丹江市和安徽省铜陵市；第二类中，我们选取四川省德阳市；第三类中，我们选取吉林省长春市；第四类中，我们选取江苏省苏州市。

（二）评估项目的选择

针对地区差异大、工作发展不平衡的实际，"活动"首先确定在全国31个省（区、市）和新疆生产建设兵团各选择一个工作基础好、带动能力强的城市作为首批试点，并通过分片开会、交流情况、办班培训和调研督导等方法，有针对性地研究解决不同地区试点工作

中出现的问题，及时总结推广成功经验，促进全国创建幸福家庭活动的开展。"活动"开展以来，各地围绕"活动""文明、健康、优生、致富、奉献"的主题，因地制宜，开展了形式多样的三大类活动：宣传倡导、健康促进、致富发展。在宣传倡导方面，围绕婚育文明、人口文化建设以及幸福家庭评比表彰等内容开展丰富多彩的宣传活动，"幸福家庭万里行"、"创建幸福家庭与全面做好人口工作"主题征文、"中国家庭幸福感调查"都产生了良好的社会反响。在健康促进方面，发挥人口计生公共服务网络优势，突出生殖健康和孕前优生健康检查等重点服务项目，推进乳腺健康宣教诊治中心项目，落实育龄妇女宫颈癌防治行动，受到群众普遍欢迎。在致富发展方面，扎实推进"少生快富"、"幸福工程"和"生育关怀行动"项目，结合当地就医、就学、就业及养老保障实际，制定出台一系列奖、优、免、补、扶等政策，让计划生育家庭得到实实在在的利益。表评2-3至表评2-7列出了"活动"五个主题下部分城市开展的主要活动。

表评2-3　各地在"致富发展"方面开展的项目活动

活动主题	致富发展
效益体现方式	增强就业能力,提高贫困计生家庭收入
典型案例	幸福在他乡——农民工创业援助计划、幸福工程——救助贫困母亲行动
各地开展的活动	漳州市:做强做大"幸福工程"品牌,总结推广"企业(基地、能人)+计生母亲"、"优势产业+内引外联+计生母亲"、"整村推进"等模式,对计划生育家庭进行有效帮扶。每年从社会抚养费中提取8%~10%,发展壮大帮扶资金,使"幸福工程"持续发展。在全市实施"三培育"工程,发动各级党委、政府、有关部门和社会力量,把计划生育困难户培育为小康户,把小康户培育为幸福家庭户,把幸福家庭户培育为党员干部户。
	天津市:实施"家佳推进计划",提高家庭发展能力。以家庭为切入点,以提高计生家庭发展能力为重点,一年设定一个主题,以项目运作方式,持续实施"家佳推进计划",推动创建幸福家庭活动深入开展,促进家庭发展能力的提高。

活动主题	致富发展
各地开展的活动	天津市:将符合规定的"半边户"农业户口一方纳入全市农村部分计划生育家庭奖励扶助制度中,奖励扶助标准由每人每年720元提高到960元;将独生子女伤残家庭扶助标准由每人每月160元提高到220元,将独生子女死亡家庭的扶助标准由每人每月200元提高到270元,有的区县提高到400元;部分区县对独生子女死亡家庭还分别给予10000~30000元的一次性救助金,还有的区为因病住院的计划生育特殊家庭父母,给予每人每天50~100元的医疗补贴;另一方面从创业、就业方面入手,提高贫困家庭的就业能力,帮助贫困家庭从根本上摆脱贫困,从而提高家庭的生活水平。
	武汉市:一方面,完善创建幸福家庭保障体系。对退休的或年满60周岁的城镇独生子女死亡父母,每人分别给予一次性7000元的扶助资金。对发生独生子女死亡的家庭,第一时间上门慰问,给予2000元的抚慰金。鼓励计划生育特殊家庭父母再生育,并给予一次性5000元再生育补助。对计划生育特殊家庭,在每年的元旦、春节、中秋节,组织上门慰问,发给200元慰问金。民政部门将符合条件的农村计划生育特殊家庭优先纳入农村"五保"供养范围。卫生部门为计划生育特殊家庭建立健康档案,提供社区基本医疗"五免六减"服务;在市属医院开辟"绿色通道",为患病的计划生育特殊家庭父母优先提供诊疗服务。房管部门对符合廉租房租赁条件的计划生育特殊家庭,给予优先照顾。市老龄委等部门启动由政府买单的家居护理服务,对计划生育特殊家庭老人提供每天1小时的照料,帮助其排忧解难;对年满70周岁、生活困难的老人,另外给予每月100元的补贴。另一方面,创新城乡家庭致富发展模式。在城市,加强技能培训;加强创业指导;加强资金帮扶;加强跟踪服务;加强普及推广。在农村,建立"公司＋基地＋农户"的计生家庭致富发展模式。
	重庆市渝北区:"富家"计划,提高家庭发展能力。实行"独生子女助学计划"。区级奖扶政策"提标扩面",35项免费项目服务范围拓展至流动人群,独生子女四级以下伤残定额扶助、关爱女孩"平安两全"保险范围扩大到城镇计生家庭等,使"幸福家庭"内涵更加丰富。

从表评2-3可以看出,各地围绕"致富发展"开展了形式多样的活动。其中,"幸福在他乡——农民工创业援助计划"和"幸福工程——救助贫困母亲行动"均是由中国人口福利基金会发起的。"幸福工程——救助贫困母亲行动"旨在全面提高母亲的综合素质与家庭发

展能力，实现自我发展、劳动致富。其模式是"小额资助、直接到人、滚动运作、劳动脱贫"。同时，鼓励各地因地制宜，探索成本低、效益好、可持续的其他救助方式。截至2013年底，"幸福工程"在全国29个省（区、市）累计投入资金10.5亿元，在建项目点492个，救助贫困母亲27.7万人，惠及人口122.6万人，脱贫率达85%以上，还款率达90%以上。受助母亲在项目管理人员的帮助下，经过自己的辛勤劳动，家庭年人均收入超过了当地年人均收入的平均水平。

"幸福在他乡——农民工创业援助计划"由中国人口福利基金会发起，由中国建设银行捐助资助北京、银川、宁波的农民工创业。该项目主要采取"小额援助、自主创业、回馈社会、滚动运作"的救助模式，旨在创造就业岗位，提升农民工自身发展能力；有序引导流动人口合理分布，降低部分城市资源承载和社会管理服务的压力；促进城镇化健康发展，培植新的经济增长点；促进创业企业履行社会责任，倡导爱心奉献与社会文明。截至2013年底，"幸福在他乡"已支持146名农民工创业，有效地提高了他们在当地生产、生活的质量。①

各地也结合本地特征，在"幸福工程"和"幸福在他乡"项目上开展丰富多彩的活动，取得了显著的成绩。比如上海市结合本市特征，积极探索从帮扶个人到集体运作、从农村拓展到城市、从上海辐射到全国的救助模式，通过"救助一位母亲，影响一个家庭，带动一方乡亲"，让更多家庭受益。

表评2-3还反映出各地围绕"致富发展"主要从两方面来开展活动。一方面是全面落实计划生育家庭奖励扶助政策，尤其是落实农村部分计划生育家庭奖励扶助、独生子女伤残死亡家庭特别扶助以及三级以上手术并发症人员特别扶助等政策，并提高奖励扶助标准；另一方面是通过创新家庭致富发展模式，加大计划生育特殊家庭技能培

---

① 以上数据来自中国福利基金会内部资料。

训和项目资助，提高家庭发展能力。因此，本课题组也重点从这两个方面来进行定量评估，评估"活动"在帮助计生特殊家庭脱贫致富、促进家庭发展致富，从而提高城镇与农村居民收入与消费支出以及提高就业人数，推动区域经济发展方面发挥的作用。很多地区在这方面的活动还包括对老年人家庭和计划生育特殊家庭的关爱和救助，带动了居家服务业的发展。这方面的社会贡献需要进行定性评估。

表评 2-4　各地在"健康促进"方面开展的项目活动

活动主题	健康促进
效益体现方式	提高家庭成员生活保健和生殖健康的意识、能力和水平,促进家庭成员身体健康、心情愉悦,带动卫生、社会保障和社会福利事业发展
典型案例	幸福微笑、生殖健康援助行动、青春健康你我同行
各地开展的活动	太原市:第一,推进健康普查计划。全面落实城乡居民基本医疗保险、养老保险、农村生育补助,突出强调家庭保健主题,实行学生入学健康普查、婚前健康检查、年度职工健康体检、年度村居民健康普查、流动人口生殖健康普查五免费。第二,推进生殖保健计划。加强已婚妇女、退出生育期妇女、流动人口妇女的生殖健康检查,提升生殖健康水平。
	北京市平谷区:打造"幸福家庭通"。由平谷区和北京市九喜信息科技有限公司为平谷区"幸福家庭发展计划"专门制作的一款集"健康教育、健康促进、健康管理"于一体的高科技家庭健康管理网络平台。
	宁波市:实施健康女性工程。以宁波市人口家庭 12356 服务中心为依托,市县乡村服务机构和信息平台为支撑,为广大育龄妇女提供服务。实施国家人口计生委与英国玛丽斯特普合作项目,进一步完善以家庭为中心的生殖健康促进模式,提高家庭健康保健能力。建立宁波市"女性生殖健康筛查中心",深入开展"乳腺·宫颈健康促进项目"和生殖道感染干预等生殖保健系列服务;实施老年健康保健服务,开展围绝经期妇女的保健关怀活动,及时提出调整或终止避孕措施的建议,规范退出育龄期妇女宫内节育器的取出,规范其他生殖健康服务行为。实施青春健康项目。推进青春健康项目"进学校、进社区、进企业",建设青春健康项目基地和青春阳光室,培育师资、主持人和同伴教育者,开展生活技能培训,组织知心导师开展面对面或热线电话咨询、网上交流,建立绿色通道提供紧急援助。

续表

活动主题	健康促进
各地开展的活动	重庆市渝北区:"康家"计划,关注群众生命全过程。全区健全了出生缺陷三级干预体系,实现"三免"服务,辖内的居民均可享受免费孕前优生健康检查、免费孕期优生检测、新生儿疾病免费筛查。不仅如此,渝北区还大力推行全程服务,向生理、心理服务扩散,朝优生早教、家庭幸福、生殖健康、青春成长、避孕节育、老龄保健各方面覆盖。

表评2-4反映了各地围绕"健康促进"开展的活动。"幸福微笑"、"生殖健康援助行动"和"青春健康你我同行"是由中国人口福利基金会发起的,各地结合这些项目开展了很多各具特色的项目。总体而言,各地都开展了生殖健康促进活动,并为育龄妇女开展乳腺癌、宫颈癌防治及常见生殖健康疾病的普查普治服务。因此,我们将重点对各地区的生殖健康筛查覆盖率、育龄妇女生殖保健服务覆盖率、"两癌"筛查覆盖率以及生殖系统疾病治愈率等进行评估。

表评2-5 各地在"优生优育"方面开展的项目活动

活动主题	优生优育
效益体现方式	提高人口素质,带动卫生、社会保障和社会福利业以及文化产业的发展
典型案例	优生优育促进工程
各地开展的活动	上海市闵行区:以启蒙教育为切入点,打造闵行特色品牌。为更好地扩大婴幼儿家庭启蒙教育的知晓率和影响面,闵行区主张"以公益为主,以高端为辅,注重理念创新",打造具有闵行特色的"智慧早教品牌"。
	漳州市:大力实施"出生缺陷干预工程"和"优生促进工程",全面开展免费妇科病普查、婚前医学检查、孕前优生健康检查、为唇腭裂儿童治疗检查,为优生把好第一道关。从2011年7月起,漳州市各县(市、区)全部开展免费孕前优生健康检查。在优生基础上扎实推进优育,对农村二女户、独女户实行中考加分政策,开展奖教助学活动,对流动人口子女提供就近入园入学等均等化服务。

活动主题	优生优育
各地开展的活动	苏州市:全面打造"生育关怀·服务到家"品牌,为各类家庭提供按需服务。品牌活动在全市 32 个试点乡镇、街道正式试点启动。2012 年一年实际走访入户服务 144.09 万户,服务率达 94.47%。
	东营市:实施温情计生服务。一是对退出育龄期妇女免费取出宫内节育器;二是开展出生缺陷一级干预工程和孕前优生免费检测;三是开展 0~3 岁婴幼儿早期教育;四是开展关爱妇女生殖健康项目,开展生殖道感染干预服务和乳腺癌、宫颈癌"两病"筛查,建立生殖健康服务档案,定期随访;充分发挥家庭幸福指导站的作用,每年深入乡村开展一次"计生服务进百村活动",为育龄群众进行健康查体。
	宁波市:实施婚育咨询项目。在医疗资源丰富的老城区,建立一支由人口计生工作人员与具有一定医学背景、热心公益事业、会做群众工作的志愿者相结合的家庭婚育咨询师队伍,经人口计生部门系统化培训后持证上岗。为每对新婚夫妇配 1 名婚育咨询师,从结对签约之日起至产后避孕措施落实止,提供全程的家庭婚育保健咨询指导服务,包括帮助制订生育计划、提供知情选择、开展生殖保健服务等。实施孕前优生项目。分步实施免费孕前优生健康检查试点工作,基本实现孕前优生指导的优质服务全覆盖。到"十二五"期末,全市计划怀孕夫妇孕前优生健康检查率达到 85% 以上,群众出生缺陷一级预防知识知晓率达 90% 以上。实施"三优"促进工程。建立"优生优育优教指导中心",出台定期向社会公开的免费授课制度,面向新婚夫妇、怀孕夫妇和 0~3 岁婴幼儿抚养人,普及有关知识,增强他们提高人口素质、预防出生人口缺陷、科学育儿、人口早期教育的意识和能力。发挥母乳喂养协会和母乳喂养援助中心的优势,开展"创建全母乳喂养城市"活动。

表评 2-5 反映了各地在"优生优育"方面开展的项目活动。这些活动主要集中在出生缺陷一级干预、免费孕前优生健康检查、注重婴幼儿早期教育和素质提升、重视青少年健康人格培养等方面。因此,我们将重点从各地免费孕前优生健康检查项目目标人群覆盖率、

孕前以及孕产期检查率、出生缺陷发生率、孕产妇死亡率、婴儿死亡率等方面对这些项目进行评估。

表评2-6 各地在"文明倡导"方面开展的项目活动

活动主题	文明倡导
效益体现方式	提高社会稳定性,提高人口素质,带动文化产业发展
典型案例	婚育新风进万家、幸福母亲进京、幸福书屋
各地开展的活动	宁波市:开展慈孝你我同行活动。通过举办"慈孝——你我同行"、"慈孝——敬老爱老"、"慈孝——邻居互助"、"慈孝—从小践行"等系列活动,倡导忠于国家、孝亲敬老、学习奋进、爱岗敬业、关爱子女、邻里互助之风。推进婚育文明福万家活动。构建宁波特色婚育文明,践行"对婚姻、生育、生命和家庭的珍视、热爱与尊重"的核心价值观。加强家庭发展理论研究。利用宁波婚育文明论坛等平台,密切关注国内外家庭政策和家庭发展的趋势,深入探讨家庭发展所涉及的政策完善、制度安排、机构改革等问题,认真研究促进家庭健康和家庭发展的目标定位、实现路径、工作重点和机制保障,为创建幸福家庭指明发展方向。
	重庆市渝北区:"润家"计划,筑牢文明促奉献。以慈孝文化建设为着力点,将全区打造成"父慈母爱、尊老爱幼,寸草春晖、忠孝节义"的文明奉献之区。
	连云港市:深入开展"新风尚·新家园"婚育新风进万家主题实践活动。组织新型人口文化进机关、进村居、进企业、进军营、进校园、进家庭"六进"活动;着力抓好"六个一批"婚育新风项目建设*;在全市继续打造渗透式、融入式、嵌入式户外宣传环境,推进和完善"园"、"校"、"街"、"路"、"栏"、"牌"等人口文化设施建设,精心打造2~3个高品位的人口文化园。举办"寻找幸福密码"家庭人口文化宣传月系列活动。组织开展"寻找身边美丽语言,倾听家庭幸福声音"微感言征集、"幸福家庭,温情故事"征集、"幸福家庭,心灵驿站"大讲堂、"寻找幸福瞬间"随手拍、"幸福家庭健康直通车"等活动,以此来宣传弘扬符合社会主流价值观的家庭观、幸福观、性别平等观。深入实施"关爱女孩,尊重女性"行动。以促进社会性别平等为重点,实施关爱女孩致富、安居、成才、保障、亲情"五项工程";加大依法查处"两非"案件的力度;指导基层继续开展"圆梦女孩志愿行动"。

续表

活动主题	文明倡导
各地开展的活动	宝鸡市：深化"婚育新风进万家"活动，倡导生育文明。利用"召开推进创建幸福家庭工作会"和"5·29"计生协会会员活动日、"7·11"世界人口日等节日开展集中宣传活动，发放宣传品、避孕药具，开展义诊和政策法规、生殖保健知识咨询服务活动。利用广播、电视、互联网等媒体，广泛宣传开展创建幸福家庭活动对促进人口长期均衡发展的重要作用。
	郑州市：大力开展婚育新风"进家庭、进学校、进乡村、进社区、进企业"活动；充分发挥村级人口文化大院宣传服务主阵地的作用，大力开展"教育培训、文化交流、健康服务、健身娱乐、科技传授"等宣传服务活动；利用"7·11"世界人口日等节日，组织开展形式多样的群众文化活动。
	天津市武清区：广泛开展社会宣传活动。充分利用计生宣传手段，打造"幸福家庭、幸福武清"品牌，同时联合《天津日报·武清资讯》开辟"幸福家庭、幸福武清"专栏，联合武清区电视台开办《幸福家庭》专题节目，宣传幸福家庭理念、幸福家庭政策以及创建幸福家庭活动突出典型。搭建新型生育文化载体。以新农村建设为契机，提高村级计生服务室建设标准，在"农家书屋"中建立"家庭文化阅览室"751个；村村建立文化活动小广场，把新型生育文化和幸福家庭理念宣传融入广场文艺晚会和乡村民间文艺演出，春节、农闲、消夏期间共组织晚会宣传和文艺宣传220余场次。开展特色家庭文化活动。依托基层群众自治建设，开展一系列村级特色家庭文化活动，倡导和谐家庭、和谐村居新风尚。

　　*组建一批婚育文明宣传志愿者队伍，打造一批家庭人口文化宣传精品，创建一批亮丽的人口家庭文化景苑，培育一批幸福家庭建设示范县（区）、示范乡（镇、街道）、示范村（居）和示范户。参见连人口计生委〔2014〕22号《关于印发〈关于深化"携手365，幸福进万家"全市幸福家庭创建工作的方案〉的通知》。

　　表评2-6反映了各地在"文明倡导"方面开展的项目活动。这些活动主要是通过广播、电视、网络等大众传媒，采取文艺演出、广场活动等多种方式，广泛宣传文明进步的家庭观和幸福观。"文明倡导"方面开展的项目形式多样，主要是对项目开展期间，组织举办宣传教育活动的场次和参加的人数，以及活动的覆盖人群进行评估。同时，"文明倡导"主题下的项目活动对我国的文化产业有明显的带动作用。

147

表评 2－7　各地在"奉献社会"方面开展的项目活动

活动主题	奉献社会
效益体现方式	带动社会力量投入
典型案例	志愿服务行动
各地开展的活动	宁波市:开展情暖夕阳行动。发扬敬老、养老、助老的良好风尚,组织发动共产党员、共青团员、公职人员等参与关爱老人的活动,结对帮扶空巢老人,开展生活照料、精神慰藉、临终关怀等亲情服务。在计生协会会员和志愿者中发展养老服务员,为独生子女夭亡伤病残和计划生育特殊家庭高龄、独居老人提供上门服务。探索"政府养老,计生协会送终"的模式,为独生子女夭亡家庭的父母养老送终。 开展志愿服务行动。围绕家庭的"生产、生育、生活、发展"需求,根据各地不同的人才资源优势,组建不同类型的家庭服务队伍,建立专业化培训和登记管理制度。每年为 1 万个以上的包括老年人家庭、残疾人家庭、计划生育特殊家庭、留守儿童家庭、流动人口家庭以及其他特殊困难的家庭提供志愿服务。
	太原市:注重志愿服务体系的建设。全市成立了社会志愿服务工作委员会,在全国省会城市中率先在市文明办设立了志愿服务处,不断健全与政府服务、市场服务相衔接的社会志愿服务体系;注重志愿服务活动的开展。以"5·15"国际家庭日、"5·29"计生协会会员活动日、"7·11"世界人口日、"12·5"国际志愿者日等为契机,组织广大计划生育爱心志愿者,采取"一对一""多对一"等形式,按照就近就便的原则,组织开展敬老助残、心理疏导、咨询陪护、山村支教、社区服务、社会公益等活动,不断推进志愿服务常态化、创新化、适时化;注重典型引路作用的发挥。全市从创建幸福家庭活动的实践积累中总结提炼具有普遍借鉴意义的经验,大力宣传这些"活动"的先进典型,广泛开展学习活动,通过具有说服力、感染力和号召力的先进典型,不断促进全社会公民道德建设和创建工作的进步。
	天津市:开展"春雨润心行动"志愿服务工作,组织志愿者为计生特殊家庭提供医疗、维权、家政、关爱等多种公益服务。市人口福利基金会与市慈善协会投入 80 万元,为全市计生特殊家庭全部办理了"暖心计划保险";在西青区建立市级"暖心之家",设有心灵驿站、健身房、阅览室、棋牌室、暖心课堂等活动室,为计生特殊家庭提供心理咨询、健康指导、娱乐休闲等服务。

表评 2 - 7 反映了各地在"奉献社会"方面开展的项目活动，主要集中在志愿者服务、养老服务和慈善募捐活动等方面。其他四个主题方面的活动也对"奉献社会"有积极的推动作用。比如，"幸福工程——救助贫困母亲行动"、"生殖健康援助行动"虽然是"致富发展"和"健康促进"主题下的活动，但在开展的过程中也带来了相当数额的捐款。比如 2013 年，中直机关和中央国家机关干部职工向贫困母亲献爱心，分别捐款 137 万元和 512 万元。2012 年老牛基金会与中国人口福利基金会签署捐赠协议，确定连续 5 年每年向"幸福工程"捐款 100 万元。2014 年 5 月，在全国创建幸福家庭活动工作会议上，全国工商联副主席、香港经纬集团有限公司董事长陈经纬先生决定向中国人口福利基金会捐赠 800 万元，用于支持创建幸福家庭活动"生殖健康援助行动"蓝氧项目。因此，这方面主要对志愿者服务、养老服务和慈善募捐活动进行评估。

表评 2 - 8 将各地围绕五个主题的活动划分为两个类别：共性较强且与主题高度关联的活动（可以称为"规定动作"）、个性较强但与家庭幸福有联系的活动（可以称为"自选动作"）。

二 评估方法

对"活动"试点工作开展情况的评估，重点是关注各试点地区在推进相关工作过程中的主观努力程度。由于启动的项目类别众多、涉及面广，评价项目的成效既有定性指标又有定量指标，拟选用综合分析评估法进行综合评估①，其结果体现为相对于项目预期目标的完成程度（百分比）。

---

① 在确定各试点地区开展活动的综合水平时，关键在于确定各指标的权重，可选用的方法包括层次分析法、模糊综合评价法、熵权系数法等。

表评2-8　围绕五个主题的活动分类

主题	"规定动作"	典型城市	"自选动作"	典型城市
文明倡导	婚育新风进万家	宝鸡市:婚育新风进万家活动、郑州市:婚育新风"进家庭、进学校、进乡村、进社区、进企业"	社会文明风尚的构建	重庆市渝北区:润家计划、铜陵市:"好媳妇、好婆婆"评选
文明倡导	幸福家庭相关评选活动	大连市:"新概念家庭"评选活动	具有当地特色的有助于家庭文明环境形成的活动	太原市:幸福太原人
健康促进	生殖健康援助行动	太原市:推进生殖保健计划	集多方面健康促进活动为一体的项目	北京市平谷区:"幸福家庭通"
健康促进	健康体检活动	铜陵市:农村妇女"两癌"筛查	具有地方特色的推进家庭健康促进的项目	太原市:"新太原人"甜蜜工程、德阳市:健康发展-家庭人口文化建设
优生优育	优生优育促进工程	漳州市:优生促进工程、宁波市:"三优"促进工程	关注生命全过程的健康促进活动	重庆市渝北区:"康家"计划
优生优育	婴幼儿早期教育	上海市闵行区:"智慧早教品牌"	全方位的计生服务	东营市:实施温情计生服务
致富发展	计划生育特殊家庭扶助相关政策	天津市:计划生育特殊家庭奖励扶助制度提标扩面	为各类家庭提供按需服务的促进优生优育的项目	苏州市:"生育关怀·服务到家"
致富发展	幸福工程——救助贫困母亲行动	漳州市:做强做大"幸福工程"品牌	提高家庭发展能力的项目	漳州市:三培工程
奉献社会	志愿服务体系建设(机构建设和活动统筹)	太原市:在市文明办成立志愿服务处	提供养老服务的相关项目	天津市:实施"家佳推进计划"、宁波市:情暖夕阳行动
奉献社会	以志愿者为主参与的关怀计划生育特殊家庭的活动	天津市:春雨润心行动		大连市:空巢家庭服务新模式

　　对"活动"试点取得的社会经济效益评估，重点是关注"活动"试点工作的客观效果，主要是在对试点工作开展情况评估的基础上，选择数据条件较好、项目成效显著的典型地区，依据经济学、社会学理论定量评估试点工作开展以来取得的社会经济效益，测算带动比。对"活动"试点取得的社会经济效益评估，我们主要是通过发放调查问卷来对试点城市的投入情况和所产生的经济效益进行对比。

　　对"活动"典型案例的分析评估，重点是关注与"活动"主题密切相关且较具代表性、创新性的项目，运用对比分析法对其社会经济影响进行评价，其结果可为"活动"的全面开展和相关领域的社会管理政策制定提供有参考价值的建议。

（一）构建评价指标体系

1. 评价指标的选择

　　评估工作的开展需聚焦"活动"五个方面的重点内容，既要最大限度地涵盖各试点地区开展工作的共性指标，又要兼顾各试点地区因地制宜开展的创新性项目进展。根据本年度的评估目的，选取的评价指标不仅要直观地体现各试点地区"活动"相关工作的开展情况，更重要的是在此基础上定量评估试点工作的开展情况。考虑到"活动"的五个方面各有侧重，难以完全实现定量评估，因此选取评价指标需要兼顾定性评价和定量考核的要求——评估"文明倡导"、"奉献社会"两方面的工作情况多为定性指标，评估"健康促进"、"优生优育"和"致富发展"三方面的工作情况多为定量指标。

　　综上所述，对"活动"试点工作开展情况的评估至少应包括两个主要步骤。

　　第一，根据"活动"的总体目标和主要内容，通过发放调查表全面了解试点地区的社会经济发展和"活动"开展情况，选取与"活动"主题密切相关且具有代表性的指标，评估各试点地区工作开展的

总体情况。由于在"活动"框架下启动的项目种类不同、主题各有侧重，并不一定涵盖试点地区的所有下辖区域或覆盖所有人群，且可能与卫生计生系统的相关日常工作存在交叉，但毋庸置疑的是，这些项目的开展在不同程度上对推进相关工作起到了积极的作用。因此，选用一部分卫生计生系统的常规统计指标，可以综合反映试点地区相关工作的总体情况，同时，其结果也可以作为分类对比分析的依据。

第二，在掌握各试点地区的基本情况之后，对32个试点地区进行分类；然后分类梳理各地区在试点工作中启动项目的情况，按照"文明倡导、健康促进、优生优育、致富发展、奉献社会"五个方面的主要内容进行多重分类对比分析，对照各地区启动项目的预期目标评估其工作的完成程度。

为满足评估工作的需要，评价指标的选取需紧密结合"活动"的总体目标和主要内容，相关资料通过现有统计资料和补充调查获得。初步选择的指标如表评2-9所示。

表评2-9的初选指标均是紧密结合"活动"主题，紧扣五大主要内容的关键点选取的，能够较为全面地反映"活动"开展情况及其成效。需要注意的是，"文明倡导"和"奉献社会"两个部分的内容较"虚"，仅靠这几个指标无法全面反映相关工作开展情况，因此需要定量评价与定性分析相结合，通过进一步调查收集的资料进行综合分析。

（二）32个试点城市"活动"开展情况的评估

1. 评估的技术路线

如图评2-1所示，在全面整理调查资料之后，我们按照"文明、健康、优生、致富、奉献"五个方面的主要内容对项目进行分类，通过梳理各类项目的预期目标和开展情况进行对比分析，量化评估相关工作的完成程度，评估结果体现为相对于项目目标的完成程度（百分

表评 2-9 "创建幸福家庭活动"试点工作开展情况评价指标

评价内容	评价指标	选择依据	评价方法
文明倡导——文明是幸福家庭的道德追求。引导家庭成员树立社会主义核心价值观，提高思想道德和科学文化素质，热爱祖国，关心社会，珍惜家庭，推动家庭成员之间、家庭与社会、家庭与自然间的友爱、和谐。	①"创建幸福家庭活动"社区覆盖率；②组织宣传教育活动场次；③离婚率；④九年义务教育巩固率。	①反映了"活动"的覆盖面；②反映了家庭的稳定程度；③是实现"提高家庭思想道德和科学文化素质"的基础指标；④反映了文明家庭建设的进程情况（①和②主要是对活动过程进行评价，③和④主要是对活动成效进行评价）。	定量评价+定性分析，以定性分析为主
健康促进——健康是幸福家庭的基础条件。培养家庭成员科学文明、低碳环保、健康绿色的工作与生活习惯，提高生殖保健和生殖健康的意识、能力和水平，促进家庭成员身体健康、心情愉悦，不断增强幸福感。	①生殖健康筛查覆盖率；②育龄妇女生殖保健服务覆盖率；③"两癌"筛查覆盖率；④生殖系统疾病治愈率；⑤宫颈癌发病率；⑥乳腺癌发病率。	①~③体现了生殖保健和生殖健康居民生殖服务水平；④~⑥是反映健康水平的特征指标。	定量评价
优生优育——优生是幸福家庭的希望所在。加强人力资源开发，着力提高人口素质，开展免费孕前优生健康检查，降低出生缺陷发生风险。普及科学育儿知识，注重婴幼儿早期发展，加强青少年健康人格教育，促进人的全面发展。	①出生人口性别比；②免费计划生育基本技术服务覆盖率；③免费孕前优生健康检查项目目标人群覆盖率；④孕前以及孕产期检查；⑤出生缺陷发生率；⑥孕产妇死亡率；⑦婴儿死亡率。	①②反映了计划生育工作的基本情况；③~⑦反映了优生健康检查的工作情况及其成效，主要是对活动成效进行评价。	定量评价

评价内容	评价指标	选择依据	评价方法
致富发展——致富是幸福家庭的重要保障。进一步完善各项惠民利民的经济社会政策,通过多种帮扶救助方式,支持城乡家庭特别是计划生育特殊家庭发展生产、勤劳致富,实现收入增加、生活宽裕,富足祥和,安居乐业。	①计划生育特殊家庭受助率;②受助家庭人均年增加收入;③带动脱贫人数;④创业就业培训人次;⑤带动就业人数。	①反映了"活动"对计划生育特殊家庭的扶助情况,主要是对"活动"的过程评价;②～⑤体现了通过帮扶救助促进就业的工作成效,主要是对"活动"成效进行评价。	定量评价
奉献社会——奉献是幸福家庭的价值体现。强化家庭成员的公民意识和感恩情怀,增强家庭责任感和社会凝聚力,形成人人乐于扶危济困,见义勇为、养老助残,邻里互助,回报社会的良好道德风尚。	①见义勇为人数;②社会爱心捐助(折合)金额;③计划生育特殊家庭受助数量(受助主要是指受到的除经济帮扶外的生活与养老帮扶)。	①体现了舍己为人的良好社会风尚,②反映了扶危济困,乐于助人的社会风貌,③反映针对计划生育特殊家庭受到的除经济帮扶外的生活与养老帮扶情况。	定量评价+定性分析,以定性分析为主

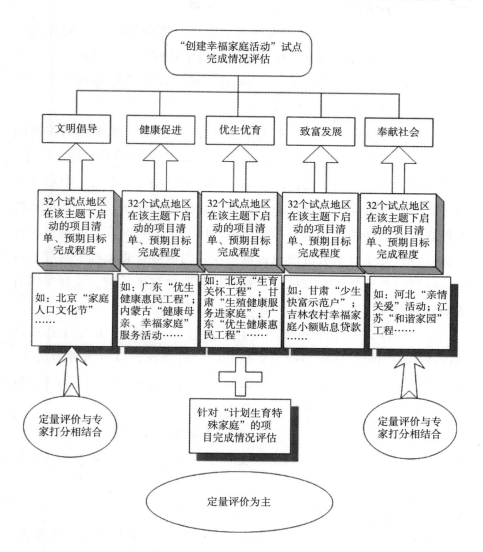

图评 2－1　"创建幸福家庭活动"试点工作开展情况评估基本思路

分比）。在具体操作时，需要注意两个方面的问题：其一，通过调查尽可能全面了解调查对象的"活动"进展，明确要求对定量指标要有准确的数据，难以量化的要有对工作情况不同程度的完整描述，便于专家以报送资料为依据对照标准进行打分；其二，除了各试点地区

在"活动"框架下启动的一般性项目以外，部分地区还针对计划生育特殊家庭开展了特别的帮扶工作，取得了较好的社会效益，对这些项目成效的评估将作为各地区"活动"整体评价的额外加分项，在整理调查资料时需要有所侧重。

在选定评价指标之后，指标权重的确定也是开展评估的关键问题。选择合适的权重确定方法，需视"活动"试点的项目情况而定。根据各地区反馈的调查资料，若32个试点地区在"活动"中启动的项目数量差别不大，可以考虑直接取各指标值的简单算术平均值；若项目数量相差悬殊，则可以考虑同一地区五个主要内容下的项目评价指标以项目覆盖人员数量或项目资金投入为权数计算加权平均数，各地区计算综合评价值时以项目数量为权数取加权平均数，这样可以有效降低误差。

根据图评2-1所示的基本思路，理想的"活动"试点工作开展情况评估采用定性分析与定量评价相结合的方法，以定量评价为主，评估的结果体现为项目目标的完成程度（百分比）。其最终的评价标准是按目标完成率将试点地区划分为三个类别。

良好：指标完成率≥55%；（按完成情况过半来衡量）

一般：35%≤指标完成率<55%；（按完成情况超过1/3来衡量）

较差：指标完成率<35%。

然而，由于"活动"不是日常工作，且"活动"主题有实有虚，因此很多地区在"活动"的开展和相关项目的设计过程中并没有制定可量化、可考察的预期目标。考虑到这些方面，我们从项目的组织管理、项目的资金管理和项目的实施情况及其效果三个方面组织专家根据收回的调查问卷进行评分。

2. 专家打分的基本思路

在项目的组织管理、项目的资金管理和项目的实施情况及其效果三个方面，项目的组织管理占 10 分，主要包括：（1）是否有专职人员负责"活动"组织协调和实施；（2）是否具备一定数量从事该项目的专业技术人员；（3）是否按要求通过有关媒体或其他途径及时公开项目相关信息；（4）是否有工作计划书（或实施方案）；（5）是否定期召开协调会、工作例会或自行进行阶段性活动评估、评审。

项目的资金管理占 20 分，主要统计项目资金的相关信息，评估各年度项目专项资金下达/拨付的及时性、项目资金整体使用情况。主要包括：（1）资金下达情况，评估各级是否及时下发中央财政资金；（2）资金使用情况，评估各项目单位资金的支出情况，用相关资金直接用于计划生育特殊家庭的比例来衡量；（3）资金的带动情况，是否带动社会资金的投入；（4）资金投入的创新情况，是否有专项资金或其他形式的专门用于"活动"开展的经费。

项目的实施情况及其效果占 70 分，主要是对五个主题的实施情况和效果进行评分。考虑到五个主题三实两虚（健康促进、优生优育、致富发展为实，文明倡导、奉献社会为虚）且许多活动受益的人群比例较低，因此在评分项设定中做了两方面处理：①三个实的主题的"活动"占分值较高，均占 18 分，两个虚的主题的"活动"占分值较低，均占 8 分；②项目设计和主观努力情况占分值较高，总人群的相关指标客观改善效果占分值较低。

在"文明倡导"方面，参照"创建幸福家庭活动"社区覆盖率、组织宣传教育活动场次、离婚率、九年义务教育巩固率等指标值，综合各地区报送的表格，考核要点包括：（1）"活动"是否在试点地区广泛开展；（2）"活动"的开展是否有效促进试点地区的家庭稳定；（3）"活动"的开展是否提升了试点地区的基础教育覆盖率；（4）"活动"的开展是否有效促进试点地区形成文明、友爱、和谐的社会风貌；等等。

在"健康促进"方面，参照各地区生殖健康筛查覆盖率、育龄妇女生殖保健服务覆盖率、"两癌"筛查覆盖率、生殖系统疾病治愈率及宫颈癌发病率和乳腺癌发病率，综合各地区报送的文字材料，考核要点包括：（1）是否广泛开展了生殖健康筛查服务；（2）是否为育龄妇女广泛提供了生殖保健服务；（3）是否广泛开展了"两癌"筛查服务；（4）是否有效提高了生殖系统疾病治愈率；（5）是否有效降低了宫颈癌和乳腺癌的发病率。

在"优生优育"方面，参照各地区免费计划生育基本技术服务覆盖率、免费孕前优生健康检查项目目标人群覆盖率、孕前以及孕产期检查率、出生缺陷发生率、孕产妇死亡率及婴儿死亡率，综合各地区报送的文字材料，考核要点包括：（1）是否广泛开展了免费计划生育基本技术服务；（2）是否广泛开展了免费孕前优生健康检查项目；（3）是否广泛开展了孕前以及孕产期检查项目；（4）是否降低了孕产妇和婴儿死亡率；（5）是否减少了出生缺陷婴儿，提高了出生人口质量。

在"致富发展"方面，参照各地区计划生育特殊家庭受助率、带动脱贫人数、创业就业培训人次、带动就业人数及受助家庭人均年增加收入，综合各地区报送的文字材料，考核要点包括：（1）项目设计是否专门针对了计划生育特殊家庭；（2）是否广泛开展了增强计划生育特殊家庭生产技能、提高计划生育特殊家庭发展能力的活动；（3）是否有效改善了计划生育特殊家庭的创业就业情况；（4）是否针对计划生育相关困难家庭（包括计划生育特殊家庭）开展了特别活动。

在"奉献社会"方面，参照见义勇为人数、捐款捐物折合金额等指标值，综合各地区报送的文字材料，考核要点包括：（1）"活动"开展以来是否有效增强试点地区公众的公民意识；（2）"活动"的开展是否有效促进试点地区公众形成乐于助人、回报社会的良好道德风尚等。

邀请专家依据调查资料进行综合打分，总分为 100 分，属于"优秀"类别的分数范围为 75 ～ 100 分，属于"良好"类别的分数范围为 55 ～ 74 分，属于"一般"类别的分数范围为 35 ～ 54 分，属于"较差"类别的分数范围为 0 ～ 34 分。专家评估表如表评 2 － 10 所示。

表评 2 － 10 专家评估表

评估维度	序号	评估内容	评估标准	量化分值	
				标准分值	专家评分
项目组织管理10分	1	领导机构	是否有专职人员负责"活动"组织协调和实施，做到分工明确，责任落实	2	
	2	专业队伍	是否具备一定数量的从事该项目的专业技术人员	2	
	3	信息公开	是否按要求通过有关媒体或途径及时公开和上报项目相关信息	2	
	4	工作方案	是否有工作计划书（或实施方案）	2	
	5	结项检查	是否定期召开协调会、工作例会或自行进行阶段性活动评估、评审	2	
合计				10	
项目资金管理20分	6	资金下达情况	各级是否及时下达中央财政资金与地方财政资金	5	
	7	资金使用情况	相关资金直接用于计划生育特殊家庭的比例（大于50%为1分，大于60%为2分，大于70%为3分，大于80%为4分，大于90%为5分）	5	
	8	资金的带动情况	是否带动社会资金的投入	5	
	9	资金投入的创新情况	是否有专项资金或其他形式的专门用于"活动"开展的经费	5	
合计				20	

续表

评估维度	序号	评估内容	评估标准	量化分值 标准分值	量化分值 专家评分
项目实施情况及其效果 70分	10	文明倡导	"活动"是否在试点地区广泛开展	3	
	11	文明倡导	"活动"设计中是否有针对促进试点地区的家庭稳定的内容	3	
	12	文明倡导	是否有效促进试点地区公众形成乐于助人、回报社会的良好道德风尚等	1	
	13	文明倡导	是否有效促进试点地区形成文明、友爱、和谐的社会风貌等	1	
	14	健康促进	是否广泛开展了生殖健康筛查服务	5	
	15	健康促进	是否为育龄妇女广泛提供了生殖保健服务	4	
	16	健康促进	是否广泛开展了"两癌"筛查服务	4	
	17	健康促进	是否有效提高了生殖系统疾病治愈率	3	
	18	健康促进	是否有效降低了宫颈癌和乳腺癌的发病率	2	
	19	优生优育	是否广泛开展了免费计划生育基本技术服务	5	
	20	优生优育	是否广泛开展了免费孕前优生健康检查项目	5	
	21	优生优育	是否广泛开展了孕前以及孕产期检查项目	4	
	22	优生优育	是否降低了孕产妇和婴儿死亡率	2	
	23	优生优育	是否减少了出生缺陷婴儿,提高了出生人口质量	2	
	24	致富发展	项目设计是否专门针对了计划生育特殊家庭	5	
	25	致富发展	是否广泛开展了增强计划生育特殊家庭生产技能、提高计划生育特殊家庭发展能力的活动	5	
	26	致富发展	是否有效改善了计划生育特殊家庭的创业就业情况	4	
	27	致富发展	是否有效促进了计划生育特殊家庭脱贫致富	4	
	28	奉献社会	是否有效增强试点地区公众的公民意识	2	
	29	奉献社会	是否有效促进试点地区公众形成乐于助人、回报社会的良好道德风尚等	2	
	30	奉献社会	是否针对计划生育相关困难家庭(包括计划生育特殊家庭)开展了特别活动	4	
合计				70	

3. 试点城市的得分情况

本次调查问卷发放给 32 个试点城市，收回有效问卷 24 份。我们共邀请5位专家对24个试点城市的"活动"开展情况进行了评估，得到5位专家对24个城市和地区（宝鸡只有一个专家的评分，不计在其中）的评价结果，表评2–11至表评2–14分别列出了总分评分以及各项评分较高的7个城市。从总的得分来看，24个试点城市的总分均大于55分，均较好地开展了创建幸福家庭活动。具体从三个评估维度来看，大部分分值在满分的60%以上。其中，项目的组织管理和实施及其效果得分较高，平均在满分的75%以上。项目的资金管理得分偏低，从详细的评估内容观其原因，虽然资金下达和使用情况大都较好，但资金的带动情况和资金投入的创新情况得分很低，导致这一维度总体得分偏低。这说明"活动"资金在带动相关社会资金方面和设置专项资金支持专门项目方面还存在不足，这也从深层次说明资金没有得到最大效率和最大收益的使用。因此，下一步需要重点推进投入资金的带动作用和创新使用。

根据中国人口福利基金会与中国人民大学共同开展的"中国家庭幸福发展指数研究"课题的一期研究成果，在其进行调研的16个城市里，家庭幸福发展主观分指数靠前的有漳州市、铜陵市和平谷区，而这三个地区也恰恰是我们评估结果显示完成情况较好的地区。这说明这些地区的家庭幸福情况与该地区创建幸福家庭活动的完成情况是有关的。

具体分析每一个维度的分值分布，还可以看到，虽然项目的实施情况及其效果总体得分较高，但各分项之间得分差距明显，总体来看，主观努力方面的指标，包括组织管理和开展情况等得分都较高，而客观效果方面的指标，得分都较低，其原因主要是受统计数字的影响。此外，各地的材料中也没有专门针对计划生育特殊家庭等进行项目设计和成果考核等，进一步说明各地针对计划生育特殊家庭开展的项目还远远不足，远不能满足计划生育特殊家庭的养老、医疗和心理扶助等方面的需求。

表评 2 - 11   总分评分为优秀的七个城市

城市	总分	城市	总分
平谷区	优秀	牡丹江市	优秀
德阳市	优秀	铜陵市	优秀
长春市	优秀	太原市	优秀
漳州市	优秀		

表评 2 - 12   组织管理评分为优秀的七个城市

城市	组织管理 （数值为此项得分与 满分的相对值）	城市	组织管理 （数值为此项得分与 满分的相对值）
平谷区	0.97	大连市	0.87
太原市	0.93	酒泉市	0.87
长春市	0.9	重庆市渝北区	0.87
昌吉州	0.9		

表评 2 - 13   资金管理评分为优秀的七个城市

城市	资金管理 （数值为此项得分与 满分的相对值）	城市	资金管理 （数值为此项得分与 满分的相对值）
重庆市渝北区	0.48	格尔木市	0.45
银川市	0.48	长沙市	0.43
新余市	0.48	昌吉州	0.41
酒泉市	0.45		

表评 2 - 14   项目实施情况及其效果评分为优秀的七个城市

城市	项目实施情况及其效果 （数值为此项得分与 满分的相对值）	城市	项目实施情况及其效果 （数值为此项得分与 满分的相对值）
德阳市	0.88	长春市	0.81
平谷区	0.87	昌吉州	0.79
铜陵市	0.82	牡丹江市	0.78
漳州市	0.81		

三　活动设计和开展情况小结

从活动设计和开展情况来看，综合对活动分类总结和对活动开展情况的打分，可以得出以下三方面评估结论。

①各地均较好地完成了创建幸福家庭活动。这是指各地在完成"规定动作"上保质保量，而在完成"自选动作"上多有创新，充分体现了创建幸福家庭活动的"创建"；

②从项目的组织管理、资金管理和实施情况及其效果三个评估维度来看，各地项目的组织管理和实施情况及其效果较好，但项目的资金管理得分偏低，主要是由于"活动"资金在带动相关社会资金方面和设置专项资金支持专门项目方面还存在不足。

③活动的项目设计还存在美中不足：虽然各地已开展了多项针对计划生育特殊家庭的活动，但各地的材料中多数缺少专门针对计划生育特殊家庭的项目设计和成果考核等，说明各地针对计划生育特殊家庭开展的项目还没有形成完整的体系，专门针对计划生育特殊家庭特点的养老、医疗和心理扶助等方面的需求亟待设计更好的项目以补齐短板。

B.8
第三章
"活动"相关投入情况评估

一 "活动"投入情况及评估内容

通过对"活动"试点地区的调查，我们可以了解各个项目的设计目标、工作内容、投入情况和工作成效。在对试点工作开展情况进行定量评估之后，综合各试点地区的社会经济条件、工作开展情况和数据条件，选择若干典型地区重点对"活动"的投入情况进行分析与评价。通过对"活动"投入的分析，可以深入了解试点地区对"活动"的财政资金投入以及带动的社会投入情况，结合对"活动"产生的社会经济效益测算，能够计算对"活动"投入的带动比——从国家层面评价项目投入产出效益、评估项目设置合理性的重要指标。

（一）相关活动的投入情况

一般而言，行政资源投入包括人力、财力以及物力的全面投入。但是，考虑到"活动"试点工作的特殊性，很多项目都与相关的日常工作存在交叉，人力和物力大多不是项目专用的，其投入情况无法准确计量，因此，本年度的活动相关投入情况评估主要是评估项目启动以来（2011 年起）的资金投入情况。

（二）创建幸福家庭活动的外延

对"活动"的相关投入情况进行评估，首先需要对"活动"的相关资金量进行界定,因此需要确定"活动"的外延,以明确相关资金统计的宽窄口径。

"活动"开展以来,在中央财政的带动之下,各地配套了大量经费积极开展各种项目活动,同时在开展的过程中带动了大量的社会资金投入。因此,"活动"的资金投入的外延主要包括中央财政经费、地方配套经费和社会资金三部分。在具体统计时可以分为宽口径和窄口径。宽口径即凡以"活动"名义申报的项目,其全口径投入的财物均被计算在内,这是实际产生的社会效果,所以需要计量全口径投入的财物与中央财政投入的比例,作为"活动"的一个主要产出指标。但宽口径容易形成重复计算(即以别的名义申报的项目也被放入这个筐中),所以还需界定窄口径,即以"活动"名义申报的项目,只记新增资金,即新项目资金或老项目的新增资金。

(三)创建幸福家庭活动相关指标与"十二五"规划纲要既有发展目标的关系

(1)"十二五"规划纲要既有发展目标解读

"十二五"规划纲要提出了24个既有指标。民生职责都具体化、指标化了,而且规定得非常细微,这是过去的规划(计划)中所没有的。这就意味着考核的指挥方向也会发生变化。

"十二五"规划纲要既有发展目标强化对结构优化、民生改善、资源节约、环境保护、基本公共服务和社会管理等目标开展情况的综合评价、考核。如图评3-1所示,"十二五"规划提出的很多发展目标都与民生息息相关,是民生的重要组成部分,且提出了明确的目标值。结合"活动"的相关内容可以发现,通过"活动"的开展,能够促进改善计划生育家庭在这些方面的民生。

(2)"活动"相关指标与"十二五"规划纲要既有发展目标的关系。如表评3-1所示,将"活动"相关指标与既有发展目标进行对

九年义务教育巩固率累计增长3.3%

高中阶段教育毛入学率累计增长4.5%

城镇居民人均可支配收入增长高于7%，农村居民人均纯收入增长高于7%

城镇登记失业率低于5%

城镇新增就业人数累计达4500万人

城镇参加基本养老保险人数累计增加1亿人，城乡三项基本医疗保险参保率累计增长3%

图评 3 – 1　"十二五"规划纲要既有发展目标（部分）

比可以发现，其涵盖了很多"十二五"发展目标。因此，"活动"的顺利开展与"十二五"规划目标的实现息息相关。

表评 3 – 1　"创建幸福家庭活动"相关指标与"十二五"规划纲要既有发展目标对应表

类别	创建幸福家庭活动内容	相关"十二五"规划目标
家庭生活	家庭消费	城镇居民人均可支配收入增长高于 7% , 农村居民人均纯收入增长高于 7%
	家庭就业	城镇登记失业率低于 5% ; 城镇新增就业人数累计达 4500 万人
	居住状况	城镇保障性安居工程建设共增 3600 万套
家庭健康	健康状况	提高医疗保障水平
	医保覆盖	城乡三项基本医疗保险参保率累计增长 3%
	家庭优生	人口计生
家庭经济	收入情况	提高最低工资标准, 提高城乡低保标准, 减轻居民税收负担
	农村家庭创业	扩大城乡就业规模
家庭文明	教育情况	九年义务教育巩固率累计增长 3.3% ; 高中阶段教育毛入学率累计增长 4.5%

二 "活动"带动资金投入情况评估

（一）评估思路

①基础资料调查。通过调查首先确定试点地区启动的全部项目名称，然后草拟调查函①，梳理 2011 年 "活动" 开展以来的全部财物投入情况（需要甄别宽窄口径）；

②明确带动比计算的技术路线；

③进行对比分析，包括分析各试点地区的资金投入是否按计划完成，地方配套项目资金投入的比例，各地区相关工作完成程度与资金投入进度是否同步，带动比的情况、高带动比的影响因素等。

（二）"活动"带动资金投入情况评估的技术路线图

"活动" 对经济社会贡献的测算技术路线如图评 3-2 所示。

（三）经济贡献

"活动" 对经济社会的贡献主要表现在经济发展贡献和社会发展贡献。从经济角度而言，"活动" 对经济发展的贡献包括直接贡献和间接贡献。直接贡献主要表现在计划生育家庭收入的增加、消费性支出的增加以及就业人数的增加。很多既有的调查研究都表明，家庭收入是影响家庭幸福的重要因素之一，是家庭幸福的基本保障。

---

① 其中的数据要求试点城市尽量提供大口径数据［例如，其中的医保情况，是把三类都算进去（城镇职工、城镇医疗和新农合）］。这样计量的目的有两个方面：一是发现在被普惠制覆盖的人群中，计生协对这部分人群又给予了哪些特惠；二是对没有被普惠制覆盖的人群，又开展了哪些专门的救助活动（包括计划生育特殊家庭）。

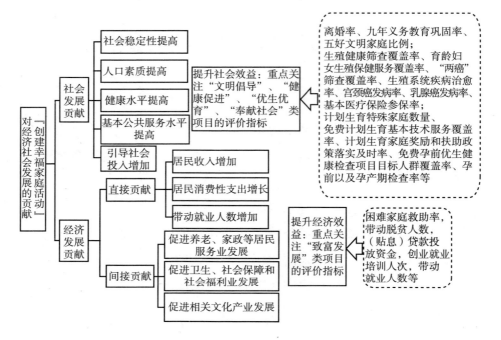

图评 3 – 2　测算"创建幸福家庭活动"对经济社会的贡献的技术路线

根据中国人口福利基金会与中国人民大学 2012 年共同开展的"中国家庭幸福发展指数研究"课题对影响家庭幸福因素的一期调查研究结果，大多数的中国家庭还处于不断追求改善物质条件、提高生活质量的发展阶段，收入与幸福感还存在着密切的关系。无论从客观的收入水平来看，还是从主观的对收入评价来看，都体现出相同的规律，即收入水平越高，幸福感越高；对收入满意度、公平度和难易度的主观评价越高，往往幸福感也就越高。根据 2013 年二期进行的调查研究，影响家庭幸福发展的要素越来越呈现出多元化的趋势。影响家庭幸福的因素不再局限于收入水平、住房条件、身体状况等客观方面，家庭关系、社会交往、公平感、信任感和社会保障等主观方面的因素也对家庭幸福产生了巨大的影响。但"生活有保障"仍然是影响家庭幸福的主要因素之一，并且生活保障胜过有房有车。

　　首都经贸大学人口经济研究所负责的"家庭幸福及其实现路径研究——不同类型家庭的比较视角"课题，对不同的家庭类型的家庭幸福情况进行了比较研究。研究结果显示，计划生育家庭的家庭幸福的比例高于非计划生育家庭，城镇家庭的家庭幸福比例高于农村家庭。另外，家庭成员关系融洽程度不同的家庭、家庭成员健康状况不同的家庭以及家庭经济、住房状况不同的家庭，其家庭幸福程度也存在一定的差异。相对而言，客观条件较好的家庭，家庭幸福的比例更高。从家庭的相对收入来看，中等收入人群的幸福感最高，其次是相对高收入人群，相对低收入者幸福感最低。该研究还对不同类型家庭对家庭幸福的认知和理解进行了分析，得出如下结论：中国家庭普遍认为影响家庭幸福最重要的三个方面分别为家人健康、家庭收入与老有所养。但是，不同类型家庭对幸福的理解具有差异。与非计划生育家庭相比，计划生育家庭更关注"家庭成员关系融洽"和"就业"。人们对家庭幸福的理解具有城乡差异，其中农村家庭更加重视"家庭收入"和"老有所养"，城镇家庭更加关注"家庭成员关系融洽"和"社会治安"。从家庭的整个生命周期来看，家人健康和经济收入是影响家庭幸福、贯穿家庭生命全过程的重要方面，但是，对于第三位因素的选择上存在差异，这与家庭在所处生命周期阶段的家庭主要功能有密切关系。该研究还根据对家庭幸福的界定和测量框架，选取了家庭经济条件、安全保障状况、家庭成员关系与家庭成员健康四个方面的客观条件，并选取了若干测量指标，分析客观指标对家庭幸福程度的影响。研究结果显示，夫妻关系、经济收入、居住情况、家人健康和社会保障状况是影响家庭幸福的重要因素。不同收入家庭的家庭幸福的影响因素具有差异性。该研究认为，总的来看，我国家庭目前面临的普遍问题

是收入低、养老和就业困难。其中66.57%的家庭存在收入低的困难，29.80%的家庭养老没保障，23.54%的家庭为家人没有工作而担忧。此外，不同类型的家庭面临的问题有相似之处，但在某些方面也有所不同。（1）计划生育家庭与非计划生育家庭相比，除了均面临收入低、养老没保障等问题外，计划生育特殊家庭问题（尤其是"失独"）突出。（2）不同收入水平的家庭面临的困难差异加大，其中低收入家庭更多的是面临经济与养老保障困难，而高收入家庭面临更多的是工作压力、孩子上学、社会治安和养老照料问题。由此可以看出，家庭收入、就业和养老问题是影响家庭幸福的重要因素。

创建幸福家庭活动在"致富发展"的主题下开展了丰富的活动，一方面是为了提高计划生育家庭的家庭收入，提高就业率；另一方面是改善计划生育特殊家庭的生活状况。因此对于计划生育家庭收入的增加、消费性支出的增加以及就业人数的增加有着直接的贡献。各地在"活动"开展的过程中，通过不同项目帮助计划生育特殊家庭致富发展①。通过"致富发展"的活动，很多地区计生贫困家庭居住条件得到较大改善、收入明显增加，幸福指

---

① 比如，吉林省长春市总结推广了德惠、农安、九台等县市以帮扶为己任的农业合作社、致富"一带一"互助组、种植养殖业协会等新型经济组织的做法，对计生贫困家庭在生活上"扶贫"，在能力上"扶技"，在思想上"扶志"。优先为计生贫困家庭实行小额贷款，重点扶助计生困难家庭发展个体服务业。并通过结对互助、以城带农、富帮贫消等途径，改善了计生家庭的生活条件。又如，吉林省四平市更注重搭建生产创业平台，提升家庭致富能力。与科研单位、教育机构和相关部门建立长期合作机制，组织群众参加各类实用技术培训，面向家庭推广科研成果、提供创业信息、推荐创业示范点、提供专家指导。人口计生家庭发展服务中心与吉林农业工程职业技术学院合作，联合培养独生子女农机专业学生，不仅免收学费，还给学院每人每年补助1500元。目前，已有60多人经过专门培训，掌握了一门以上专业技能。吉林省自2011年以来，已累计投放贷款8000万元，贴息400万元，为4000个家庭发展提供了帮助。在省人口福利基金会、省计生协会的大力协助下，全省新建立独生子女创业就业示范基地30个，举办创业就业培训班64期，培训独生子女4638人，带动就业10323人。

数进一步提升。考虑到数据的可得性和单位的一致性，计划生育家庭人均可支配收入的增加是"活动"对经济发展的最为直接的贡献。由于各地的"致富发展"活动主要是针对计划生育特殊家庭开展的，因此，受助家庭人均年增加收入即为"活动"的直接经济贡献。

从经济角度而言，"活动"对经济发展的间接贡献主要表现为带动相关产业的发展。"活动"能够有效促进养老、家政等居民服务业的发展，以及卫生、社会保障与社会福利业和文化产业的发展。多地开展养老方面的讲座，设立养老服务组织，为老年人送关怀。[①] 这些活动在一定程度上促进了养老、家政等居民服务业的发展。

在优生优育、促进生殖健康方面的活动促进了卫生、社会保障和社会福利业的发展。我国已婚育龄妇女生殖道感染以及乳腺癌、宫颈癌的发病率较高，影响了她们的身心健康和家庭幸福；每年4%～6%的出生缺陷发生率给家庭造成了沉重的精神和经济负担。因此，生殖健康、优生优育是"活动"的重要内容。[②] 同时，在健康促进、优生优育以及致富发展方面开展的活动还促进了文

[①]　浙江省宁波市成立了"魅力年华"服务基地，组建中老年心理、生理健康干预志愿者队伍，不定期为养老院的中老年人开展预防疾病、饮食营养、养生健体等保健知识的宣传服务。在城区实施"走进去，走出来"的社会化居家养老模式，由政府出资或通过招募义工落实服务员和照护员，为高龄、独居的困难老人提供每天一小时的上门服务；建立带有日托服务功能的居家养老综合服务中心，让大部分行动方便的老年人，走出小家庭，融入社区大家庭。

[②]　重庆市渝北区为此特别建立了生殖健康中心，囊括了优生优育、生殖保健、妇女病普查和家庭保障四个方面，通过"创建幸福家庭活动"形成了一个规范的服务体系。吉林市的"月嫂培训中心"已经成为吉林市计生协会的一个知名品牌。江苏省南通市将农村已婚育龄妇女病查治纳入综合防治工程，开展农村妇女"两癌"（乳腺癌、宫颈癌）筛查工作，三年一周期，实现检查对象全覆盖。

化产业的发展。①

　　"活动"的间接贡献即是"活动"所带动的养老、家政等居民服务业的增加值，以及卫生、社会保障和社会福利业、文化产业的增加值。测算"活动"的间接贡献时，应将各地区2011～2014年的养老、家政等居民服务业的增加值，以及卫生、社会保障和社会福利业、文化产业的增加值加以汇总。然而，从我们收回的24份调查问卷中可以看出，很少有城市统计了相关产业的增加值，只有个别城市在个别项目中对某一产业的增加值进行了估算。这一方面与"活动"首次开展没有重视相关数据的统计有关，另一方面也因为创建幸福家庭活动缺乏标准化的操作方式。创建幸福家庭活动提出的"文明倡导、健康促进、优生优育、致富发展、奉献社会"五个主题有虚有实，三实两虚，虚中有实。在具体项目中，虚如何转化为实、实如何落实，尚未形成标准化的操作方式，也不利于相关数据的收集。因此，关于"活动"的间接贡献，我们在"活动"的标准化加强之后，在"十三五"的评估中来实现。关于"活动"的经济贡献，我们主要测试其直接贡献，即受助家庭人均年增加收入。

　　综上所述，将直接经济贡献和间接经济贡献进行加总即可得到全部经济贡献。但是，需要注意的是，由于"活动"启动的项目种类繁多，且覆盖人群、项目主题、工作目标各异，难以对其间接贡献进行明确界定和准确核算，目前只能依据各地区报送的项目情况调查表对反映工作成效的相关指标进行大致梳理和统计，同时要兼顾部分地区已经开展的

---

① 安徽省铜陵市设立了"城市生活e站和农村辅导室"，通过家庭生产生活指导室、电子阅览室、社区和行政村会员之家、人口学校、早教幼教中心、居（村）民恳谈室等设施，提供多样化服务，引导城市和农村家庭"相敬相爱，和睦相处"。江西省新余市实施了"生育文化工程"。一方面倡导新型生育文化，依托仙水湖"情山爱水"文化内涵，创作了一批具有新余特色的计生文艺作品，每年农历七月初七举办"中国七夕情人节"和"情定仙水湖"水上集体婚礼，逐步创立新型婚育文化宣传品牌。另一方面搭建新型生育文化载体，充分利用文化下乡活动平台，在"农家书屋"中建立"生育文化阅览室"370个，把新型生育文化宣传融入广场文艺晚会和乡村民间文艺演出中。

特色服务项目产生的积极成效①，力求以量化的形式加以反映。

分析"活动"直接贡献的基本思路是以各地区反馈的调查表1的资料为依据，重点关注2010～2014年的地区基本情况和"活动"进展情况。如图评3-3所示，18个试点城市受助家庭人均年增加收入呈逐年增长的趋势。② 从2011年的47846.06元增长至2014年的97159.5元，增长了1倍。如果加上其他14个城市，受助家庭人均年增加收入还将更多。

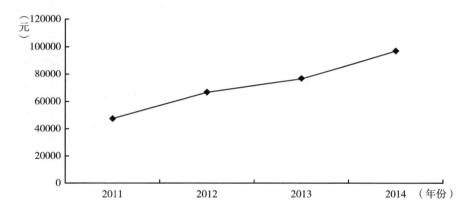

图评3-3 2011～2014年18个试点城市受助家庭人均年增加收入变化情况

除了受助家庭人均年增加收入这一最为直接的贡献，我们还可以分析一下2011～2014年创建幸福家庭活动带动脱贫人数和带动就业人数的变化情况。如图评3-4所示③，2011～2013年创建幸福家庭

---

① 与对"活动"完成情况的评估类似，部分地区针对计划生育特殊家庭开展的特别帮扶工作取得了较好的社会效益，这些项目的积极作用也作为评估"活动"社会效益的额外加分项。在具体操作时，需要详细梳理各地区报送的调查表2中涉及"计划生育特殊家庭"的帮扶项目的资金投入情况。

② 关于32个试点地区"创建幸福家庭活动"的开展情况，我们发放调查问卷32份，收回24份，其中受助家庭人均年增加收入的数据存在缺失值，除去缺失值，有18个城市的受助家庭人均年增加收入情况的数据。

③ 除去缺失值，有19个城市的带动脱贫人数和带动就业人数的数据。

活动带动脱贫人数呈逐年增长的趋势。创建幸福家庭活动带动脱贫人数在 2014 年有所降低，这主要是因为广西壮族自治区百色市 2014 年带动脱贫人数有所减少，但其他城市的带动脱贫人数都呈增长趋势。如图评 3 - 5 所示，2011 ~ 2014 年创建幸福家庭活动带动就业人数逐年增长，从 2011 年的 397154 人增长到 2014 年的 772186 人，增长了近 1 倍。由此可以看出，创建幸福家庭活动有效地推动了扶持家庭政策从救济型向创业型转变，提高了家庭"造血"功能，促进家庭脱贫致富。

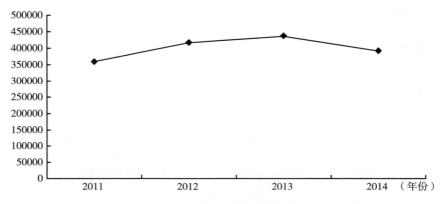

**图评 3 - 4　2011 ~ 2014 年创建幸福家庭活动 20 个试点
城市带动脱贫人数变化情况**

（四）投入产出分析

1. "活动"的投入情况

"活动"所带来的受助家庭人均年增加收入、就业人数以及脱贫人数的变化还不足以反映"活动"的经济贡献是否突出，还需要与"活动"的投入进行对比分析。首先，我们要分析一下各试点城市在"活动"投入方面的情况。通过对 32 个试点城市的调研，从返回的 24 份有效问卷的数据可知，2011 ~ 2014 年 24 个试点城市对创建幸福家庭活

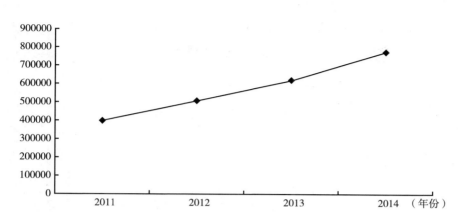

**图评 3 – 5　2011 ~ 2014 年创建幸福家庭活动 20 个试点城市
带动就业人数变化情况**

动的总投入约 90 亿元，其中中央财政投入仅为 3.4 亿元，仅占总投入
的 4%，如图评 3 – 6 所示①。

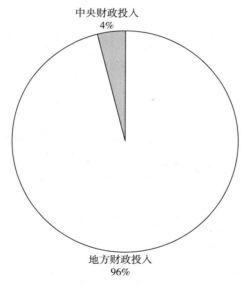

图评 3 – 6　创建幸福家庭活动中央与地方财政投入比例

---

① 创建幸福家庭活动总投入的数据为 23 个城市的数据，由于其中 1 个城市缺少中央财政投
入和地方财政投入的数据，因此这两项数据为 22 个城市的数据。

这里我们重点分析四类城市中的典型城市的资金投入情况。如表评3-2至表评3-7所示，各试点城市"活动"的经费支出基本是由财政资金和社会资金两部分构成，个别城市还有银行贷款。由此可以看出"活动"的资金机制为财政牵头、多方出资，在财政投入的基础上，"活动"带动了大量社会资金的投入，有效地推动了"活动"的顺利开展。

表评3-2　北京市平谷区2011~2014年"活动"的经费支出情况

年份	总投入（万元）	财政资金（万元）				社会资金（万元）		银行贷款（万元）	
		中央专项资金	省级财政资金	市级财政资金	县级财政资金	企业捐赠资金	个人捐赠资金	商业贷款	贴息
2011	2783.5	0	796.2		1686.4	0	301		
2012	4311.8	0	731.7		2613.2	501.9	465		
2013	3445.3	69.1	1195.9		1871.3	0	309		
2014	3440.4	9.7	1573.1		1541.6	0	316		
合计	13981	78.7	4296.9		7712.5	501.9	1391		

注：本章表格中数据均为原始统计数据，因四舍五入后计算结果存在出入，此类维持原统计数据不变。

表评3-3　安徽省铜陵市2011~2014年"活动"的经费支出情况

年份	总投入（万元）	财政资金（万元）				社会资金（万元）		银行贷款（万元）	
		中央专项资金	省级财政资金	市级财政资金	县级财政资金	企业捐赠资金	个人捐赠资金	商业贷款	贴息
2011	19626.09	1064.9	4171	4667.5	3862.8	198	138.89	5523	
2012	26904	1697.2	4074.4	5341.9	4685.3	248	119.2	10738	
2013	35806.5	2694	5251.3	6175.2	5817.1	103.5	30.4	15735	
2014	36072.7	2464.7	5283.4	7246.2	6873.6	209	160.8	13835	
合计	118409.29	7920.8	18780.1	23430.8	21238.8	758.5	449.29	45831	

表评3-4 黑龙江省牡丹江市2011～2014年"活动"的经费支出情况

年份	总投入（万元）	财政资金（万元）				社会资金（万元）		银行贷款（万元）	
		中央专项资金	省级财政资金	市级财政资金	县级财政资金	企业捐赠资金	个人捐赠资金	商业贷款	贴息
2011	1965.06	110.48	68.16	47.82	52.6	1185	130	371	2.3
2012	1094.73	145.10	124.06	74.87	61.7	62	4	623	2.3
2013	5461.64	191.32	123.28	91.94	94.1	2600	280	2081	2.3
2014	3245.15	434.90	341.01	212.74	105.5	86	6	2059	2.3
合计	11766.6	881.80	656.51	427.37	313.9	3933	420	5134	

表评3-5 德阳市2011～2014年"活动"的经费支出情况

年份	总投入（万元）	财政资金（万元）				社会资金（万元）		银行贷款（万元）	
		中央专项资金	省级财政资金	市级财政资金	县级财政资金	企业捐赠资金	个人捐赠资金	商业贷款	贴息
2011	6875.41	1340.38	810.68	266.22	1093.98		102.29		
2012	6589.33	2481.58	1242.01	306.6	1382.11		202.35		
2013	8307.5	3256.68	1132.79	408.69	2069.6		167.87		
2014	10335.16	5984.54	1399.15	435.87	2515.51		184.92		
合计	32107.4	13063.18	4584.63	1417.38	7061.2		657.43		

表评3-6 长春市2011～2014年"活动"的经费支出情况

年份	总投入（万元）	财政资金（万元）				社会资金（万元）		银行贷款（万元）	
		中央专项资金	省级财政资金	市级财政资金	县级财政资金	企业捐赠资金	个人捐赠资金	商业贷款	贴息
2011	526			201	325				
2012	371			195	176				
2013	427			275	152				
2014	538			325	213				
合计	1862			996	866				

表评 3 –7   苏州市 2011 ~ 2014 年"活动"的经费支出情况

年份	总投入（万元）	财政资金（万元）				社会资金（万元）		银行贷款（万元）	
		中央专项资金	省级财政资金	市级财政资金	县级财政资金	企业捐赠资金*	个人捐赠资金	商业贷款	贴息
2011									
2012									
2013	1271. 31			1270		1. 31			
2014	1246. 18			1245		1. 18			
合计	2517. 49			2515		2. 49			

*注：市级计生协会收到的资金。

不仅如此，很多地方在资金的投入方面还有创新。比如湖北省咸宁市设有专项资金，即 2014 年咸宁市企业家向幸福工程捐赠了 200 万元。铜陵市设有"人口基金"项目：2011 年以来，郊区人口基金每年安排 1 万元左右项目资金开展贫困母亲救助活动；安排 1 万 ~ 2 万元项目资金，开展计生困难家庭救助；安排 5 万 ~ 6 万元项目资金，实施助学成才计划；2011 ~ 2012 年，安排 12.5 万元项目资金，开展致富帮扶，用于扶持部分计划生育家庭开展创业活动。铜陵市每年投入专项资金 40 万元，用于计划生育家庭助学、生病支助、伤害保险、特殊计生家庭扶助等，增强计生家庭发展能力，促进创建幸福家庭活动深入开展。大连市设有生育关怀专项资金，市、县两级生育关怀专项资金立项达 620.5 万元，先后对 6000 多个家庭进行了帮扶，为全市 8 万多个计划生育困难家庭投保了意外险。铜陵市通过实施计划生育特殊家庭社会关怀项目，每年投入专项资金 20 万元，用于计划生育特殊家庭的生活困难慰问、保险、体检、精神抚慰等，增强计生家庭发展能力，促进创建幸福家庭活动深入开展。

2. "活动"的投入产出比

创建幸福家庭活动的投入所带来的经济效益可以通过"活动"投

入占 GDP 的比重与"活动"所产生的经济贡献进行对比分析。我们首先选取北京市平谷区来分析其投入及产出情况。如表评 3 – 8 和表评 3 – 9 以及图评 3 – 7 所示，北京市平谷区的"活动"投入产出比非常突出，在有限的财政投入之下所产生的经济贡献尤其明显。"活动"开展四年来的直接经济贡献——受助家庭人均年增加收入，每年都接近或大于平谷区农村居民人均纯收入的一半，2014 年更是接近于农村居民人均纯收入。如图评 3 – 8 所示，对于受助家庭来说，平谷区"活动"所带来的经济贡献约是投入的百倍，其经济贡献之大可见一斑。

表评 3 – 8 北京市平谷区"活动"投入的基本情况

年份	总投入 （万元）	GDP （万元）	常住人口数 （万人）	人均 GDP （元）	总投入占 GDP 的 比例（%）
2011	2783.5	1366356	41.8	32687.9	0.20
2012	4311.8	1531890	42	36473.6	0.28
2013	3445.3	1687467	42.2	39987.4	0.20
2014	3440.4	1834287	42.3	43363.8	0.19
合计	13981	6420000	168.3	—	—

表评 3 – 9 北京市平谷区"活动"的经济贡献与
城乡居民收入情况的比较

年份	人均 GDP （元）	受助家庭 人均年增 加收入（元）	城镇居民 人均可支 配收入（元）	农村居民 人均纯收入 （元）	受助家庭人均 年增加收入占人均 GDP 比例（%）
2011	32687.9	6000	26842	13387	18.4
2012	36473.6	8000	29850	15067	21.9
2013	39987.4	10000	32933	16865	25.0
2014	43363.8	15000	36226	18785	34.6
合计	—	39000	125851	64104	—

　　虽然平谷区的 GDP 比较接近于 32 个试点城市 GDP 的中位数，但其人口数量相对较少，在 32 个试点城市中典型性不足，因此还需

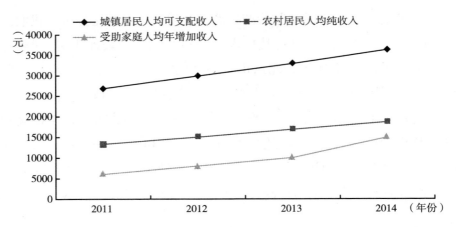

图评 3 – 7　平谷区 2011～2014 年受助家庭人均年增加收入
情况与城乡居民人均收入情况对比

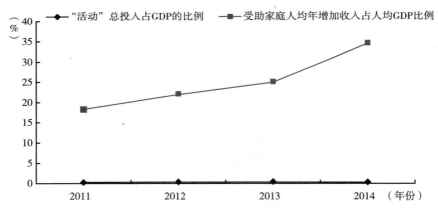

图评 3 – 8　平谷区"活动"总投入占 GDP 的比例与受助家庭人均
年增加收入占人均 GDP 的比例

要再选择一个城市来比较其投入产出情况。图评 3 – 9 和图评 3 – 10
分别是 32 个试点城市户籍人口箱图和 GDP 箱图①。根据 32 个试点城

————————

① 箱图（Box – plot），又称为盒须图、盒式图、盒状图或箱线图，是一种用作显示一组数据
　分散情况的统计图。它能显示一组数据的最大值、最小值、中位数、下四分位数及上四分
　位数。其中箱体中间的黑线表示该组数据的中位数。

市户籍人口数和 GDP 的中位数，我们又选取了黑龙江省牡丹江市来进行分析。

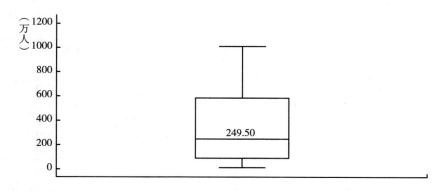

图评 3 - 9　32 个试点城市的户籍人口箱图

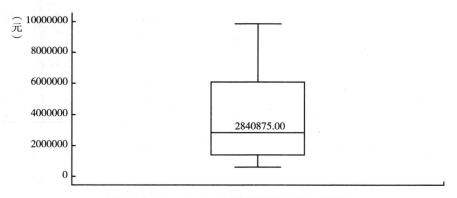

图评 3 - 10　32 个试点城市的 GDP 箱图

牡丹江市的 GDP 相对较大，户籍人口数比较接近于 32 个试点城市的中位数。如表评 3 - 10、表评 3 - 11 以及图评 3 - 11 所示，黑龙江省牡丹江市的"活动"投入产出比也非常突出，有限的财政投入所带来的经济贡献也特别明显。"活动"开展四年来的直接经济贡献——受助家庭人均年增加收入每年约为牡丹江市农村居民人均纯收入的四分之一到三分之一。如图评 3 - 12 所示，对于受助家庭来说，牡丹江市"活动"所带来的经济贡献可以达到投

入的几百倍，其投入产出比远超过北京市平谷区，经济贡献更为突出。

表评 3 – 10　牡丹江市"活动"投入的基本情况

年份	总投入 （万元）	GDP （万元）	常住人口数 （万人）	人均 GDP （元）	总投入占 GDP 的 比例（%）
2011	1965.06	9348000	278.6	33553	0.02
2012	1094.73	10927000	278.5	39235	0.01
2013	5461.64	10926000	278.3	39260	0.05
2014	3245.15	11669000	277.2	42096	0.03
合计	11766.6	42870000	—	—	—

表评 3 –11　牡丹江市"活动"的经济贡献与城乡居民收入情况的比较

年份	人均 GDP （元）	受助家庭 人均年增加 收入(元)	城镇居民 人均可支配 收入(元)	农村居民 人均纯收入 （元）	受助家庭人均 年增加收入占人均 GDP 比例（%）
2011	33553	3500	14515	11198	10.4
2012	39235	3670	16704	12862	9.4
2013	39260	3800	19320	14876	9.7
2014	42096	3950	24735	19046	9.4
合计	—	14920	75274	57982	—

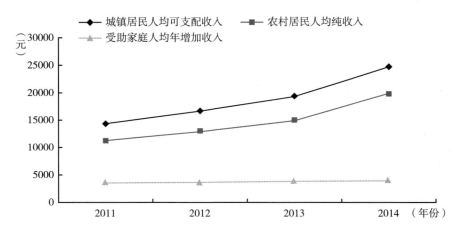

图评 3 –11　牡丹江市 2011 ~ 2014 年受助家庭人均年增加
收入与城乡居民人均收入情况对比

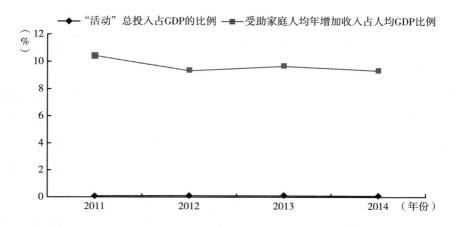

图评 3－12　牡丹江市"活动"总投入占 GDP 的比例与受助家庭
人均年增加收入占人均 GDP 的比例

通过对北京市平谷区和黑龙江省牡丹江市的投入产出比进行分析可以看出,"活动"对受助家庭的经济贡献约可达到对其财政投入的百倍。这表明,在"十二五"期间,"活动"财政投入还处于边际产出快速递增的阶段。就经济学角度而言,这种状况说明及时到位地追加财政投入,将进一步增加"活动"的经济产出,而且其公益性功能也能得到更好的发挥。由于"活动"的财政投入增速较经济产出增速低,多数地区为充分发挥"活动"的效应所需的财政投入的缺口仍然很大。所以,大力追加对"活动"的财政投入是全面发挥"活动"的效应,提高家庭发展能力的当务之急。

(五)社会贡献

"活动"的社会发展贡献体现在社会稳定性提高、人口素质提高、人口健康水平提高、社会力量投入增加以及基本公共服务水平提高等方面。根据中国人口福利基金会与中国人民大学共同开展的"中国家庭幸福发展指数研究"课题的一期研究成果,个人身体健康状况、家人是否患有重大疾病及遗传病、孩子是否有出生缺陷等因素

对个人幸福感有显著影响。这说明身体健康是家庭成员非常关心的问题，也是影响个人幸福感和家庭幸福的重要因素。生殖健康检查、生殖健康意识和知识对家庭幸福的影响不尽相同。生殖健康检查和幸福感有相关性，但生殖健康检查本身促进了幸福感，很有可能是通过公共物品和服务提供的数量与质量这个中介变量才促进了幸福感，即幸福感很高的家庭很可能是那些接受公共服务较多而且质量很好的家庭。从受访者对生殖健康检查重要性的认知来看，处在幸福感光谱两端的家庭，可能都有同样强烈的对生殖健康服务的需求，这就对生殖健康和计划生育公共服务的均等化和普及推广提出了更高的要求。从受访者对生殖健康知识的应答情况来看，各地受访者对生殖健康知识的掌握程度普遍较差，因此政府在生殖健康和优生优育的宣传教育方面需要加强工作。对早教方面的调查显示，早教需求是普遍存在的，幸福感高或低的家庭都有相当大的早教需求，而且这一需求的满足程度也和幸福感正相关，幸福感较高的家庭早教需求得到的满足较多。超过两成的幸福感低的受访者表示早教需求不能得到满足，这显示出一个极大的公共服务缺口，幸福感低的家庭中早教需求没有得到满足的占很大比例，这也是幸福感下降的一个原因。对家庭文明与主观幸福感之间关系的调查显示，第一，文明和谐的婚姻状况能有效提高幸福感。各方面的检测指标都与家庭的幸福程度有着密切的关系。婚姻作为家庭的基础，其各方面的状况对整个家庭的幸福程度也有着较大的影响。第二，与子女关系好、对子女教育放心的人幸福感更高。第三，更高的家庭成员文化水平和较好的成员关系能提高幸福感。第四，对教育的满意度与家庭成员关系会影响子女的主观幸福感。

"中国家庭幸福发展指数研究"课题的二期研究重点发掘"什么是影响家庭幸福的最主要的因素"和"城镇与农村的家庭在幸福感上有何差异"，这两点非常重要。第一，什么是影响家庭幸福的最主要的因素？"夫妻和睦"、"家人身体健康"、"儿女懂事"、"长辈通情达理"、"生活有保障"及"家人团聚的时间多"等，都是受访者较为重视的方面。其中家庭关系是影响家庭幸福的主要原因，尤以夫妻关系是重中之重。身体是幸福的本钱，家人身体健康同样非常重要。家人团聚对家庭幸福的影响程度超过了"孩子有出息"和"人脉广泛"等因素，在影响家庭幸福的前五位因素中排第二位。此外，研究还发现在影响家庭幸福的主要因素中，"生活有保障"胜过有房有车。

第二，在中国二元城乡结构中，城镇与农村的家庭在幸福感上有何差异？城镇家庭与农村家庭在幸福感知上确实有所差异。城镇家庭幸福感水平整体高于农村家庭。约六成的城镇家庭幸福感得分达到自家的期望水平，只有45%的农村家庭达到了自家期望的幸福水平。城镇家庭内部关系略好于农村家庭。这主要是由于在影响家庭幸福的生活保障和社会保障方面城镇家庭的情况好于农村家庭。收入水平和收入公平也影响着城乡家庭幸福感。城镇家庭收入水平高于农村家庭；收入公平性对城镇家庭幸福感的影响也更大。房子数量与城乡家庭幸福感成正比。城镇家庭的住房情况好于农村家庭，且拥有多套房的比例更高；农村家庭则是无房的比例高。影响城乡家庭幸福感的共同困扰之一来自对养老的担忧。约四分之一的城镇家庭对养老保障不满意，比农村家庭低2.49%。在养老方式上，农村居民与子女同住的意愿更高，这个比例占到四成左右，愿意进入机构养老的只有6.3%，城镇家庭中这两个方面的比例分别为31.46%和8.94%。

根据首都经贸大学人口经济研究所负责的"家庭幸福及其实现路径研究——不同类型家庭的比较视角"课题的研究成果，通过对家人关系、家庭的经济状况、家人健康、安全与保障状况的主观满意度情况的分析发现，家庭成员对各个方面的主观满意度与对家庭

幸福的感受密切相关。对家庭各个方面越满意，家庭幸福的比例越高。从分项来看，具有良好家庭关系的家庭幸福的比例更高，但是邻里关系与家庭幸福的关系不明显。被访者对家人健康满意的比例比较高，且与家庭幸福密切相关。从家庭的相对收入来看，中等收入人群的幸福感最高，其次是相对高收入人群，相对低收入者幸福感最低。在安全感受方面，半数以上的家庭感到不安全，对家庭的人身财产安全感到担忧。通过对家庭幸福程度的影响因素的分析，可以得出以下结论。第一，夫妻关系、经济收入、居住情况、家人健康和社会保障状况是影响家庭幸福的重要因素。第二，不同收入家庭的家庭幸福的影响因素具有差异性。除了社会保障因素对不同收入家庭的家庭幸福的影响作用差别不大之外，家庭其他方面对不同收入家庭的家庭幸福的影响作用均比较显著。其中，夫妻关系对低收入家庭的家庭幸福的影响作用较强，而居住面积对中等收入家庭的影响更显著，家人健康对于收入较高和较低家庭的影响更显著。第三，城乡家庭幸福的影响因素也具有差异性。其中，夫妻关系对城市家庭的家庭幸福的影响作用更强。家庭经济收入和居住情况显著影响着农村家庭的家庭幸福，但是对城镇家庭的影响不显著。但是，家人健康对城市家庭更为重要，对家庭幸福的影响作用强于农村家庭。对于城和乡两类家庭而言，社会保障对家庭幸福的影响没有明显差异。第四，对家庭幸福的影响作用由高至低分别为"婚姻和谐"、"家人健康"、"经济收入"、"住房就业"、"社会保障"与"人身安全"。对家庭幸福产生实际影响的因素与家庭的迫切需求呈现不对等的特征。家庭关系对家庭幸福的影响最为重要，但是被访者更加注重家庭的经济保障水平和社会安全问题。由此可以看出，首都经贸大学人口经济研究所负责的"家庭幸福及其实现路径研究——不同类型家庭的比较视角"课题与中国人民大学开展的"中国家庭幸福发展指数研究"课题结论基本一致，家庭关系与家人健康对家庭幸福的影响更大，家庭对于政府的要求主要集中在提高收入、增加就业、提高保障水平等方面，但是不同类型的家庭存在一定的差异。对于计生家庭来说，在经济方面希望政府能够提供更多的就业信息和为特殊家庭提供经济补助，在家庭和谐方面尤其希望政府加强传统美德的宣传倡导，在养老保障方面认为政府应该增加基础养老金，在家庭健康方面希望政府提供免费体检、改善就医条件，在生养子女方面更加注重子女的教育问题。[①]

根据曹立斌课题组对湖北八个镇进行的调查，非计生家庭在人力资本方面拥有相对于计生家庭的显著优势。这主要是由于计划生育家庭在孩子长大成人独立生活之后，获得较少的代际支持。因此，类似的支持就必须由政府和社会来提供。具体而言，就是社会保障机制向计划生育家庭倾斜，从而填补子女较少所形成的支持空档。这种由于子女较少而形成的支持空档，其内涵不只是经济性的，还包括生活照料、情感慰藉等内容。因此，对于这种空档的填补不应只是经济性的，还应该包括养老的其他内容。[②] 创建幸福家庭活动正是从生活照料、情感慰藉、养老服务及其他公共服务方面开展活动，以提高计生家庭的幸福指数。

社会稳定性方面可以从离婚率是否降低，空巢老人和留守儿童是否得到有效关爱以及计划生育特殊家庭是否得到特殊照顾等方面来考察，尤其是计划生育特殊家庭的稳定性至关重要。某些问题直接影响家庭的正常生存及发展，如果不能得到有效的解决，将会在很大程度上弱化一部分家庭的幸福感，使其产生疏离感，甚至会成为影响社会和谐稳定的重要因素。但纵观全国，这些问题虽已被提出，且提高了

---

① 关于这两个课题的具体内容，我们在政策报告第一章中有更详细的论述。这也说明创建幸福家庭活动是有理论基础的，我们的评估有可参考的基础。

② 曹立斌：《计生与非计生家庭生计资本状况比较研究——来自湖北省的数据》，《人口与经济》2015 年第 2 期。

重视度，但解决得并不理想。这应当成为创建幸福家庭活动的一个重要内容，是对我国基本公共服务的重要补充。目前，"活动"中已有地方针对计划生育特殊家庭设计专项服务①，关注类似的特殊项目执行效果也是评估的内容之一，并且是作为额外加分的项目。

在经济贡献方面提到过优生优育、生殖健康方面的活动，这些活动不仅能产生经济贡献，对社会发展的贡献也是极大的。这方面可以从九年义务教育巩固增长率、育龄妇女生殖道感染疾病发病率、生殖系统疾病治愈率、宫颈癌发病率、乳腺癌发病率、出生缺陷发生率及孕产妇死亡率是否下降，健康体检率是否提高等方面进行测算。同时，这些活动也促进了面向家庭的基本公共服务水平的提升②，并带动了一些社会力量的投入。③

因此，评估"活动"社会贡献的主要指标偏重于反映民生改善的程度，评估主要依据各试点地区填写的调查资料，评估的结果体现为相关指标变动的趋势是"上升"或是"下降"，多为定性描述，为保证评估结果的客观公正，也需要组织相关领域的专家根据各地区反馈的材料进行打分，结合一部分可以量化的指标进行综合评价。综合来看，专家打分考察的关键点具体包括：（1）社会稳定性是否提升（关注离婚率等指标）；（2）人口素质是否提高（关注九年义务教育巩固增长率等指标）；（3）居民健康水平是否提高（关注健

---

① 比如，2011年北京市计生协与保险公司合作共同启动"暖心计划"，累计投入4609万元，为1.6万人次计划生育特殊家庭老人提供保障。并通过"心灵家园工程"为计划生育特殊家庭建立活动基地，为计划生育特殊家庭送温暖。

② 江西省新余市在完善社会保障体系方面，养老金支付率和社会化发放率均达100%，顺利推进新型农村社会养老保险和城市居民保险试点；在全省率先向80岁及以上老人发放高龄补贴；率先实现农村低保目标。在加快卫生事业发展方面，新型合作医疗和社区卫生服务实行全覆盖，在农村构建了"15分钟医疗服务圈"。

③ 比如，2012年联想控股有限公司、龙湖地产有限公司、老牛基金会分别向中国人口福利基金会捐赠500万元人民币，上海美特斯邦威服饰股份有限公司捐赠价值500万元的衣物，珠海市新依科医疗科技有限公司捐赠1000台医用综合蓝氧治疗仪，用于支持创建幸福家庭活动。

康体检率、育龄妇女生殖道感染疾病发病率、生殖系统疾病治愈率、宫颈癌发病率、乳腺癌发病率、出生缺陷发生率、孕产妇死亡率等指标);(4) 基本公共服务水平是否提升(关注基本医疗保险参保率等指标);(5) 支持"活动"开展的社会投入是否增加(关注社会资金投入等指标)。每项满分为 100 分,邀请专家依据调查资料进行综合打分,属于"良好"类别的分数范围为 55~100 分,属于"一般"类别的分数范围为 35~54 分,属于"较差"类别的分数范围为 0~34 分;然后将五个小项的分数相加后除以 500,即可得到关于"活动"社会贡献的初步评价值(保留两位小数)。

除此之外,如前所述,针对计划生育特殊家庭开展帮扶救助是最符合"活动"主题的项目,其带来的社会效益相应地也作为各地区"活动"社会效益评估的"加分"项目。考察的基本思路是结合照各地区报送的调查表 2,综合评判针对计划生育特殊家庭的帮扶项目进展是否符合项目预期目标,请专家按不同类别打分(打分标准同上),将各地区的该项得分进行归一化处理,所得数值与相应地区的初步评价值相加,即为各地区"活动"社会贡献的评价值。

我们邀请了 6 位专家对 24 个试点城市的项目开展情况进行了评分,评分结果显示,"社会稳定性是否提升"、"人口素质是否提高"、"居民健康水平是否提高"和"基本公共服务水平是否提升"四方面得分处于良好类别。材料显示,各试点城市"创建幸福家庭活动"在"健康促进"、"优生优育"以及"文明倡导"方面开展的项目比较多,也取得了一定的成效。比如,铜陵市开展的 61 项创建幸福家庭活动中,这三个主题的项目占到了 34 项。虽然"社会稳定性是否提升"得分也处于良好类别,但分数相对较低,主要是因为各地区针对计划生育困难家庭尤其是计划生育特殊家庭开展的项目与服务不足,而且针对计划生育特殊家庭开展的帮扶救助作为各地区"活动"社会效益评估的"加分"项的得分也较低。从调研材料来看,各地

针对计划生育特殊家庭开展了各种不同的活动，有针对计划生育贫困家庭脱贫致富的活动，有针对残疾儿童救治与康复的活动，也有针对计划生育特殊家庭经济补助与养老的活动。其中针对计划生育贫困家庭脱贫致富的活动最多，比如在全国开展的救助贫困母亲活动。针对残疾儿童救治与康复的活动有"幸福微笑"工程，关注天生残疾但还没有被政策覆盖到的人群。中国人口福利基金会、美国微笑联盟基金会、贵州省计划生育协会联合主办的"幸福微笑——贵州千名唇腭裂儿童求助行动"，属于创建幸福家庭活动，并关注了这类人群。贵州千名唇腭裂儿童求助行动使贵州威宁县的 114 名唇腭裂青少年患者接受了修复手术。从全国来看，已经有 3000 多名唇腭裂儿童得到这个项目的救助。这类活动对我国基本公共服务起到了很大的补充作用。聚焦困难人群（包括各种困难）、率先特惠到家，是创建幸福家庭活动的一个突出点。

针对计划生育特殊家庭经济补助与养老的活动，各地也纷纷开展了不同的项目。从收回的 24 份调查问卷可以看到，有 6 个城市开展了针对计划生育特殊家庭再生育、经济补助与养老的项目。德阳市自 2011 年起，开始逐步推进"特别计划生育家庭再生育关怀项目"，为计划生育家庭子女死亡现无子女、符合再生育条件的夫妻，提供政策服务、技术服务以及经济扶助，帮助重建幸福家庭。政策服务即为符合条件的再生育家庭开辟再生育审批"绿色通道"。技术服务包括对办理了再生育手续的家庭，由县级计划生育服务机构为其建立"再生育全程服务档案"并提供心理辅导、优生指导和与再生育有关的技术帮助和相关项目的免费服务。经济扶助即对已再生育的家庭每户给予医疗补助和孕期营养补助，合计不低于 3600 元；对仍未再生育且已退出育龄期、女方年满 45 周岁的夫妻双方，由地方财政保障其提前按国家特别扶助的标准每人每年获得不低于 1200 元的经济扶助，直到年满 49 周岁纳入国家特扶。截至 2014 年底，德阳市累计已向

157 户已再生育的家庭给予了医疗补助和孕期营养补助合计 57 万元；对治疗后仍未再生育的，女方为 45~48 周岁的夫妻共计 1173 人，提前按国家特别扶助的标准给予经济扶助，累计发放扶助资金达 311.472 万元。

太原市开展了关爱帮扶计划生育特殊家庭项目。该项目立足于计生特殊家庭的基本需求，以政策推动为手段，以利益导向为动力，坚持在政策上扶助、在精神上支持、在物质上补贴、在健康上帮助、在生活上照料、在保障上着力，不断推动"六帮扶"工程。每年为每个计划生育特殊家庭订一份党报；每年为每个家庭成员进行一次健康普查；每年对每个家庭进行慰问帮扶，由志愿者开展一对一爱心帮扶。

大连市建立了计划生育特殊家庭系列扶助制度。2013 年 10 月，以市政府名义出台了《大连市关于进一步建立和完善计划生育独生子女伤残死亡家庭扶助制度的意见》，独生子女伤残家庭扶助标准由每人每月 135 元提高到 300 元，独生子女死亡家庭扶助标准由每人每月 135 元提高到 400 元，一次性抚慰金和再生育扶助金发放标准均为 5000 元，全年市县两级财政投入资金 8090.07 万元。以政府购买服务的方式，通过政府采购招标，与中国人寿保险有限公司大连分公司合作，2013 年投入 173.01 万元，向计划生育独生子女伤残死亡家庭成员提供了住院护理补贴，截至 2014 年，已为 1837 人次办理理赔，理赔金额达 409.78 万元，使计划生育家庭和人群的权益得到了保障，有效解决了计划生育家庭的现实困难和问题。

牡丹江市开展了计划生育特殊家庭扶助项目，帮扶困难的计划生育特殊家庭走出困境。北京市平谷区开展了计划生育特殊家庭帮扶活动。从 2013 年 1 月 1 日起，北京市平谷区正式实施《关于对"失独"家庭进行照顾的实施方案》，方案从精神慰藉、生活保障、年老安置三方面保障了计划生育特殊家庭老人的生活。宁波市开展了计生特殊家庭养老关怀项目，发展养老服务员，为独生子女死亡伤病残和

计划生育家庭高龄、独居困难老人提供上门服务。探索"政府养老，计生协会送终"的模式，为独生子女死亡家庭的父母养老送终。从2007年开始，宁波市全面实施"对城乡独生子女伤残死亡家庭特别扶助金制度"，成为当时全国特扶金标准较高的地区之一。2013年、2014年，宁波又相继出台了《关于完善计划生育特殊家庭扶助制度的实施意见》和相关补充意见，其中计划生育特殊家庭中女方年满49周岁、未满60周岁的夫妻和女方年满60周岁已纳入政府集中供养的，特别扶助金标准从每人每月150元提高到每人每月500元；女方年满60周岁且未纳入政府集中供养的夫妻，特别扶助金标准从每人每月360元提高到每人每月800元。宁波市计生协从2011年起倡导开展以计划生育特殊家庭为目标人群，以精神慰藉、心理疏导、生活照料、临终关怀为主要内容的计生特殊家庭帮扶活动，2013年成为国家项目试点，2014年通过政府购买服务的方式开展帮扶探索项目，全市建立了"3＋5"项目模式："3"是指每一户计生特殊家庭由专业心理咨询师、社工或计生协会会员、义工三人同时结对帮扶；"5"是指根据不同需求开展生活关怀、精神关怀、养老关怀、健康关怀和再生育关怀。

在没有返回调查问卷的城市中，也有城市开展了针对计划生育特殊家庭的关怀活动。2014年，上海市金山区开展计生特殊家庭帮扶模式探索活动。金山区计生协从2014年起开始尝试实行"家庭健康管理"制度，为每户计划生育特殊家庭配备一位家庭医生，家庭医生每个月至少上门一次，为"失独"父母提供量血压、测血糖等服务，平时有空也上门进行健康知识普及。截至2014年6月，金山区383户计划生育特殊家庭与家庭医生的签约已经全部完成，一个村居至少配备一位家庭医生，条件允许的街镇实现了一户一位家庭医生，共有150多位家庭医生参与该项目。金山区计生协会还为计划生育特殊家庭建立了家庭健康档案，动态监护"失独"父母们的身体健康。

同时，金山区卫生计生委为计划生育特殊家庭开通了医疗"绿色通道"。对于需要住院治疗的"失独"父母，由结对家庭医生负责联系协调，相关医疗机构优先给予安排病房及专家诊治。另外，已经在金山区实行了3年的针对"失独"父母的大病保险也继续推进，"失独"父母若发生意外伤害事故，最高补助可达到2万元，免除了计划生育特殊家庭的后顾之忧。这次活动的另一个亮点是跨部门联动。2014年6月，金山区计生特殊家庭扶助工作联席会议成立，由区卫生计生委牵头，区民政局、人保局、财政局、红十字会、团区委等部门协同参与，以促进帮扶工作更顺畅地进行。

尽管已有一些城市开展了针对计划生育特殊家庭的关怀活动，但从调研情况来看，一方面，全国开展这类活动的城市并不算多数，还未能成为普遍现象。而且开展类似活动与各地的经济发展状况也有比较大的关系。经济比较发达的地区，实施经济补助的力度都较大。另一方面，在已开展的针对计划生育特殊家庭的关怀活动中，开展的项目与计划生育特殊家庭的实际需求还有较大差距，尤其在满足计划生育特殊家庭的养老需求与心理安抚需求方面还存在较大差距。

"支持'活动'开展的社会投入是否增加"的分数处于一般类别，分数相对较低。从调研情况看，支持"活动"开展的社会投入还远远不够，有些城市甚至没有相关社会投入。这一方面说明我们对"活动"的财政投入还不足，没有足够带动相关社会资金投入；另一方面说明各地对社会力量的整合也不够，没有注重发挥社会组织的作用，动员社会资源参与到创建幸福家庭活动中去。像基层卫生计生技术服务机构、人口家庭公共服务站所，都可以依托社会力量和企业资源，加强设备投入和人员培训，以解决投入不足的问题。

通过对"活动"社会经济贡献的评估可以发现，由于项目种类庞杂，涉及内容较多，难以做到标准统一、结果可比；由于指标性质

的差异，各项评估的结果往往不符合同度量、同口径的要求①，无法按照常用的投入产出分析的思路测算带动比。因此，在对"活动"投入带动比进行测算时，我们重点关注"活动"主题下启动的各个项目的资金投入，梳理各地区财政资金投入带动的社会资金、市场资金投入情况，用社会资金和市场资金投入的总和除以同期财政资金投入得到的带动比，反映了各地区"活动"的吸引力，带动比越高的地区在一定程度上也表明"活动"进展越顺利且更有生命力。但由于相关数据缺失较多，各地项目的差异较大，标准化程度严重不足，因此无法计算各地区的资金带动比，可在"十三五"期间加强"活动"的标准化，做好数据统计工作，以方便下一次评估工作的开展。

---

① 例如：经济贡献测算结果可以尽量量化，经济产值的单位统一为货币单位，带动就业的单位为新增就业人数，而社会贡献的测算则主要依据专家打分，评价结果表现为分数，口径无法统一。

第四章
"活动"满意度评估与评估结果分析

　　"活动"满意度评估主要是通过对 32 个试点城市的"活动"实施情况的面上评估，选择"活动"实施效果好的 2～3 个城市，通过现场调研获得的相关信息做满意度评估。重点关注与"活动"主题密切相关且较具代表性的项目，例如针对"计划生育特殊家庭"设计的专项服务，选择典型地区的典型项目分析其在改善民生、促进社会稳定、带动经济发展等方面发挥的积极作用，为"活动"的全面开展和相关配套政策的制定提供行之有效的建议。

　　对"活动"进行满意度评估最好的方法是对试点城市常住人口家庭进行随机采访，对群众满意度进行评估。但由于各种条件的限制，目前尚不能够对群众进行满意度评估。所以我们根据对试点城市的调研情况，选择"活动"实施效果好的 2～3 个城市，分析其在改善民生、促进社会稳定和带动经济发展等方面发挥的积极作用。案例城市选择的标准参见表评 4－1。

　　根据表评 4－1 中的选择标准，再结合我们对 32 个试点的聚类分析结果，我们选择长春市、德阳市和铜陵市来进行分析。在合理性方面，它们的调研资料能够比较全面、完整地呈现创建幸福家庭活动的五方面主题；而且它们都具有某一类别的代表性（根据 GDP 和户籍人口数的分类）；项目开展的规模较大，涉及资金量和人数较多；主要的活动已经告一段落，有阶段性成果总结。在可行性方面，地方对

表评 4 - 1　案例城市选择依据

	标准一	标准二	标准三	标准四
合理性	影响全面:能比较全面、完整地呈现创建幸福家庭活动的五方面主题	区域典型:分布位置或管理方式具有类型代表性;具有某一类别的代表性(如较发达地区)和某一管理方式的代表性(如有专门机构统筹开展创建幸福家庭活动)	项目重要:项目开展的规模较大,涉及资金量和人数较多	过程完整:主要的活动已经告一段落,有阶段性成果总结,最好已经获得相关方面的结论性认可
可行性	地方对开展评估有积极性	项目的数据有可得性,尤其是项目涉及的经济社会发展数据要有常规统计体系支持	围绕创建幸福家庭活动已有较系统的工作总结	

开展评估有积极性,调研资料填写得非常完整、详细;项目的数据有一定的可得性,尤其是项目涉及的经济社会发展数据有常规统计体系支持;围绕创建幸福家庭活动已有较系统的工作总结。在试点城市的"活动"开展情况评估方面,这三个城市的得分相对比较高,说明这三个城市都较好地开展了创建幸福家庭活动。

一　长春市创建幸福家庭活动的开展情况

长春市是创建幸福家庭活动的起步城市,对长春市"活动"前两个阶段的经验进行总结,有利于整个第三阶段创建幸福家庭活动示范城市建设对标参考和"十三五"期间各城市扬长避短。通过对长春市四年来"活动"开展情况的考察可以看出,创建幸福家庭活动已经成为长春市社会建设和民生工程的重要内容和有效载体。创建幸福家庭活动开展以来,长春市积极落实国家部署,实现了试点起步、推介迈步、深化跨步的"三级跳"。目前，形成了市有决定、县有方案、乡有办法、村有计划、户有行动的"五有"格局。在2012年由点到面推进全市创建幸福家庭活动开展的基础上，经过3年时间，到"十二五"期末，已基本实现创建幸福家庭活动全覆盖，"文明、健康、优生、致富、奉献"十个字的创建目标任务普遍落实，90%的计生家庭（215074户）参加"活动"，并不同程度地增强了幸福感，到2014年底，全市初步实现"幸福家庭"目标的户数占到全市总户数的70%（1672800户）。因此，可以说长春市在创建幸福家庭活动的前两个阶段既能善始，也有一个阶段性的善终，我们希望各地的创建幸福家庭活动都能善始善终。

（一）高位统筹，创建幸福家庭活动得到强力推进

创建幸福家庭活动开展以来，长春市不断提高党委和政府对全面做好人口工作、创建幸福家庭活动的统筹和主导能力，提高财政投入保障能力，提高人口计生干部队伍服务能力，提高创新能力。仅在投入保障方面，全市每年"活动"经费都在1亿元以上。

首先，完善机构，落实政府责任。长春市成立了以市委书记为组长、市长为副组长、22个部门和社会团体为成员单位的建设"幸福长春"工作领导小组，下设办公室。创建幸福家庭活动作为"幸福长春"的重要内容，得到了有效的组织保障。市委、市政府明确提出，到"十二五"期末全市70%以上的家庭基本实现创建幸福家庭的目标。各级政府相继召开会议，因地制宜，系统谋划，保证履行职责到位。

其次，建立共创机制。跳出由人口计生部门单打独斗的小圈子，由建设"幸福长春"工作办公室统一落实，使"幸福家庭"创建工作提升为政府行为。县区、乡镇落实领导包片、干部包村（社区）责任制，着力打通服务群众的"最后的一公里"。

最后，强化督导检查。为推进"活动"的开展，市政府制定出台了实施方案、活动流程、创建规划、《幸福家庭标准》和部门分工等一系列配套措施。建立了创建幸福家庭活动通报制度、联检制度和督导评估制度。对工作不积极、行动迟缓的单位在年终绩效检查中予以扣分，直至"一票否决"，保证监督考评到位。

（二）协同发展，彰显创建特色

一是与构建最具幸福感城市相结合，彰显联创特色。对建设"幸福长春"、幸福村组、幸福社区和创幸福之家"三建一创"活动统筹安排。依托全员人口信息化建设，搭建创建幸福家庭活动的平台。为此，全市投入100万元加强硬件更新和软件开发，利用这个平台建立家庭档案，保持与家庭的互动，做到信息全、情况明、数字准、服务实，保证了全员人口信息化建设与创建幸福家庭活动"捆绑"运行。这一新窗口被群众称为"贴心网"和"幸福网"。2014年，长春市全员人口数据库人口覆盖率已达到98%，数据库主要数据项的准确率为95%。根据城乡有别的实际情况，农村以"提高家庭发展能力，促进家庭幸福和谐"为主题，实施收入倍增计划，通过创办就业、培训、创业基地等模式，吸引家庭参与，参与面达到100%。在城区，以"打造和谐社区，创建幸福家庭"为主题，以社区为单位，推行网格化社会治理，每个网格覆盖500~800个家庭，将工作细化到每个网格。同时，依托家庭解忧网，为居民提供信息咨询等便民服务，切实提高居民幸福指数。各城区还普遍为外来流动人口子女开办了"四点半小学"，增强流动人口家庭安全感和幸福感。到2013年，长春市已连续6次获得最具幸福感城市殊荣。

二是与创新卫生计生工作相结合，彰显生育关怀特色。卫生与计生机构的合并，为服务群众提供了更广阔的平台、更有效的支撑。第一，实施"情牵新生命——优生优育促进工程"，市政府每年投入

350万元，免费为城乡符合计划生育政策的计划怀孕夫妇分别进行男11项、女19项孕前优生健康筛查，免费为市区流动人口中已婚育龄妇女提供计划生育技术服务，开展孕妇产前筛查和新生儿筛查。第二，免费开展高标准的乙肝病毒母婴传播阻断项目。人口计生部门与医疗机构密切合作，在全面开展免费孕前健康检查的基础上，市本级财政先后划拨100万元和90万元用于开展乙肝病毒传播阻断项目，由原来只抓乙肝病毒母婴阻断，扩展到夫妇双方的全口径阻断。3年来，全市共有22万人接受检查，1117名乙肝孕妇进入母婴传播阻断流程，有922名新生儿接受乙肝病毒阻断治疗，阻断成功率达到98%以上。第三，免费为群众提供11类43项公共卫生服务。第四，全面实施农村妇女"两癌筛查"，累计筛查6万余人。为农村孕产妇住院分娩提供300元的补助，惠及12万人。开展了包括农民工在内的贫困危重孕产妇医疗救助活动，累计救助6515人，救助资金达500余万元。第五，大力开展优生优育促进项目。仅2015年上半年，全市产前筛查31102人，新生儿"两病"筛查33600人，听力筛查30323人，组织开展全市病残儿鉴定，共计对51名病残儿进行了医学鉴定。第六，普遍开展全科医生（乡村医生）签约服务。长春市推行局、院两级乡村医生准入管理机制，按照《执业医师法》和《乡村医生从业管理条例》的规定，在村卫生室执业的人员需具备乡村医生证书或执业助理医师证书，而且每名乡村医生都经过卫生院登记确认后上报区卫生计生局注册备案，进行乡村医生再注册。长春市还建立了乡村医生培训制度。各级卫生计生局、妇幼保健院、疾病预防控制中心等机构先后举办了"地方农村卫生人员培训班"和"基本公共卫生服务项目培训班"，对乡村医生进行了急诊急救、中医药以及针对孕产妇、0~6岁儿童、慢性病健康管理等相关知识的培训，乡村医生能力建设得到了逐步提升。此外，进一步完善乡村医生家庭责任医生制度，在区卫生院的统一管理下，从2012年起长春市部分

地区在院村两级就已经推行了家庭责任医生制度，签约服务一直以基本公共卫生服务相关项目为主。随着基本公共卫生服务下沉，家庭责任医生签约服务在村卫生室得到进一步落实和完善，各地村医全部担负起家庭责任医生的职责。为了提升服务效率，2014 年二道区卫生院还为每个村卫生室配备了电动自行车，确保村医为辖区内农民提供主动、上门、连续的综合服务。

三是与解决特殊家庭面临的困难和增强对流动人口公共服务管理相结合，彰显人文关爱特色。对于低保家庭，其在市级定点医院住院治疗时只收总费用的 10%，其余 90% 由保险机构、慈善机构和政府承担；针对空巢家庭，在市区实现了日间照料站"全覆盖"；针对计生贫困家庭，优先办理低保 4237 户、优先安排入住廉租房 692 户；针对"零就业"家庭，采取"订单式培训"，培训 6955 人、提供小额贷款 3844 万元；针对流动人口，成立 458 个学后驿站、180 个温馨港湾、229 个爱心家园；针对"看病贵"问题，将 8 种慢性病门诊医药费按照住院待遇补偿，将 61 种慢性病定点医院报销比例提高到 60%。

针对流动人口，长春市加强组织领导，加大投入力度。长春市委、市政府把推进流动人口基本公共服务均等化试点工作列入"绩效考核"的一项重要内容。与 15 个县（市）区、市属成员单位签订了目标管理责任书，明确了工作任务和职责。将六项工作进行了分解，按百分设定，把平时工作与集中工作相结合进行考核，根据考核评估结果给予一定的经费补助。另外，长春市将流动人口基本公共服务工作纳入市卫生计生委三十项重点工作任务中，据统计，全市为流动人口提供健康教育和政策宣传咨询手册 137473 份（册），投入资金 156606 元；流动人口信息采集、录入和变更 12871 人，投入资金 227784 元；传染病统计监测和防控 21295 人，投入资金 6200 元；适龄儿童疫苗查漏补种 12339 人，投入资金 23700 元；计划生育生殖健康检查和各项计划生育技术服务 75457 人（其中优生检测 597 人），叶酸发放4853瓶（盒），技术服务1564人，药具服务61412人，产后随访146人，检查治疗2222人，咨询服务9516人。补、办、验证服务及出具证明材料1720人次，落实流动人口及其家庭享受的独生子女父母奖励、特殊家庭152人，走访慰问1424户，投入资金185840元。在劳动就业、安全生产、子女入学、农业生产等方面培训3263人次。

四是与培育践行社会主义核心价值观相结合，彰显主流引导特色。制定幸福家庭标准指南，编印《幸福家庭之路》宣传画册，大力宣传各个层面的典型，举行"长春好人"、"健康一家人"、"幸福长春和谐家庭"等评选活动，发挥典型带动作用，引领社会风尚。

（三）全程监督，确保创建成效

一是政府承诺，接受社会监督。市委、市政府高度重视创建幸福家庭活动，每年年初把各个部门的创建内容汇编成册，向社会公布并做庄重承诺。年末向人大报告，接受社会监督。

二是科学调度，解决实际问题。市政府每年召开两次调度会，全面掌握创建进度，了解创建情况，现场研究问题、解决问题。县区每季度召开一次碰头会，交流情况，解决难题。

三是定期督查，狠抓工作落实。市委、市政府两个督查室与幸福长春建设办公室联手，定期对承诺践诺情况进行抽查，形成督查通报，奖优罚劣，形成机制，狠抓落实。

四是重视民意，确保公众满意。通过市长公开电话、市长（局长）接访日、网络互动等方式，倾听群众对创建工作的真实意见和建议，并据此进行思路、方案以及行动上的微调，确保群众满意。

二　铜陵市创建幸福家庭活动的开展情况

铜陵市下辖5个县，"创建幸福家庭活动"共覆盖5个县，涉及

13 万个计划生育家庭，近 600 个计划生育特殊家庭。"活动"开展以来，铜陵市共组织各类宣传教育活动 200 场，参加人员 5 万余人次。铜陵市针对"文明倡导"、"健康促进"、"优生优育"、"致富发展"、"奉献社会"共启动了 61 个项目，如表评 4－2 所示。

表评 4－2　铜陵市开展的创建幸福家庭活动项目

文明倡导	健康促进	优生优育	致富发展	奉献社会
1. "金秋助学"	1. 孕前优生健康检查和无业已婚育龄妇女生殖健康检查	1. 提高妇女儿童健康水平	1. "邮蓄巾帼贷"	1. "慈善情暖万家　爱心关注母亲"春节慰问
2. 人口基金助学成才项目	2. 贫困残疾儿童抢救性康复工程	2. 孕前优生健康检查和无业已婚育龄妇女生殖健康检查	2. "新型农民培训"	2. "邻里守望"志愿服务项目
3. "春蕾慈善联合助学"行动	3. 贫困白内障患者免费复明手术工程	3. 大通镇早教中心	3. 再就业小额借款项目	3. 政府为困难老年人购买居家养老服务
4. 慈善联合助学	4. 贫困精神残疾人服药救助工程	4. 心系妇儿——家庭教育空中课堂	4. 贫困残疾人生活特别救助	4. 临时救助
5. 留守流动儿童活动室	5. 育龄妇女生殖保健知识宣传培训	5. 住院分娩项目	5. 残疾人计划生育家庭特别扶助工作	5. 快乐午留生
6. "铜陵好人"评选	6. 农村妇女"两癌"筛查		6. 农村饮水安全工程	6. 千人千愿微爱圆梦
7. 乡村学校少年宫建设	7. 居民健康档案项目		7. 就业创业培训	7. 三关爱活动
8. 创建五好文明家庭	8. 重病家庭社会救助项目		8. 人口基金项目	8. 志愿者服务活动

续表

文明倡导	健康促进	优生优育	致富发展	奉献社会
9. "百家女走百家门"	9. 企业退休人员免费健康体检项目		9. 致富帮扶结对项目	9. 郊区"七彩"服务驿站项目
10. "十星级文明户"道德信贷金卡工程	10. 青春健康教育项目		10. 失业职工小额贷款项目	10. "人口基金"项目
11. "好媳妇、好婆婆"评选活动	11. 基本公共卫生均等化项目		11. 计划生育特殊家庭救助项目	11. 计划生育特殊家庭社会关怀项目
12. "党政领导干部与困难学生手拉手"活动	12. 计划生育家庭大病救助项目		12. 土地流转培育种植、养殖大户项目	12. 困难家庭、贫困母亲救助项目
13. 亲情牵手	13. 平安保障项目		13. 省妇女创业扶持专项资金项目	
14. 计划生育幸福家庭创建阵地建设	14. 城乡居民保险		14. 计划生育特殊家庭关怀(怡养家园)项目	
15. 人口文化园提升(文化广场、文化大院)			15. 计划生育特殊家庭紧急慰藉项目	

如表评4-2所示,铜陵市围绕创建幸福家庭活动的五个主题开展了丰富多彩的活动,项目达61项。开展"活动"以来,铜陵市委、市政府高度重视,成立了"活动"开展的组织,出台了实施意见,明确了目标任务、主要内容、实施步骤及相关措施。铜陵市"活动"的开

展在标准化和延续性方面都有亮点。在标准化方面，为更好地开展"活动"，铜陵市制定了幸福家庭活动阵地建设的试行标准，主要制定了《乡镇（办）幸福家庭活动指导站建设标准（试行)》（以下简称《标准》）和《村级幸福家庭活动中心建设标准（试行)》。《乡镇（办）幸福家庭活动指导站建设标准（试行)》明确了乡镇级创建幸福家庭活动阵地，并明确指出乡镇级创建幸福家庭活动阵地应具备的条件和必须建立四大工作机制。四大工作机制包括：建立创建幸福家庭活动指导协调机制；建立创建幸福家庭活动指导站宣传、培训、活动工作机制；建立创建幸福家庭活动保障工作机制和建立创建幸福家庭活动检查考评、奖惩工作机制。其中建立考评、奖惩工作机制规定，从 2012 年起，要将创建活动纳入乡镇各部门目标考核，对部门、村的创建活动进行年度考核奖励。各部门、村均应制定年度工作方案及考核细则。《乡镇（办）幸福家庭活动指导站建设标准（试行)》还要求组建三支专业队伍：组建创建幸福家庭活动志愿者宣传队伍；组建创建幸福家庭活动培训工作队伍；组建创建幸福家庭活动志愿者帮扶工作队伍。

《村级幸福家庭活动中心建设标准（试行)》规定了幸福家庭活动中心应具备的条件，明确了幸福家庭活动中心建设必须建立以村书记或村主任为组长、村两委班子及协会会员为成员的领导小组，明确活动中心主任负责活动中心的日常工作。《标准》规定幸福家庭活动中心必须建立相应的工作制度：实行幸福家庭活动中心主任负责制，建立健全活动中心活动年度计划、月宣传计划、培训计划、帮扶计划以及相关制度。必须建立三支队伍：幸福家庭活动中心文艺宣传队伍、家庭能力发展服务队伍、致富帮扶队伍。

铜陵市在"活动"的开展过程中非常注重项目的延续性，很多项目都能够不间断地开展，对经济发展和社会稳定具有重要贡献。比如，"人口基金"项目，铜陵市每年投入专项资金 40 万元，用于计划生育家庭助学、生病支助、伤害保险、特殊计生家庭扶助等，增加计生家庭发展能力，促进创建幸福家庭活动深入开展。其中，2011年以来，郊区人口基金每年安排 1 万元左右项目资金开展贫困母亲救助；安排 1 万~2 万元项目资金，开展计生困难家庭救助；安排 5万~6 万元项目资金，实施助学成才计划；2011~2012 年，安排12.5 万元项目资金，开展致富帮扶，用于扶持部分计划生育家庭开展创业活动。

计划生育特殊家庭救助项目：在 2011~2014 年，计生协组织开展"两节"慰问、母亲节贫困母亲救助、5·29 会员日计生困难家庭救助，共救助 1556 人，发放救助金 84.7 万元。计划生育幸福家庭创建阵地建设：2011~2014 年，在全市范围内开展城市生活驿站、幸福家庭活动指导站、幸福家庭活动中心（幸福生活驿站）、青春健康俱乐部建设，为幸福家庭和创建活动提供服务载体，为广大市民提供活动场所。共建成城市生活驿站 27 个，幸福家庭活动指导站 10 个，幸福家庭活动中心 110 个，幸福生活驿站 5 个，青春健康俱乐部 5 个。

孕前优生健康检查和无业已婚育龄妇女生殖健康检查：该项目自2011 年起实施，截至 2014 年底，无业已婚育龄妇女参加生殖健康检查达 46741 人。育龄妇女生殖保健知识宣传培训：2011~2014 年定期组织广大育龄群众，普及生殖系统疾病预防保健常识，截至 2014年已组织培训班 68 期，培训人员 2 万余人次，投入资金 6 万多元。企业退休人员免费健康体检项目：铜官山区每两年一次，组织全区企业退休人员进行健康体检，每次参加体检人数达 2 万人。提高妇女儿童健康水平：该项目 2011 年开始实施，项目包括两个子项目，免费婚前医学检查和农村孕产妇住院分娩。免费婚检每年检查 3500 对以上，每对金额为 200 元至 236 元；农村孕产妇住院分娩每年补助 2500人左右，每人补助金额为 300 元。

铜陵市开展了针对计划生育特殊家庭的计划生育特殊家庭紧急慰藉项目，从 2013 年起对全市计划生育当年和既往计划生育特殊家庭

家庭蓝皮书

提供每户3000元一次性慰藉金，慰问计划生育特殊家庭348户，发放资金104.9万元。并且通过计划生育特殊家庭社会关怀项目，每年投入专项资金20万元，用于计划生育特殊家庭的生活困难慰问、保险、体检、精神抚慰等，增强计生家庭发展能力，促进创建幸福家庭活动深入开展。但针对计划生育特殊家庭的关怀项目还主要表现在物质的补助方面，对于养老和医疗方面的涉及还远远不够。

三　德阳市创建幸福家庭活动的开展情况

四川省德阳市下辖6个县，"活动"覆盖6个县，涉及66万个计划生育家庭，其中包括5000多个计划生育特殊家庭。"活动"开展以来，德阳市共组织各类宣传教育活动2478场，参加人员约53.06万人次。"活动"开展以来，德阳市围绕"文明倡导"、"健康促进"、"优生优育"、"致富发展"、"奉献社会"启动了以下项目，如表评4-3所示。

表评4-3　德阳市开展的创建幸福家庭活动项目

文明倡导	健康促进	优生优育	致富发展	奉献社会
家庭人口文化建设；示范家庭表彰活动	生殖健康检查；青春健康教育；优生优育优教行动；"两癌"筛查	免费婚检；孕前优生健康检查；免费计划生育手术；免费药具发放；婴幼儿早期教育	计生奖特扶；独生子女父母奖励;0~6岁计划生育家庭子女平安保险；计划生育手术保险；财政出资为特扶家庭参加新农合缴纳个人部分;计生"三结合"帮扶；技术培训；动员参加合作组织；计生困难家庭帮扶；再生育关怀；惠农活动	组建爱心自愿服务队

德阳市自"活动"启动以来，首先成立了领导小组和办事机构。德阳市成立了以市委、市人大、市政府、市政协分管领导为组长（副组长）、相关部门主要负责人为成员的试点工作领导小组。并按照"一委两会"的工作模式，成立专门办事机构，抽调了人员，明确人口计生行政部门、计划生育协会、技术服务机构及其内部科室在"创建幸福家庭活动"工作中的职责和任务，统筹协调，分工合作，分类指导，整体推进。

德阳市"活动"的开展主要包括以下四个方面。一是将创建幸福家庭活动与社会主义新农村建设、加强和创新社会管理、深化人口计生综合改革相结合，不断完善家庭发展政策。二是确立了以灾后再生育家庭、计划生育特扶家庭、贫困计生家庭为重点目标人群，层层推进，不断拓展。三是选准工作重点，拓展工作内涵。围绕"创建幸福家庭活动"提出的"文明、健康、优生、致富、奉献"目标，德阳市将着力点放在以"健康、优生、致富"上。四是突出创建特色，形成"一县一品"。各县（市、区）按照"文明、健康、优生、致富、奉献"的要求，努力寻求与本地实际和人口计生工作的结合点，突出重点，整体推进。不仅如此，德阳市还将试点工作纳入市政府重点单项目标考核，市县两级人口计生部门也将试点工作纳入业务目标考核，强力推进。

经过四年的项目开展，德阳市创建幸福家庭活动在"健康、优生、致富"上取得了明显成效。例如，在"健康促进"方面，德阳市开展了计划生育手术保险项目。该项目由市政府统领，各县（市、区）政府全额出资，为在指定医疗机构或计划生育服务机构进行免费计划生育手术投保。2011～2014年参保48618例，缴纳保费43.75万元。德阳市还开展了0～6周岁独生子女平安保险项目。为加强对计划生育家庭的保障，由市政府统领，各县（市、区）政府全额出资，为0～6周岁计划生育家庭子女统一购买平安保险。2011～2014

年全市参保约 9.8 万例，缴纳保费 147.4 万元。

在"文明倡导"方面，德阳市开展了"健康发展 – 家庭人口文化建设"。经过四年的建设，已在三星堆文化、孝德文化、三国文化、绵竹年画文化等本土文化中植入人口文化，打造了人口文化农家乐、人口文化广场、人口文化示范中心等一批高品位的人口文化精品。2011 年，德阳市红十字会投入资金 46 万元，用于建设绵竹市孝德镇、什邡市师古镇、广汉市松林镇和山水镇、旌阳区新中镇和德新镇 6 个人口文化示范中心；什邡市川西婚俗人口文化苑成为当地青年婚恋流行场所。目前，德阳市已在全市范围内初步建设形成了镇有人口文化中心、村有人口文化大院、社有中心户的基层宣传教育网络。

在"优生优育"方面，德阳市于 2014 年 4 月，全面启动了优生优育优教促进行动，由计生牵头，联合卫生、妇联等多个部门，进一步强化宣传、整合资源、规范服务，把好三道关口，进一步完善"三优"工作机制；抓好知识普及，进一步提高家庭"三优"理念，积极开创优生优育优教工作新局面。这个项目一方面是抓好宣传倡导，市县两级利用报纸、电视台等主流媒体，大力传播优生优育优教理念，各县（市、区）每月开展一至两期优生优育优教知识专题宣传；在全市建立 130 个优生优育优教免费宣传服务网点，先后投入 99 万元制作出版育儿图书、宣传海报、折页、优生优育书籍等投放到社区、农村文化中心，供辖区家庭免费阅读，让辖区育儿家庭在家门口就可以便捷获取各类优生优育、科学育儿知识；在交通干道设立大型户外广告牌 40 块，积极营造优生优育优教工作良好氛围。另一方面是抓好培训指导，在加大孕前优生健康检查工作力度的基础上，开展目标人群的指导培训，2014 年全市共组织举办优生优育优教宣讲培训 28 期，4524 个家庭成员听取了优生优育优教知识宣讲。

德阳市还特别关注计划生育特殊家庭，开展了多个针对计划生育特殊家庭的项目。自 2011 年起,德阳市开始逐步推进"特别计划生育家庭再生育关怀项目",为计划生育家庭子女死亡现无子女、符合再生育条件的夫妻,提供政策服务、技术服务以及经济扶助,帮助重建幸福家庭。政策服务即为符合条件的再生育家庭开辟再生育审批"绿色通道"。截至 2014 年底,全市累计已为 157 户已再生育的家庭给予了医疗补助和孕期营养补助合计 57 万元;对治疗后仍未再生育的,女方为 45~48 周岁的夫妻共计 1173 人,提前按国家特别扶助的标准给予经济扶助,累计扶助资金达 311.472 万元。通过对特扶家庭再生育的全程人性化关怀和服务,帮助他们再生育健康的宝宝,重建幸福家庭;对不能再生育宝宝的家庭,即时提供经济扶助,填补政策空白,使他们增加一份安全感,对这些家庭的安宁和社会的稳定起到积极作用。

针对计划生育特殊家庭,德阳市还开展了特别计划生育家庭全面关怀项目。经过多次对全市特扶家庭现状调查、分类研究,2014 年,德阳市统筹相关部门,整合多方资源,对特扶家庭实行个性化管理、针对性服务,着力构建对特扶家庭的全面关怀体系。德阳市针对计划生育特殊家庭开展的项目涉及的方面较多,不仅从物质上对计划生育特殊家庭进行了补助,而且从再生育、养老等其他计划生育特殊家庭最需要的方面对其进行了帮扶,产生了极为良好的社会效益。这方面是"十三五"时期开展创建幸福家庭活动要特别注意涉及的内容。

四 创建幸福家庭活动评估结果与其主要成效

(一)创建幸福家庭活动评估结果

通过对 32 个试点城市创建幸福家庭活动的开展情况、"活动"

的社会经济效益以及部分试点城市的开展情况进行评估，可以看出32个试点城市在"十二五"期间均较好地开展了创建幸福家庭活动，但各城市的开展情况参差不齐。从评分结果来看，各试点城市在项目的组织管理和实施及其效果方面得分较高，平均在满分的75%以上。在项目的资金管理方面得分偏低，具体来看，虽然资金下达和使用情况大都较好，但资金的带动情况和资金投入的创新情况都不太好，说明"活动"资金在带动相关社会资金方面和设置专项资金支持专门项目方面还存在不足。这也从深层次说明资金没有得到最大效率和最大收益的使用。具体到每一维度的分值分布，还可以看到，虽然项目的实施情况及其效果总体得分较高，但各分项之间得分差距明显，总结来看，主观努力方面的指标，包括组织管理和开展情况等得分都较高，而客观效果方面的指标得分都较低，这主要是受统计数字的影响。此外，各地的材料中也没有专门针对计划生育特殊家庭等进行项目设计和成果考核等，进一步说明各地针对计划生育特殊家庭开展的项目还远远不足，远不能满足计划生育特殊家庭的养老、医疗和心理扶助等方面的需求。

对"活动"的经济效益的评估结果显示，从经济角度而言，"活动"带动的受助家庭人均年增加收入、带动脱贫人数和带动就业人数大体呈逐年增长的趋势。创建幸福家庭活动有效地推动了扶持家庭政策从救济型向创业型转变，提高了家庭"造血"功能，促进家庭脱贫致富。同时，"活动"促进了养老、家政等居民服务业的发展、卫生、社会保障和社会福利业以及文化产业的发展。对投入产出比进行分析可以看出，创建幸福家庭活动所产生的经济贡献可达到同期财政投入的近百倍，即"活动"财政投入1元可以产生几百元的经济贡献。这表明，在"十二五"期间，"活动"财政投入还正处于边际产出快速递增的阶段。就经济学角度而言，这种状况说明及时到位地追加财政投入，将进一步增加"活动"的经济产出，而且其公益性功能也能得到更好的发挥。由于"活动"的财政投入增速较经济产出增速低，多数地区充分发挥"活动"的效应所需的财政投入的缺口仍然很大。所以，大力追加对"活动"的财政投入是全面发挥"活动"的效应，提高家庭发展能力的当务之急。

对"活动"所产生的社会贡献的评估显示，"活动"在促进人口素质提高、居民健康水平和基本公共服务水平提升方面具有明显的促进作用。这主要是各地在"文明倡导"、"健康促进"和"优生优育"方面开展的活动比较多，取得的成效也比较明显。"活动"在一定程度上促进了社会稳定性的提升，支持"活动"开展的社会投入，但还非常有限。主要是由于"活动"针对计划生育特殊家庭，尤其是计划生育特殊家庭的投入以及针对计划生育特殊家庭养老和医疗方面的项目还非常不足。对"活动"典型案例的分析评估同样表明，"活动"针对计划生育相关困难家庭（包括计划生育特殊家庭）的效应还没有充分体现出来，这样创建幸福家庭活动的最重要的社会效益和这个活动的不可替代性（针对这部分人群目前基本没有专门的福利政策，即没有特惠政策）还没有充分显现出来。此外，对"活动"典型案例的分析评估还表明，开展情况较好的城市在标准化、延续性方面做得相对较好，这也是下一步"活动"开展各城市应注意的方面。

（二）创建幸福家庭活动取得的成效

通过对全国32个第一批创建幸福家庭活动的试点城市的开展情况进行评估，可以看出，创建活动已取得了若干主要成效，主要表现在以下方面。

第一，树立品牌并发挥品牌效应。创建幸福家庭活动在长春、漳州等试点城市已经成为一个品牌活动，在这个品牌下围绕人际均衡和家庭发展带动了一系列的单项工作，包括宣传教育、优生筛查、扶贫

致富等多个方面。创建幸福家庭活动具有很强的包容性，使有关家庭项目重新整合，形成合力，在诸多试点城市得到了重视，也列入了近三年的政府工作计划，围绕创建主题设立了不同的平台，开展了多种形式、灵活多样的活动，体现了"主题的一致性和形式的多样性"。创建幸福家庭活动已经成为全国范围内提升家庭发展能力的一个重要载体、一个有力抓手、一个过硬品牌。

第二，惠及千万普通家庭。在"党委政府统筹、卫生计生牵头、相关部门配合、社会资源融入、百万家庭参与"的运作机制和工作格局下，创建幸福家庭活动最大的成效之一在于千千万万普普通通的家庭得到了真正的实惠，有力提升了家庭的发展能力。仅以2013年为例，全国新增幸福工程项目点29个，救助贫困母亲12270名，中国人口福利基金会本级投入资金1035万元，各省（区、市）投入资金1797万元，地方项目点配套资金3488万元，吸纳社会参与资金5222万元。

第三，重点关注计划生育困难家庭。创建活动的主要服务对象是计划生育相关家庭，以解决计划生育相关家庭发展中的问题和困难为工作重点。《中国家庭发展报告（2014）》显示，全国家庭总数约为4.3亿个，计划生育家庭3亿个左右，占了近70%。因此，解决了计生家庭的困难，全国大部分家庭的问题也就大体上解决了。一孩为主的计划生育政策实施30多年来，计划生育家庭做出了巨大贡献，如今却面临着许多现实的问题，比如第一批计划生育家庭特别是手术并发症家庭的贫困问题、独生子女伤残死亡家庭老无所依的问题开始凸显，由于各项工作没有及时跟上，一些负面影响不可低估。在创建幸福家庭活动开展的四年多中，优先考虑、重点帮扶计划生育家庭，提高他们的家庭发展能力，着力解决计划生育家庭在养老、医疗、教育、就业、就学等方面的实际困难和问题。在实际工作中真正实现了"三个统一"：把国家的长远利益与群众的现实利益统一起来，把人口计划与家庭计划统一起来，把落实生育政策与增进群众福祉、促进家庭发展统一起来。

五 创建幸福家庭活动开展的障碍

"活动"虽然取得了明显成效，但也存在不足，制约了"活动"效应的进一步显现。创建幸福家庭活动主要受到五方面因素的制约。

第一，财政经费支持不足。创建活动得到了不同层级的财政支持，有些项目也实现了政府购买服务，让群众真正得到了实惠，但评估表明，财政经费支持的力度无论与活动的社会经济效益还是与计划生育特殊家庭的现实需求相比都是杯水车薪，财政经费支持不足已经成为"活动"发展的首要瓶颈。

第二，"活动"整合相关项目和社会力量不足。以家庭幸福为发展方向，"活动"可以与许多工作形成互动（如与人口信息平台建设形成互动），也有赖于许多项目的支持（如将生殖健康服务纳入基本公共服务、生殖道感染治疗纳入基本公共医疗目录等），还需要整合社会力量。尤其要注重发挥社会组织的作用，动员社会资源参与到创建活动中去。像基层卫生计生技术服务机构、人口家庭公共服务站所，都可以依托社会力量和企业资源，加强设备投入和人员培训，以解决投入不足的问题。

第三，针对计划生育困难家庭尤其是计划生育特殊家庭的项目不足。虽然目前已有一些城市开展了针对计划生育特殊家庭的关怀活动，但从调研情况来看，一方面，在全国范围内开展这类活动的城市并不算多数，还不能成为普遍现象。而且开展类似活动与各地的经济发展状况也有比较大的关系。经济比较发达的地区，在经济补助方面都有较多作为。另一方面，在已开展的针对计划生育特殊家庭的关怀活动中，开展的项目与计划生育特殊家庭的实际需求还有较大差距，

尤其在满足计划生育特殊家庭的养老需求与心理安抚需求方面还存在较大差距。计划生育特殊家庭具有特殊性，对计划生育特殊家庭的扶助是我国目前基本公共服务的短板，也是彰显创建幸福家庭活动社会效应的重要方面。对计划生育特殊家庭扶助的缺失使得创建幸福家庭活动的收益人群数量远远小于其应有的数量，并且使得创建幸福家庭活动的社会效应大打折扣。2015 年中国人口福利基金会的家庭日主题是人口老龄化背景下的幸福家庭建设，对计划生育特殊家庭的关照，正是加强老龄化服务尤其加强有特殊困难的老龄家庭服务。

第四，活动内容的实化和标准化不足。在评估调研过程中，很多基层工作者提出，"幸福家庭都一样，不幸家庭各不同"，幸福只是一种感受，每个人的体会不同，确立和设计出好项目很难。从大局观上说，幸福家庭有一些基本元素是相同的且相通的。诸如，文明（是幸福家庭的道德追求）、健康（是幸福家庭的基础条件）、优生（是幸福家庭的希望所在）、致富（是幸福家庭的重要保障）、奉献（是幸福家庭的价值所在）。创建幸福家庭活动提出"文明倡导、健康促进、优生优育、致富发展、奉献社会"，五个主题有虚有实，三实两虚，虚中有实。在具体项目中，虚如何转化为实、实如何落实？尽管各地在"十二五"期间有诸多创新，但在项目与当地主要家庭发展问题的针对性以及项目的标准化、延续性方面都还有许多不完善的地方。

第五，监督和绩效评估不足。组织开展创建幸福家庭活动已成为国家卫生计生委及相关机构在家庭发展方面的重要活动之一。但创建幸福家庭活动并没有被纳入各地的计划生育目标管理责任制之中，全国的制度化的检查评估以及绩效考核工作尚没有开展，也还缺乏有效的第三方监管以促进经费透明使用、工作有效落实。这种局面与考核在基层特别突出的计划生育工作形成了明显的反差。有许多地方出于职业责任感进行了自查自评，中国人口福利基金会也邀请国务院发展研究中心进行了一定范围的第三方评估，但从这个活动已有的规模、可能的影响而言，相关监督、绩效评估还没有跟上活动发展。应鼓励地方研究制定符合当地实际和活动特点的创建标准、评估内容和考核方法，引导并规范本地创建工作。

单从计生部门工作的角度来评估，可以认为这个活动是"计生民心工程"。我国现存的对计生家庭的优惠补贴政策，尤其是对计划生育特殊家庭的补贴，实际上都是从控制人口生育角度出发的一种利益导向机制。虽然目前有针对计生家庭的奖励扶助政策，但是这些基本都是从保障计划生育工作顺利开展角度考虑的，而且各个地方具体执行的情况也有很大差异。同时，补偿水平也较低，难以保障"家庭幸福"的需要，属于典型的"补缺"型，难以惠及所有家庭。目前"一老一小"的养老保障和儿童保障也都很薄弱。当前中国的人口政策正在向提高人口素质和促进家庭发展的"促进型"政策方向转变。在此过程中全国各地广泛开展的创建幸福家庭活动给予计生家庭的实物和现金补贴、家庭服务，以及公共设施的供给，这些围绕家庭发展和幸福的公益性活动都会促进当下的计生工作的转型，有助于增强全社会的幸福感。

从家庭受益者的角度感性评价的话，这个活动堪称"家庭希望工程"：创建幸福家庭活动在过去的几年内有效地帮助了千万个家庭追求幸福，在"十三五"中，将有更多的家庭希望成为这个活动的受益者。但是由于受到起步时间还较短、资金投入不够、地区和城乡之间的差异等诸多因素的影响，创建幸福家庭活动还有待进一步完善，以提高其保障家庭发展的效力。其中最为重要的制约因素在于财政经费投入不足。可以说，创建活动开展四年多以来，设计项目合理、基层实施到位、带动资金不少，但因为总量不够，项目覆盖面不尽如人意。因此我们建议，未来应多发挥中央项目资金的作用，加大种子性资金的投入，同时针对其他普惠公共服务难以收到明显效果的

特殊家庭进行专门的项目设置。

　　对于"创建幸福家庭活动"开展的效果与存在的问题，以及"十三五"期间应加强的政策措施可以用图评4-1来表示。

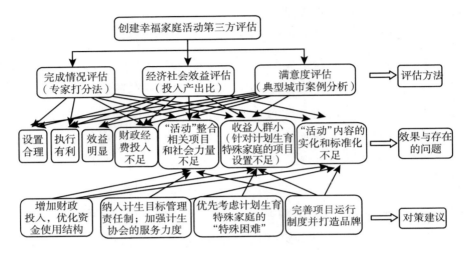

图评4-1　创建幸福家庭活动第三方评估的重要结论

　　根据图评4-1所示，本课题组对创建幸福家庭活动进行的第三方评估主要通过专家打分法对"活动"的完成情况进行评估；采用投入产出比对"活动"的经济社会效益进行评估；通过典型城市案例分析进行满意度评估。对"活动"的完成情况进行评估，是通过专家打分法具体从项目的组织管理、资金管理和实施及其效果三个评估维度来进行评估，结果显示各地项目的组织管理和实施及其效果较好，说明"活动"设置合理，执行有力。但"活动"资金在带动相关社会资金方面和设置专项资金支持专门项目方面还存在不足。此外，各地的材料中也没有专门针对计划生育特殊家庭等进行项目设计和成果考核等，进一步说明各地针对计划生育特殊家庭开展的项目还远远不足，远不能满足计划生育特殊家庭的养老、医疗和心理扶助等方面的需求。

对"活动"的经济社会效益进行评估是在对各试点地区工作开展情况进行分类比较的基础上,综合各地区的社会经济条件和试点工作开展情况,选择若干典型地区详细梳理相关投入情况(主要是资金投入)和试点工作成效(主要是社会经济效益),并测算试点工作的社会经济效益、计算带动比。结果显示"活动"试点工作有效地带动了当地的经济发展、显著地改善了民生,说明"活动"项目设置合理,执行有力,效益明显。但同时,评估结果也显示,一方面,由于"活动"的财政投入增速较经济产出增速低,多数地区充分发挥"活动"的效应所需的财政投入的缺口仍然很大。所以,大力追加对"活动"的财政投入是全面发挥"活动"的效应,提高家庭发展能力的当务之急。另一方面,"活动"在一定程度上促进了社会稳定性的提升和支持"活动"开展的社会投入,但还非常有限。主要是由于"活动"针对计划生育特殊家庭,尤其是计划生育特殊家庭的投入以及针对计划生育特殊家庭养老和医疗方面的项目还非常不足。

典型城市案例分析主要是通过对 32 个试点城市的实施情况的面上评估,选择德阳和铜陵两个合理性和可行性最高的城市,通过现场调研获得相关信息进行满意度评估。重点关注与"活动"主题密切相关且较具代表性的项目,例如针对"计划生育特殊家庭"设计的专项服务,选择典型地区的典型项目分析其在改善民生、促进社会稳定、带动经济发展等方面发挥的积极作用,为"活动"的全面开展和相关配套政策的制定提供行之有效的建议。结果同样说明"活动"设置合理,执行有力,效果显著。但"活动"针对计划生育相关困难家庭(包括计划生育特殊家庭)的效应还没有充分体现出来,这样创建幸福家庭活动的最重要的社会效益和这个活动的不可替代性(针对这部分人群目前基本没有专门的福利政策,即没有特惠政策)还没有充分显现出来。此外,"活动"典型案例的分析评估还表明,开展情况较好的城市在标准化、延续性方面做得相对较好。

通过这三类分析，可以得出目前创建幸福家庭活动存在的问题主要有：财政经费投入不足、活动整合相关项目和社会力量不足、收益人群小（针对计划生育特殊家庭的项目设置不足）以及活动内容的实化和标准化不足。针对这些问题，我们提出首先增加财政投入，优化资金使用结构。未来应多发挥中央项目资金的作用，加大种子性资金的投入，同时针对其他普惠公共服务难以收到明显效果的特殊家庭进行专门的项目设置。此外，还需要将活动的主要内容纳入计生目标管理责任制；优先考虑困难家庭尤其是计划生育特殊家庭的"特殊困难"；完善项目运行制度并打造品牌。

六 "十三五"期间完善创建幸福家庭活动所需的财政增量资金匡算

从图1中总结的问题及成因来看，创建幸福家庭活动有效开展的最大瓶颈在于财政经费投入不足，那么在"十三五"期间，首先就需要加大对创建幸福家庭活动的财政投入。而三个方面的投入是完善这项活动必须的，未来合理的资金投入量应该以三个方面为衡量标准：①保障140个城市全面完成"活动"的"规定动作"，②重点人群（计划生育特殊家庭）全部受益，③基层工作人员全部得到培训。从"十二五"期间这三个方面的相关活动的经费需求来看，大部分资金来自各级财政投入。根据前面的评估结果，以"十二五"期间这些活动完成得较好的城市为典型城市，可以匡算"十三五"期间在所有试点城市完善这些的财政增量资金需求，即在保持"十二五"期间财政投入水平的基础上的新增资金。①

---

① 由于32个城市的调研数据不全，而且存在一定误差，所以本预算只是对基本项目的一个概算。我们主要根据24个城市相关数据的平均数来考察"十二五"期间的投入，并以此来推算"十三五"期间预算的大致区间范围，重点是想说明需要在哪些方面加大投入。

第一，保障140个城市全面完成"活动"的"规定动作"。从评估结果可以看到，2011～2014年24个试点城市对创建幸福家庭活动的总投入约90亿元，然而中央财政投入仅为3.4亿元，所以首先要扩大中央财政投入。在"十三五"期间，在"规定动作"方面要加大中央财政投入，在"自选动作"方面可由地方财政出资。例如，像我们在评估报告中总结的"规定动作"，婚育新风进万家、幸福家庭相关评选活动、生殖健康援助行动、健康体检活动、优生优育促进工程、婴幼儿早期教育、计划生育特殊家庭扶助相关政策、幸福工程——救助贫困母亲行动、志愿服务体系建设（机构建设和活动统筹）、以志愿者为主参与的关怀计划生育特殊家庭的活动等，这些项目均要加大中央财政投入。在"十二五"期间，以"活动"开展评估得分较高的城市为例，从投入的总量来看，平均每个城市的投入在4亿元左右，其中中央投入在4000万元左右，德阳市最高（超过1亿元）。从投入占GDP的比例来看，平谷区和铜陵市的投入最高，可以占到GDP的0.2%～0.4%；德阳市占到GDP的0.06%。在"十三五"时期，首先要保证原有的"活动"顺利开展，其次要开发新的项目，这就需要提高"活动"投入占GDP的比重，保证各城市的"活动"投入至少占到GDP的0.02%～0.03%。各地区还可根据各自具体情况追加投入，比如长春市、平谷区和德阳市这些"活动"开展基础较好的地区可以根据情况再增加投入。根据我国2011～2014年的GDP，"十三五"时期需要的总投入至少应为437亿～657亿元。

第二，重点人群（计划生育特殊家庭）全部受益。重点人群（计划生育特殊家庭）受益是创建幸福家庭活动的特殊社会贡献，是对基本公共服务缺失的重要补充，具有不可替代性。因此，"十三五"期间应继续加大对重点人群（计划生育特殊家庭）的投入，加强对重点人群（计划生育特殊家庭）的项目设计，使这部分人群全

部受益。

目前，针对独生子女家庭，国家确定了三项扶助政策：①2004年人口和计划生育委员会、财政部下发了《农村部分计划生育家庭奖励扶助制度试点方案（试行）》，规定农村只有一个子女或两个女孩的计划生育家庭，夫妇年满60周岁以后，由中央或地方财政安排专项资金给予年均不低于600元的奖励扶助金。②从2007年开始，国家人口和计生委、财政部在全国开展独生子女伤残死亡家庭扶助制度试点工作，试点地区包含重庆、贵州、甘肃、山西、吉林、上海、江苏、山东等。在这一扶助制度下，女方年满49周岁的独生子女死亡后未再生育或合法收养子女的夫妻，由政府给予每人每月不低于100元的扶助金。从2012年起，扶助金标准调高到每人每月135元以上；独生子女伤、病残后未再生育或收养子女的夫妻，由政府给予每人每月不低于80元的扶助金，直至亡故或子女康复为止。③2013年底，国家卫生计生委、民政部、财政部、人力资源和社会保障部、住房和城乡建设部五部委联合印发了《关于进一步做好计划生育特殊家庭扶助工作的通知》，提出对计划生育特殊家庭要加大经济扶助力度，做好养老保障工作，提高医疗保障水平，广泛开展社会关怀活动。通知提出，自2014年起，将女方年满49周岁的独生子女伤残、死亡家庭夫妻的特别扶助金标准分别提高到城镇每人每月270元、340元，农村每人每月150元、170元，并建立动态增长机制。中央财政按照不同比例对东、中、西部地区予以补助。这三项制度的区别是：《农村部分计划生育家庭奖励扶助制度试点方案（试行）》仅涉及农村独生子女家庭和双女户，无论子女健在还是死亡，父母都可以享受奖励扶助金；独生子女伤残死亡家庭扶助制度包含城镇和农村的独生子女家庭，仅对独生子女伤残和死亡的夫妻进行扶助。《关于进一步做好计划生育特殊家庭扶助工作的通知》进一步提高了扶助力度。政府部门所统计的计划生育特殊家庭数量主要来自家庭申报,而申报数字往往低于实际的计划生育特殊家庭数量。独生子女政策在城镇、农村的执行力度不同,城乡独生子女的规模尚没有明确统计;且城乡人口的死亡概率不同,城乡养老保障水平存在差异,这些因素都给独生子女死亡家庭养老保障政策的制定带来障碍。

在各地的实践中,扶助标准均有不同程度的提高。北京市将女方年满49周岁的独生子女伤残、死亡家庭夫妻领取的特别扶助金标准分别提高到每人每月400元、500元。同时,通过政府建立的覆盖计划生育特殊家庭的综合保险制度,保障独生子女家庭利益。广东省自2014年起将独生子女死亡的家庭,特别扶助金由每人每月150元提高至每人每月不低于800元,独生子女伤残的家庭,特别扶助金由每人每月120元提高至每人每月不低于500元,并根据农村居民家庭年人均生活消费支出增长情况,按规定实行特别扶助标准动态调整,所需经费按《广东省计划生育家庭特别扶助制度实施方案》的资金来源由省和市、县财政承担。有条件的地方适当提高特别扶助金标准。深圳市规定自2015年1月1日起将深圳户籍人口独生子女死亡、残疾的特殊家庭特别扶助金标准分别从800元、500元,提高到每人每月1000元、800元,并建立和完善多项扶助优先制度,以有效促进社会和谐发展及计划生育政策的执行。上海市从2013年1月1日起,提高计划生育家庭特别扶助标准,即对符合条件的特别扶助对象,独生子女伤残家庭特别扶助标准从每人每月120元提高到每人每月400元,独生子女死亡家庭特别扶助标准从每人每月150元提高到每人每月500元。计划生育家庭特别扶助所需资金,由区、县政府承担。江西省自2014年起,在国家标准的基础上,将独生子女伤残、死亡家庭夫妻的特别扶助金标准提高到:独生子女伤残家庭城镇每人每月270元、农村每人每月150元;独生子女死亡家庭按照3个年龄段进行扶助:40~48周岁扶助标准为城乡每人每月150元;49~59周岁

的扶助标准为城镇每人每月 340 元，农村每人每月 300 元；60 周岁以上的扶助标准为城乡每人每月 500 元。以上扶助资金，40～48 周岁独生子女死亡家庭城乡特别扶助资金由省县按 3∶7 承担；独生子女伤残家庭特别扶助、49 周岁以上独生子女死亡家庭特别扶助，国家标准部分所需资金，除由中央财政按比例承担外，其余资金及江西省高于国家标准的部分，均由省财政负担。陕西省自 2014 年起，不分农村和城镇，将女方年满 49 周岁的独生子女伤残、死亡家庭夫妻的特别扶助金标准分别提高到每人每月 270 元、340 元，提高标准所需资金全部由省财政承担。

还有部分地区对城镇和农村计划生育特殊家庭实施不同的补助标准，主要是基于生活成本差异的考虑。但同时应该看到，农村的计划生育特殊家庭往往面临着更大的困难。我们认为，在国家层面，农村"失独"父母理应享受与城镇"失独"父母相同的待遇。各地区之间存在经济发展水平、生活成本的差异，可由各地政府在国家扶助金的基础上，通过地方财政进一步加大扶助力度，如增加一次性补助金，提高每月扶助金的额度。

根据存在的这些不足，并参考上述不同地区的扶助水平（既包含北京、深圳、青岛这些经济发达城市，也包含陕西、江西这类经济水平居中的省份），我们提出以下扶助建议：①国家实施统一的城乡计划生育特殊家庭扶助标准，女方年满 49 周岁的独生子女伤残、死亡家庭夫妻的特别扶助金标准分别提高到每人每月 320～400 元、400～500 元，主要由中央财政支付。②各省（自治区、直辖市）可以在国家标准的基础上，提高本省（自治区、直辖市）的补助水平，如增加一次性补助金和提高每月补助金额，这部分由地方政府财政支付。

第三，基层工作人员全部得到培训。创建幸福家庭活动能够顺利开展，效果从小到大，影响从弱到强，这离不开党政领导的重视和基层工作人员的努力。创建幸福家庭活动开展以来,各市县借鉴试点工作经验和推进模式,坚持党政领导、统筹协调,大都成立了领导小组,将幸福家庭建设作为幸福城市建设的基础工程常抓不懈。基层工作人员为项目的开展不断拓宽服务渠道,创新地方特色。在 2014 年下半年国家卫生计生委计划生育家庭发展司和中国人口福利基金会举办的创建幸福家庭活动专题培训班中,参训人员远超过原定安排,其中有 54 人自费参加。这一方面反映了创建幸福家庭活动受到欢迎和重视,另一方面也说明基层工作人员有培训的需求。

在这方面,以太原市为例,太原市共有 51 个街道办、21 个镇、33 个乡,以每个行政区域 2 个基层人员计,约有 200 人,再加上志愿者约千人,以每年每人培训费用 500～600 元计,那么每年基层人员培训需要 60 万～72 万元,"十三五"期间共需财政投入 300 万～360 万元。考虑到 140 个试点城市的工作人员均接受同等程度的培训,培训经费需要 4 亿～5 亿元。

此外,在创建幸福家庭活动示范市的第三阶段,示范市如果可以在"自选动作"中再投入 50% 的资金,就可以使这项活动的项目数或受益面再扩大 1 倍。以长春市为例,长春市每年对于创建幸福家庭活动的投入在 1 亿元以上,如果"十三五"期间能增加 2.5 亿元投入到人口信息化平台建设、针对流动人口的公共卫生服务以及全科医生(乡村医生)的签约服务等方面,那么创建幸福家庭活动的社会经济效益将更加显著。"十三五"期间完善"活动"所需的资金概算见表评 4－4。

总之,考虑到这几方面的需求,"十三五"期间完善活动所需的财政增量资金可能会远远超过现阶段各级财政可能对于这方面的投入。为此,我们建议的操作方案是:根据此次评估结果,在有限范围内加大力度,集中力量创建"活动"示范城市,在分配中央财政专项资金上对其给予优先权,使这些城市能够成为创建

幸福家庭活动的样板，示范并带动更多的城市竭尽所能加大"活动"开展的力度，使这项"活动"在"十三五"期间继续完善、再上台阶。

表评4-4 "十三五"期间完善"活动"所需的资金概算

活动内容	典型城市资金需求	试点城市"十三五"期间资金总需求	中央财政资金	备注
全面完成"活动"的"规定动作"	约1亿元/年（如四川省德阳市和吉林省长春市）	437亿~657亿元	"十二五"期间仅占投入资金总量的10%，"十三五"期间建议加大投入	"活动"投入占到GDP的0.02%~0.03%。
重点人群（计划生育特殊家庭）全部受益	100万户计划生育特殊家庭，每户每年平均6000元	240亿~300亿元，对于每年新增的计划生育特殊家庭应投入18.25亿~22.8亿元	"十二五"期间约150亿元	统一城乡补助标准
基层工作人员全部得到培训	每人每年培训费用600元（如山西省太原市）	4亿~5亿元	"十二五"期间约1000万元，"十三五"期间建议增加到5000万元	需要培训的第一线工作人员（包括专职人员和骨干志愿者），每个城市均超过千人
"自选动作"	根据城市财力、创建幸福家庭活动需求和既往工作基础不同，示范城市若再投入50%的资金，就可以使这项活动的项目数或受益面再扩大1倍	以长春市为例，增加2.5亿元		各地可根据愿意投入的社会资金，选择"活动"创新的重点领域

七 新阶段的开启——建立创建幸福家庭活动示范市

中国比较成功的政策过程经验是：先试点，再选出示范点作为面上推广的样板①。创建幸福家庭活动也基本循此套路，且示范市工作对"十三五"期间的创建活动更具有提升意义。

全国创建幸福家庭活动于 2011 年 5 月启动以来，经历了试点城市开展和全面开展两个阶段，取得了一定的阶段性成果。本次评估主要考察了项目设置的合理性和项目执行的有效性，并通过总结各地的经验，将有共性的好做法或有通用性的操作程序广而告之。在此基础上，统筹设计"十三五"期间的活动方案，以使创建幸福家庭活动在新的阶段更有保障也更有成效。通过评估可以看到，创建活动开展四年多以来，项目设计合理、基层实施到位、带动资金不少。各地试点城市围绕"文明、健康、优生、致富、奉献"重点内容，以宣传倡导、健康促进、发展致富等活动为载体，以社区服务为出发点，整合资源，开展了丰富多样的项目，涌现出一批先进典型，发挥了示范带头和辐射带动作用。国家卫生计生委从 2015 年起，在全国建立一批创建幸福家庭活动示范市（以下简称"示范市"），通过引导、示范，鼓励基层探索创新，推动创建幸福家庭活动持续健康发展。因此，创建幸福家庭活动已经进入到建立创建幸福家庭活动"示范市"的新阶段。

2015 年，全国建立"示范市"32 个，各省、自治区、直辖市和新疆生产建设兵团各 1 个，原则上在原全国创建幸福家庭活动试点市

---

① "试点"、"试验"或"示范"工作可以说是中国政府行为或政策过程中出现频率最高的词，从试点先行到典型示范，再到以点及面，最后全面推广的经典模式是诸多政策与项目发展遵循的惯例。

中产生。与此同时，国家卫生计生委制定了全国创建幸福家庭活动"示范市"标准（以下简称"标准"），以帮助各地对照"标准"进行自查申报。"标准"包括五大方面和十条小项，结合实际，突出重点。这十条标准侧重于对创建幸福家庭活动过程的评估，与本次评估指标体系有很多共通之处。

首先，党政重视，部门协同。这方面主要是考察活动的组织、管理以及考核，其中非常重要的是将创建幸福家庭活动作为改善民生的重要内容纳入本地经济社会发展规划，纳入本地目标管理责任制考核，领导到位、责任到位、投入到位和工作到位。我们在通过专家打分法对32个试点城市"活动"的完成情况进行评估时，第一个指标体系就是关于活动的组织管理，从领导机构、专业队伍、信息公开、工作方案以及结项检查五个方面对"活动"的组织管理进行评估。虽然我们没有在指标体系中明确列出是否将创建幸福家庭活动纳入本地目标管理责任制考核中，但专家在打分时实际上是把这一项作为工作方案和结项检查的一个重要内容。这方面第二条标准"建立党委政府统筹领导、卫生计生部门牵头组织、相关部门配合联动、社会团体与城乡群众广泛参与的工作机制。制订促进成员健康、增进福利保障、减少家庭贫困、促进性别平等、支持妇女儿童发展的家庭发展政策并得到有效落实。"侧重于考察多部门配合和多方参与的工作机制及针对成员健康、增进福利保障等方面的家庭发展政策及其落实情况。我们的评估设有组织机构方面的评估指标，而且专家在对"活动"机构实际打分时，也参考了各地关于"活动"的工作机制。而关于相关家庭发展政策的制定及其实效，我们在"活动"的五个主题方面进行专家打分和对"活动"试点的社会经济效益评估时都有涉及。"标准"中的这一条指出了五个方面的家庭发展政策，更具有针对性。

第二，宣传倡导，健康促进。这方面主要是考察创建幸福家庭活动相关理念的传播，营造有利于家庭幸福、社会和谐的良好氛围，广泛传播科学的健康知识、应急救助知识和家庭文明理念，帮助群众树立健康文明意识和自救互救意识，培养形成健康文明的生活习惯。这方面侧重于对创建幸福家庭活动过程的评估。我们在对 32 个试点城市"活动"开展的完成情况进行评估时，设置了文明倡导方面的评估指标，对这一主题的开展过程和结果都进行了评估。但对于健康促进，我们更多的是对相关项目的开展和成效进行评估，缺少对健康理念传播的评估。这也是新时期创建幸福家庭活动的发展方向，要促进家庭成员掌握健康知识，形成健康文明的生活习惯。

第三，优质服务，守护健康。这方面既考察创建幸福家庭活动的过程，也考察"活动"的成效，其中涉及五个定量指标：一是建立覆盖城乡居民的免费孕前优生健康检查制度，年度目标人群覆盖率达到80%以上；二是流动人口计划生育基本项目免费服务率达到年度目标要求；三是人口与计划生育信息化体系完善，本地区全员人口数据库的人口覆盖率达到95%以上；四是数据库主要数据项的准确率达到90%以上，依托信息网络开展家庭服务；五是出生人口性别比保持正常或达到年度目标要求。这五个定量指标中的免费孕前优生健康检查人群覆盖率和出生人口性别比的两个指标，在我们的评估指标系统中都有涉及。人口与计划生育信息化体系的完善，在我们的评估体系中没有涉及，这是新时期创建幸福家庭活动"示范市"的新方向和新任务。流动人口的计划生育基本项目免费服务率，在我们的评估体系中也没有涉及，我们的评估还未将针对流动人口的公共服务纳入评估体系中，这一方面反映了新时期创建幸福家庭活动对流动人口的关注程度提高了，另一方面也说明我们的评估还有不足之处，在下一个评估阶段可以将对流动人口的公共服务纳入到评估体系中。其他定性标准中的家庭健康服务体系和计划生育、优生优育等公共服务的提供以及"两癌"筛查和生殖道感染普查普治等基本预防保健和医疗卫

生服务的提供都是本次评估的主要内容。只有"开展全科医生（乡村医生）与城乡居民家庭或个人签约服务"未被纳入本次评估中。

第四，帮扶救助，解决难题。这方面主要考察计划生育利益导向政策体系、群众应享受的各项计划生育奖励优惠政策、资金兑现率，以及针对计划生育特殊家庭的具体政策措施和计划生育家庭的社会养老服务体系。这方面有一个定量指标，即资金兑现率达到100%。资金的到位与使用情况是本次评估的一个重点，在对32个试点城市"活动"开展的完成情况进行评估时，从资金下达情况、资金使用情况、资金的带动情况和资金投入的创新情况对项目的资金管理进行了评估。不仅如此，我们还在"活动"试点的社会经济效益评估中对"活动"的投入产出进行了评估，得出创建幸福家庭活动所产生的经济贡献可达到同期财政投入的近百倍。计划生育利益导向政策体系、针对计划生育特殊家庭的具体政策措施以及计划生育家庭的社会养老服务体系，我们在"活动"试点的社会经济效益评估以及典型案例分析中都进行了评估。

第五，群众参与，评价良好。创建活动在社区和家庭的知晓度、参与度和认可度较高，得到党政部门的肯定支持和舆论媒体的正面宣传较多。本次评估对创建活动的宣传情况进行了评估，并且想通过对试点城市常住人口家庭进行随机采访，来对群众满意度进行评价。但由于各种条件的限制，目前尚不能够对群众进行满意度评估。所以我们根据对试点城市的调研情况，选择"活动"实施效果好的2~3个城市，分析其在改善民生、促进社会稳定和带动经济发展方面发挥的积极作用进行分析，来实现满意度评估。在下一阶段的评估中，可以进行大范围的群众满意度评估。

通过以上对创建幸福家庭活动"示范市"标准的五大方面和本次评估的联系的分析可以看出，创建幸福家庭活动"示范市"的标准多数在本次评估中能够反映出来，两者之间联系密切。由于"活动"不是日常工作,且"活动"主题有实有虚,比如"文明倡导"和"奉献社会"两个部分的内容较"虚",因此,我们对于"虚"的部分尽量在对 32 个试点城市"活动"开展的完成情况评估和"活动"试点的社会效益评估以及典型案例分析中反映,多采用定性与定量相结合的分析方法;而对于其他较"实"的主题,我们尽量在"活动"试点的社会经济效益评估中反映,多采用定量的分析方法。还有一些没有反映出来的标准,如人口与计划生育的信息化将成为创建幸福家庭活动在新阶段的新发展方向和新任务。因此,本次评估既是对上一阶段创建幸福家庭活动的总结和评估,为建立创建幸福家庭活动"示范市"的开展奠定了基础,也为下一阶段"活动"的发展提出新的方向。

下一阶段,创建幸福家庭活动主要工作将集中于对优秀试点工作与"示范市"的经验总结,根据这些"活动试验点"的各种经验与教训的反馈,将创建幸福家庭活动的应用范围扩展到更广的领域,争取在"十三五"末期,这一"活动"正式成为全国性常规性政府工作。在这个目标下,创建幸福家庭活动再上新台阶仍有一些难点。比如,在中国幸福家庭的制度实践中,对幸福家庭"是什么"(概念内涵、直观感受、运行过程)、"为什么"(影响因素、内外逻辑、群体差异)及"怎么做"(微观措施、宏观政策、历时效应)这些基本问题,一方面学术界仍未得出广泛认同的答案,另一方面"创建幸福家庭活动"虽然取得了显著的进展,试点与"示范市"的工作得到高度肯定,但是如何从诸多"示范市"的典型实践中抽取出"中国幸福"的一般规律,如何避免对这一活动的总结停留在就事论事的层面,如何从试点性探索上升为全面铺开的制度化工作。这种从试点成功的事实描述总结出一般性的制度推广的高度,还需要进一步加强理论研究与政策分析。

B.10
后　记

　　从政策研究工作者的角度看，作为对创建幸福家庭活动的第三方研究性评估，评估目的只有一个：温故知新，以从政策层面优化这项活动。创建幸福家庭活动在各试点城市的实际效果到底如何？使多少家庭受益？带动了多少社会资金投入？社会经济效益体现在哪些方面？影响活动的瓶颈是什么？基层在操作中遇到的主要困难是什么？还有哪些重要的计划生育相关家庭的发展需要没有被活动覆盖到……这些问题，通过评估，我们认为：创建幸福家庭活动设计的初衷与国家的民生大计相吻合，与中国家庭的发展情况和共性需求相符合；而全部试点城市都完成了活动设计中的项目，大多数试点城市还进行了活动项目创新，相关财政投入也取得了较全面的社会经济效益；但这项活动还存在四方面不足：财政经费支持不足、活动整合相关项目和社会力量不足、活动内容的实化和标准化不足、监督和绩效评估不足，这使得这项利国利民且投入小、产出大的活动在未来还有很大的改进空间，其中资金投入的问题最为关键，这是限制创建幸福家庭活动全面体现效益的短板；在活动的项目设计上，扶助计划生育特殊家庭应成为未来的重点。对这一类特殊家庭的扶助应不仅包括经济扶助，还应包括生活照料、精神慰藉、医疗救助、情感支持等方面，使之形成一个体系。

　　幸福家庭建设是一项系统工程和长期任务，创建幸福家庭活动是完成这个任务的一种手段，这个手段在计划生育政策调整后尤显重要——计划生育家庭数量显著增大了，优化这个活动因此更显必要。

评估结果说明，考虑这项活动的初衷和"十二五"期间开展的情况，政府相关部门、群众组织和社会各界，还应该从以下四个方面优化：首先，现阶段全国已经进入全面推进创建幸福家庭活动的阶段，必须构建"党政统筹、部门配合、群众参与"的长效机制。其次，现阶段全国已经进入全面推进创建幸福家庭活动的阶段，必须坚持"项目引领、服务为重、典型示范"的工作思路。创建幸福家庭活动的项目都是以改善人们的生活质量、提高人们的幸福感为出发点的，全面推进幸福家庭建设必须动员全民参与到活动中，这是创建活动顺利开展的前提。创建活动在"十三五"期间的重要任务在于设计更多的项目扶助计划生育特殊家庭，以此作为一项必不可少的基础性工作。再次，现阶段全国已经进入全面推进创建幸福家庭活动的阶段，必须强化"专项资金、社会注入、形式多样"的活动投入。在卫生计生部门的领导下，基层计生协会将成为创建幸福家庭活动的重要组织力量，积极协调相关部门，立足实际，因地制宜，设计、组织和实施民生项目，积极争取较多资金支持，加强资金筹措，加大投入力度，确保投入到位。最后，现阶段全国已经进入全面推进创建幸福家庭活动的阶段，必须坚持"资源整合、理论指导、重视评估"的活动准则。创建幸福家庭活动在"十三五"期间的大发展，仅依靠卫生计生部门一个部门的力量难以有效推进，必须争取相关部门和社会各界的理解和支持，充分调动更多的社会力量和社会资源参与其中，形成促进家庭发展的政策合力和工作合力。同时，各地要及时把握机构改革的重要机遇，进一步整合卫生、计生资源，充分发挥卫生在专业、技术和资源方面的优势以及计生在服务、网络和作风方面的优势，优势互补，资源共享，更好地为满足群众健康需求提供优质服务。

　　总结完这些，我们作为评估团队还有两方面感言。

　　虽然我们以第三方身份介入评估，但创建幸福家庭活动的三个组

织者（国家卫生计生委计划生育家庭发展司、中国计划生育协会、中国人口福利基金会）在这个过程中给予了我们全力的配合，并没有因为自身是创建幸福家庭活动的组织者就对评估"导向"或"遮掩"。中国人口福利基金会会长王忠禹、理事长赵炳礼和秘书长张辉对做好评估工作的帮助非常到位，中国计划生育协会秘书长姚瑛以专家的身份对评估工作的技术细节提出了优化建议并安排了地方调研，国家卫生计生委计划生育家庭发展司的工作人员也在信息提供、联络地方等方面给予了多方帮助。在评估的初步成果出来后，中国人民大学翟振武教授、北京大学陆杰华教授、中国人口福利基金会副秘书长俞华等专家对评估工作进行了指导，使这个评估更具科学性。这些领导和专家的指导和支持，使我们在评估创建幸福家庭活动时感觉很幸福。

对于创建幸福家庭活动，如果用一句话概括我们的评估成果，应该是：由国家主导开展创建幸福家庭活动只是一个阶段性的过渡性质的活动，在"十三五"结束后，也就是不久的将来，创建幸福家庭活动的内容转变为相关部门的日常工作，幸福也成为每一个中国家庭的新常态！

国务院发展研究中心
"创建幸福家庭活动评估"课题组　苏杨

✦ 皮书起源 ✦

"皮书"起源于十七、十八世纪的英国，主要指官方或社会组织正式发表的重要文件或报告，多以"白皮书"命名。在中国，"皮书"这一概念被社会广泛接受，并被成功运作、发展成为一种全新的出版形态，则源于中国社会科学院社会科学文献出版社。

✦ 皮书定义 ✦

皮书是对中国与世界发展状况和热点问题进行年度监测，以专业的角度、专家的视野和实证研究方法，针对某一领域或区域现状与发展态势展开分析和预测，具备原创性、实证性、专业性、连续性、前沿性、时效性等特点的公开出版物，由一系列权威研究报告组成。

✦ 皮书作者 ✦

皮书系列的作者以中国社会科学院、著名高校、地方社会科学院的研究人员为主，多为国内一流研究机构的权威专家学者，他们的看法和观点代表了学界对中国与世界的现实和未来最高水平的解读与分析。

✦ 皮书荣誉 ✦

皮书系列已成为社会科学文献出版社的著名图书品牌和中国社会科学院的知名学术品牌。2011年，皮书系列正式列入"十二五"国家重点出版规划项目；2012~2015年，重点皮书列入中国社会科学院承担的国家哲学社会科学创新工程项目；2016年，46种院外皮书使用"中国社会科学院创新工程学术出版项目"标识。

法 律 声 明

　　"皮书系列"（含蓝皮书、绿皮书、黄皮书）之品牌由社会科学文献出版社最早使用并持续至今，现已被中国图书市场所熟知。"皮书系列"的 LOGO（▨）与"经济蓝皮书""社会蓝皮书"均已在中华人民共和国国家工商行政管理总局商标局登记注册。"皮书系列"图书的注册商标专用权及封面设计、版式设计的著作权均为社会科学文献出版社所有。未经社会科学文献出版社书面授权许可，任何使用与"皮书系列"图书注册商标、封面设计、版式设计相同或者近似的文字、图形或其组合的行为均系侵权行为。

　　经作者授权，本书的专有出版权及信息网络传播权为社会科学文献出版社享有。未经社会科学文献出版社书面授权许可，任何就本书内容的复制、发行或以数字形式进行网络传播的行为均系侵权行为。

　　社会科学文献出版社将通过法律途径追究上述侵权行为的法律责任，维护自身合法权益。

　　欢迎社会各界人士对侵犯社会科学文献出版社上述权利的侵权行为进行举报。电话：010 - 59367121，电子邮箱：fawubu@ ssap. cn。

社会科学文献出版社

权威报告·热点资讯·特色资源

皮书数据库
ANNUAL REPORT(YEARBOOK)
DATABASE

当代中国与世界发展高端智库平台

皮书俱乐部会员服务指南

1. 谁能成为皮书俱乐部成员？
- 皮书作者自动成为俱乐部会员
- 购买了皮书产品（纸质书/电子书）的个人用户

2. 会员可以享受的增值服务
- 免费获赠皮书数据库100元充值卡
- 加入皮书俱乐部，免费获赠该纸质图书的电子书
- 免费定期获赠皮书电子期刊
- 优先参与各类皮书学术活动
- 优先享受皮书产品的最新优惠

3. 如何享受增值服务？
（1）免费获赠100元皮书数据库体验卡
第1步 刮开附赠充值的涂层（右下）；
第2步 登录皮书数据库网站（www.pishu.com.cn），注册账号；
第3步 登录并进入"会员中心"—"在线充值"—"充值卡充值"，充值成功后即可使用。

（2）加入皮书俱乐部，凭数据库体验卡获赠该书的电子书
第1步 登录社会科学文献出版社官网（www.ssap.com.cn），注册账号；
第2步 登录并进入"会员中心"—"皮书俱乐部"，提交加入皮书俱乐部申请；
第3步 审核通过后，再次进入皮书俱乐部，填写页面所需图书、体验卡信息即可自动兑换相应电子书。

4. 声明
解释权归社会科学文献出版社所有

社会科学文献出版社 皮书系列
SOCIAL SCIENCES ACADEMIC PRESS (CHINA)

卡号： 092254016215
密码：

S 子库介绍
ub-Database Introduction

中国经济发展数据库

涵盖宏观经济、农业经济、工业经济、产业经济、财政金融、交通旅游、商业贸易、劳动经济、企业经济、房地产经济、城市经济、区域经济等领域，为用户实时了解经济运行态势、把握经济发展规律、洞察经济形势、做出经济决策提供参考和依据。

中国社会发展数据库

全面整合国内外有关中国社会发展的统计数据、深度分析报告、专家解读和热点资讯构建而成的专业学术数据库。涉及宗教、社会、人口、政治、外交、法律、文化、教育、体育、文学艺术、医药卫生、资源环境等多个领域。

中国行业发展数据库

以中国国民经济行业分类为依据，跟踪分析国民经济各行业市场运行状况和政策导向，提供行业发展最前沿的资讯，为用户投资、从业及各种经济决策提供理论基础和实践指导。内容涵盖农业，能源与矿产业，交通运输业，制造业，金融业，房地产业，租赁和商务服务业，科学研究，环境和公共设施管理，居民服务业，教育，卫生和社会保障，文化、体育和娱乐业等 100 余个行业。

中国区域发展数据库

以特定区域内的经济、社会、文化、法治、资源环境等领域的现状与发展情况进行分析和预测。涵盖中部、西部、东北、西北等地区，长三角、珠三角、黄三角、京津冀、环渤海、合肥经济圈、长株潭城市群、关中一天水经济区、海峡经济区等区域经济体和城市圈，北京、上海、浙江、河南、陕西等 34 个省份及中国台湾地区。

中国文化传媒数据库

包括文化事业、文化产业、宗教、群众文化、图书馆事业、博物馆事业、档案事业、语言文字、文学、历史地理、新闻传播、广播电视、出版事业、艺术、电影、娱乐等多个子库。

世界经济与国际政治数据库

以皮书系列中涉及世界经济与国际政治的研究成果为基础，全面整合国内外有关世界经济与国际政治的统计数据、深度分析报告、专家解读和热点资讯构建而成的专业学术数据库。包括世界经济、世界政治、世界文化、国际社会、国际关系、国际组织、区域发展、国别发展等多个子库。